HELMUT GUGEL

STUDIEN ZUR BIOGRAPHISCHEN TECHNIK SUETONS

WIENER STUDIEN
Zeitschrift für klassische Philologie und Patristik

Herausgegeben von
R. Hanslik, W. Kraus, A. Primmer, H. Schwabl, H. Strohm

————————————— BEIHEFT 7 —————————————

STUDIEN
ZUR BIOGRAPHISCHEN
TECHNIK SUETONS

VON

HELMUT GUGEL

Aus dem Nachlaß herausgegeben

von

KARL VRETSKA

1977

HERMANN BÖHLAUS NACHF. WIEN-KÖLN-GRAZ

Gedruckt mit Unterstützung des Fonds
zur Förderung der wissenschaftlichen Forschung

ISBN 3 205 07025-9
Copyright © 1977 by Hermann Böhlaus Nachf., Gesellschaft m. b. H., Graz
Gesamtherstellung: Druckerei R. Spies & Co., Wien

A
702
8
177

INHALTSVERZEICHNIS

VORWORT DES HERAUSGEBERS

Die vorliegende Untersuchung wurde vom Verfasser nach längeren Vorarbeiten im Herbst des Jahres 1970 niedergeschrieben und im Studienjahr 1970/71 der Philosophischen Fakultät der Universität Graz als Habilitationsschrift eingereicht. Nach ihrer Begutachtung und der Durchführung des ordentlichen Verfahrens erhielt der Verfasser Dr. Helmut G u g e l die venia legendi für Klassische Philologie mit 24. 8. 1971 verliehen.

Da die Arbeit unter Zeitdruck entstanden war, hatte ich mit dem Verfasser für die Drucklegung eine nochmalige Durchsicht und vor allem eine Straffung der Darstellung besprochen. Andere dringende Arbeiten hinderten Dr. Gugel an der sofortigen Aufnahme dieser Aufgabe. Der allzu frühe Tod am 5. 11. 1972 stellte uns vor eine neue Lage. Einerseits sollten die nicht unwichtigen Ergebnisse nicht in der Tischlade verschwinden, andererseits war die Form der Arbeit nicht ausgefeilt genug. Über Wunsch der Witwe habe ich nun die Aufgabe dieser stilistischen Glättung und stofflichen Straffung übernommen, an den sachlichen Ergebnissen jedoch nichts geändert: Sie sind und bleiben das geistige Eigentum des allzu früh Verstorbenen.

Die Herausgabe erfolgt aus der Überzeugung, daß die Ergebnisse bis heute noch nicht überholt sind und sie Anregung zu weiterer fruchtbarer Auseinandersetzung über den „Schriftsteller, Biographen und Historiker" Sueton geben können.

Über Wunsch des Fonds zur Förderung der wissenschaftlichen Forschung in Wien, durch dessen finanzielle Hilfe allein der Druck möglich wurde — wofür hier im Namen des Autors und der Wissenschaft herzlich gedankt sei! —, soll noch kurz das Lebenswerk des zu früh Verstorbenen gewürdigt werden.

Gugel gehörte zu jenen heute immer seltener werdenden Lehrern, die der Wissenschaft ebenso leidenschaftlich verbunden sind wie der Verwertung ihres Wissens in der Lehre, sei es an der Universität, sei es in der Höheren Schule. Er war durchdrungen von der Überzeugung, daß für einen „Humanismus" als Verständnis der Antike, ja Liebe zu ihr, der Grund nur in einem bestmöglichen Unterricht gelegt werden kann. So verteilen sich auch seine Arbeiten auf beide Gebiete. In allen lodert die Flamme innerer Begeisterung, die nur leider manchmal die Mahnung Horazens — nonum prematur in annum — zunichte gemacht hat. Zunächst kreiste sein wissenschaftliches Interesse um den Dialogus de oratoribus, dem er seine Dissertation (Untersuchungen zu Stil und Aufbau des Rednerdialoges des Tacitus, 1964, erschienen Innsbruck 1969), eine neuerliche Untersuchung der Lückenfrage (SO 61, 1966, 115 ff.) und die besonders gut gelungene Arbeit über „Die Urbanität im Rednerdialog" (SO 42, 1967, 127 ff.) widmete. Ein anderes Gebiet seiner Forschung betraf Catull: c. 49 (Lat. 26, 1967, 686 ff.), c. 8 (Athen. 45, 1967, 278 ff.) und c. 2 (Lat. 27, 1968, 810 ff.) fanden eingehende Interpretation. Die Weite seines Interesses zeigen die zwei Arbeiten über das Wort Keramik und über den Töpferofen (Berichte der deutschen keramischen Gesellschaft, 43, 1966, 319 ff., und ib. 47, 1970, 1 ff.). Zu meiner Festschrift steuerte er einen Beitrag über das Ende des Catilina bei Sallust bei (L 971, 361 ff.). Dann wendete sich sein Interesse anläßlich eines Seminars über die Augustusvita Sueton zu. Schon in der ersten Arbeit zeigt sich die Blickrichtung auf das Formal-Kompositorische. „Caesars Tod. Aspekte zur Darstellungskunst und zum Caesar-Bild Suetons" (Gym. 77, 1970, 5 ff.): Er geht darin den Weg weiter, den vor allem Steidle gewiesen hat: Sueton schreibt mit bewußt künstlerischer Gestaltung. Der Mord als Höhepunkt ist Mittelpunkt mehrerer Erzählungslinien. In der Fortsetzung dieser Arbeit liegt die hier vorgelegte Habilitationsschrift. Ihr Verdienst und ihre Aufgabe liegt vor allem darin, die Untersuchung eines literarischen Problems aufgenommen zu haben, das die Forschung aus den Augen zu verlieren scheint, das aber für die Wertung Suetons wichtig ist. Gugel liefert Anregungen, die zu Vertiefung und auch Berichtigung reizen können und sollen. Das gilt besonders für die Analyse der Otho-Vita, die in ihrem Ergebnis doch wohl einer neuen Prüfung bedarf. — Nach dem Tod erschien noch in Živa Antika, 1972, 39 ff., der ausführliche Artikel über „Orpheus' Gang in die Unterwelt in den Metamorphosen des Ovid". Daneben stand noch das Gebiet der Arbeiten für die Förderung des Schulunterrichtes. So schrieb Gugel im Jahresbericht des Gymnasiums Köflach 1970 über „Die Frau in Leben und Literatur der Römer", in Gym. 77, 1970, 532 ff.: „Zum Problem der Lateinkurzformen an den österreichischen Gymnasien"; in Lampas 6, 1973, 365 ff.: „Zur Aufführung griechischer Tragödien auf der Schulbühne"; in Anregung, 19, 1973: „Sallusts Catilina — ein Unterrichtsmodell".

Sein Tod erfolgte wenige Tage, nachdem er von einer Besprechung aus Frankfurt über ein neues Unterrichtswerk zu Latein zurückgekommen war. Er hat uns einen Mitarbeiter genommen, der nicht leicht einen ebenso tüchtigen und vielseitigen Nachfolger finden wird.

Graz, im Herbst 1976   *Karl Vretska*

VORWORT DES VERFASSERS

Die vorliegenden Studien versuchen, jene Methoden weiterzuführen, die erstmals in einer Detailuntersuchung der Caesarvita angewendet wurden und durch eine möglichst genaue Beleuchtung einzelner Motive und stabiler Elemente in den Kaiserviten dazu beitragen sollen, Sueton den Rang eines durchaus respektablen Schriftstellers zu sichern. Dies sei keineswegs im Sinne einer Ehrenrettung verstanden, es geht vielmehr allein um ein besseres Verständnis dessen, was Sueton wollte und vermochte.

Es ist mir ein Bedürfnis, an dieser Stelle zwei Menschen meinen Dank zu sagen, ohne die diese Studien niemals hätten entstehen können: Herrn Prof. K. Vretska, der mir durch stete Aufmunterung, durch Rat und Tat zur Seite gestanden ist und mich in einer Weise gefördert hat, die weit über das übliche Maß hinausgeht; und schließlich meiner Frau, die erst die Voraussetzung dafür geschaffen hat, daß ich mich neben meinem Lehrberuf ungestört diesen Studien widmen konnte — mein Dank an sie kann nur ein kärglicher Ersatz für all das sein, was sie während der letzten Jahre für mich geleistet hat.

I. SUETONS STELLUNG IN DER FORSCHUNG

Als Sueton für die Darstellung der Geschichte von Caesar bis Domitian die Form der Biographie wählte, blickte diese auf eine lange Tradition zurück, ohne daß sie aber durch ausgeprägte formale und stilistische Gesetze ein eigenes literarisches Genos entwickelt hätte, das für die Darstellung eines Bios bindend gewesen wäre. Der unglückliche Zustand, daß vieles von der biographischen Produktion verloren ist und die Vielfältigkeit des Vorhandenen, da enkomiastische Züge und gelehrtes Interesse, biographische Blickrichtung innerhalb der Historiographie und Einzeldarstellung der Persönlichkeit, Bewunderung für große Männer und Bewahrung der Erinnerung an fast schon vergessene nebeneinander liegen und ineinander wirken, läßt eine Klassifikation nach einem literarischen Genos nicht geraten erscheinen. Um aber das Besondere an den Kaiserviten Suetons besser veranschaulichen zu können, ist ein kurzer Blick auf die Vielfalt des vor ihm Vorhandenen notwendig.

Die Entdeckung des Individuums[1]), der individuellen Wesenszüge einer Persönlichkeit, als bedeutsam und daher auch in literarischer Form mitteilenswert im Athen des 5. Jahrhunderts v. Chr., hatte schon ihren Niederschlag in persönlichkeitsorientierten Werken gefunden, wie Platons Apologie, dem Euagoras des Isokrates, dem Agesilaos, der Kyropädie und der Anabasis (1,9 und 2,6) des Xenophon. Erst die im Peripatos entwickelte Lehre von ἦθος und πάθος und die Beobachtung der Charaktertypen, wie sie in den Charakteren Theophrasts vorliegen, schufen jedoch die Voraussetzungen für das Entstehen der eigentlichen literarischen Biographie[2]). Doch von der reichen Produktion des Peripatos,

---

[1]) Vgl. dazu I. Bruns, Das literarische Porträt der Griechen im 5. und 4. Jh. v. Chr., 1896; Die Persönlichkeit in der Geschichtsschreibung der Alten, 1898. A. v. Mess, RhM 70, 1915, 337 ff. und RhM 71, 1916, 79 ff.; ferner H. Drexler, Die Entdeckung des Individuums, 1966.

[2]) Die wichtigste Literatur zur Biographie: I. Bruns (oben Anm. 1); Fr. Leo, Die griechisch-römische Biographie nach ihrer literarischen Form, 1901 (Neudruck 1965). Ders., NGG 1912, 273 ff. (= Kleine Schriften II, 365 ff.); D. R. Stuart, Epochs of Greek and Roman Biography, Sather Classical Lectures 4, 1928; A. Dihle, Studien

die Namen wie Aristoxenos, Chamaileon, Neanthes und Hermippos aufweist, ist mit Ausnahme von Antigonos von Karystos und Satyros fast alles verloren bzw. stark entstellt, was hier über bedeutsame Persönlichkeiten des öffentlichen Lebens geschrieben worden war. Die alexandrinischen Grammatiker wählten ebenfalls die biographische Form für ihre Lebensbeschreibungen literarischer Persönlichkeiten, in denen das gelehrte, antiquarische Interesse gegenüber dem Anspruch literarischer Vollkommenheit gewiß überwogen hat. Daneben entwickelte sich seit hellenistischer Zeit eine Art der Biographie, die das Leben berühmter Männer zu Sammlungen vereinigte, die nach inhaltlichen Gesichtspunkten angeordnet waren. Solche Sammlungen De viris illustribus gab es in Rom mehrfach, da sie dem exemplarischen, persönlichkeitsorientierten Denken der Römer entsprachen. Varro, Santra, Nepos, Hyginus und schließlich Sueton selbst — diese fünf führt Hieronymus in der Praefatio seines eigenen Werkes De viris illustribus an — haben solche Sammlungen geschrieben. Trotz dieser Mannigfaltigkeit der Inhalte, Formen und Zwecke — oder vielleicht gerade deswegen — hatte sich doch kein eigenes literarisches Genos herausgebildet. Leo glaubte allerdings, Gesetze dafür rekonstruieren zu können[3]). Nach ihm gab es zwei streng geschiedene Formen. Eine von den Peripatetikern ausgebildete, chronologisch verfahrende und künstlerisch durchgestaltete Biographie für Personen des öffentlichen Lebens, Feldherrn und Staatsmänner, die für ein breiteres Publikum gedacht war, und eine von den alexandrinischen Grammatikern für literarische Persönlichkeiten geschaffene Lebensbeschreibung, die ohne künstlerischen Anspruch und Rücksicht-

---

zur griechischen Biographie, Abh. Ak. Göttingen 3, 37, 1956. Dihles besonderes Verdienst ist es, die Biographie gegen ähnliche literarische Formen wie das Enkomion abgegrenzt zu haben.

[3]) Über die Gründe, die zu Leos Versuch geführt hatten, vgl. W. STEIDLE, Sueton und die antike Biographie, 1950 (Zetemata 1), 2. Aufl. 1963, 6 und R. STARK, Zur Atticus-Vita des Cornelius Nepos, RhM 107, 1964, 175 ff., bes. 185 ff.; Stark wendet sich mit Recht dagegen, Nepos habe sich nach einem bestimmten Schema orientiert; vgl. seine für unseren Zusammenhang grundsätzliche Feststellung (S. 181): „Eine Theorie der Biographie, die als Literatur gelten will, hat es nicht gegeben; nach dem jeweiligen Erfordernis wurde verfahren; für bestimmte, wiederkehrende Fälle ergaben sich aus der Praxis zweckmäßige Modelle, nach denen man sich in etwa richten konnte". Da das Außergewöhnliche, die Ausnahme, das Regelwidrige und Besondere die literarische Darbietung bestimmen, mußte die Biographie nach ihren Ursprüngen jeder schematischen Form widerstreben (so S. 188; vgl. auch S. 189). Vgl. auch G. LUCK, Die Form der suetonischen Biographie und die frühen Heiligenviten, in: Mullus (Fs. Klauser), JbAC Ergbd. 1, 1964, 230 f.

nahme auf die Chronologie eine kategorienweise geordnete Materialsammlung bringt und wissenschaftlich-antiquarischen Zwecken vorbehal-
ten war. Diese Form, die nach einer Darstellung des Lebens bis zur Akme
Tätigkeit und Persönlichkeit und am Schluß Tod und Nachleben behandelt, wie das Ausonius in seiner Disposition nach nomen, res gestae,
vita, obitus angibt, habe Sueton auf seine Kaiserviten übertragen, für die
eigentlich die „peripatetische" Form angemessen gewesen wäre. Darin
sah Leo seine Originalität, damit begründete er aber auch die vielen
Mängel, die sich seiner Meinung nach bei Sueton feststellen lassen, da
historischen Persönlichkeiten einzig das chronologische Prinzip adäquat
gewesen wäre. Leo sieht deshalb alle Viten unter dem Zwang seiner
typischen Disposition, die sich nur hier und da nach Maßgabe des Stoffes
verschiebt; diese Beurteilung hielt ihn davon ab, das im eigentlichen
Sinne Darstellerische an Sueton zu erkennen. Freilich findet sich im
einzelnen manch wertvolle Beobachtung, so hinsichtlich der Parallelen
zwischen den Viten, der Übergänge und Vermittlungen zwischen den
Teilen, wobei Leo hier eine Entwicklung von geringerer zu größerer
Freiheit in der Handhabung des Schemas feststellt.

Nach frühzeitigen Zweifeln an dieser Theorie — die Einzelliteratur
gibt Steidle in seiner Einleitung — hat dieser Gelehrte dann die völlige
Haltlosigkeit der Theorie Leos erweisen können. Damit aber wurde auch
der Weg frei, Suetons individuelle Leistung zu würdigen. Denn keineswegs fällt auf ihn, wenn er nicht unter dem Genos-Zwang steht, der
Vorwurf, den Funaioli erhebt: ma un vero scrittore non è! Die Vorwürfe gegen den Schriftsteller Sueton waren schon vor Leo durch
A. Macé[4]) erhoben worden, der Leben, Ämterlaufbahn und Werk Suetons
behandelt; neben einer Reihe kühner, nicht zu haltender Hypothesen[5])
kommt er zum Schluß, daß Sueton ein bloßer Sammler sei und seinen
Kaiserviten keine einheitliche Komposition zugrunde liege.

Nahezu drei Jahrzehnte später widmete G. Funaioli zunächst in seiner
kleinen Studie I Cesari di Suetonio, Festschrift F. Ramonio, 1927, 1 ff.,
später in seinem RE-Artikel seine Aufmerksamkeit Sueton, wobei er im
wesentlichen die bei Macé begonnene Linie fortführte. Durch seine Frage-
stellung — was ist der Wert Suetons als Historikers und Schriftstel-

---

[4]) Essay sur Suétone, 1900. Über die ältere Literatur zu Sueton vgl. SCHANZ-HOSIUS
III, 54 f. Zu weiterer Literatur vgl. die kurzen Bemerkungen im Gym. 77, 1970, 5 ff.
und das Referat von B. MOUCHOVÁ, Studie zu Kaiserbiographien Suetons, Acta
Univ. Carol., Phil. et Hist. Mon. XXII, 1968, 9 ff.

[5]) Das Wesentliche ist berichtigt im RE-Artikel FUNAIOLIS.

lers? —, die zu sehr den Vergleich mit Tacitus nahelegte, ohne zuerst Suetons Eigenart in den Mittelpunkt zu rücken, war von vornherein eine abwertende Antwort bedingt[6]). Sueton verstehe es nicht, durch seine unverbunden nebeneinanderstehenden, schematischen Kategorien ein Bild der Persönlichkeit oder ihrer Entwicklung zu geben; der historische Zusammenhang werde gewaltsam zerrissen; alles sei nur der Ausdruck einer sammelwütigen Gelehrsamkeit, der es um Vollständigkeit des Materials gehe, nicht aber um Kritik oder gar bewußte, nach Darstellungsprinzipien ausgerichtete Sichtung und Ordnung. Trotzdem bilden seine Ausführungen die Grundlage jeder Beschäftigung mit Sueton.

Den ersten Schritt zu einer gerechteren Würdigung Suetons hat erst W. Steidle getan, der in ihm zum erstenmal einen „Schriftsteller durchaus unverächtlichen Ranges" gesehen hat, ohne ihn deshalb zu einem großen oder gar „klassischen" Autor stempeln zu wollen (siehe das Vorwort zur 2. Auflage). Die wichtigsten Ergebnisse seines Buches seien kurz zusammengefaßt: Sueton zeige die Fähigkeit klaren Charakterisierens, die im Stoff und in der Gestaltung des Faktischen römischer Art entspricht („Prinzip der Charakterisierung durch Fakten", S. 102), wobei sich die Darstellung mit Hilfe der Fakten und die Beschränkung auf die Hauptzüge der jeweiligen Ereignisse gegenseitig bedingen, was sich aus dem Prinzip der bloßen Materialsammlung nicht erklären ließe. Dazu komme in vielen Fällen eine bewußte steigernde Anordnung (vgl. 46, 51, 73 f., 80 ff., 98)[7]). Daneben erweise sich ein fester Vorrat von Gestaltungsprinzipien für maßgebend, die immer wieder angewendet würden, wodurch erst der Eindruck eines verpflichtenden Gesamtschemas habe ent-

---

[6]) Macés und Funaiolis Urteil übernahmen u. a. E. HAENISCH, Die Caesar-Biographie Suetons, 1937; G. W. MOONEY, Suetoni de vita Caesarum libri VII—VIII, 1930, 16 ff.; K. BÜCHNER, Humanitas. Zur Atticusvita des Cornelius Nepos, Gym. 56, 1949, 113. Sehr gerecht und nicht in die negative Beurteilung einstimmend BUTLER-CARY in der Einleitung zu ihrem Kommentar der Caesarvita, 1927, V ff.; schon bei E. NEUMANN, De Taciti et Suetonii in Othonis rebus componendis ratione, Progr. Sophien-Gymn. Berlin 78, 1914, findet sich neben manchem negativen Urteil auch der Satz (S. 22): „Tamen eius in componendis rebus singularis fides et diligentia est miranda, cum numquam de industria falsa eum tradidisse constet. Accedit, quod iuste de hominibus iudicat".

[7]) Zum Prinzip der Auswahl vgl. schon H. R. GRAF, Kaiser Vespasian. Untersuchungen zu Suetons Vita Divi Vespasiani, 1937, 29: Sueton hat „nur das für die Persönlichkeit seiner Herrscher Wichtige aus der Vorlage herausgerissen und die Stücke in ihren Viten verarbeitet" (außerdem etwa S. 83 u. ö.). Zum Prinzip der Steigerung GRAF a. a. O. 18 u. ö.; vgl. unten S. 20 f. (die Untersuchungen von E. CIZEK und B. MOUCHOVÁ).

stehen können. Ausschlaggebend für Sueton sei weder die vollständige Sammlung der Tatsachen[8]) gewesen, noch die nach Leo verpflichtende Form der alexandrinischen Biographie, sondern allein der Stoff, der nach bestimmten künstlerischen Prinzipien gestaltet werde: „Suetons Tendenz, nach Sachgesichtspunkten zu gruppieren, hat sich vielmehr, ... soweit es irgend ging, einheitlich in der G e s a m t a n l a g e der B i o g r a p h i e ausgeprägt, und in den einzelnen Dispositionsteilen kann man höchstens graduelle Unterschiede in der Darstellungsweise feststellen" (S. 98). In allem aber zeige sich ein „spezifisch römischer Sinn für das Einzelereignis in seiner konkreten Einmaligkeit und Unverwechselbarkeit" (S. 47 und 69 und die dort angegebene Literatur). Daß Steidle nur das Positive an Sueton hervorgehoben hatte, kann ihm nicht angelastet werden (so Mouchová 11), da das Negative ohnehin Jahrzehnte hindurch mit aller Schärfe ausgesprochen worden war.

Wäre nach Steidles Untersuchung eigentlich eine lebhafte Debatte zu erwarten gewesen, so blieb diese verhältnismäßig beschränkt und das Interesse gering, auf dem von Steidle aufgezeigten Weg weiterzugehen[9]). A. Dihle[10]) ließ bald erhebliche Zweifel an Steidles Ergebnissen laut werden. Während er die Funktion der Tatsachen in der Charakteristik der Kaiser zugesteht, leugnet er beinahe jede künstlerische Qualität Suetons, die durch eine Auswahl und Anordnung der Fakten noch nicht begründet werde, wenn damit kein literarischer Anspruch verbunden sei. Daß dem so sei, beweise aber der Umstand, daß zum Unterschied von Plutarch, Nepos und dem Agricola des Tacitus fast immer der Kaiser grammatisches oder logisches Subjekt sei, wodurch der Stil wie bei den sogenannten biographi minores eintönig wirke. Nun freilich, daß Sueton ein künstlerischer Stilist vom Range eines Tacitus sei, sollte nie behauptet werden. Andererseits kann aber auch die bewußte Einfachheit des Stils zum künstlerischen Prinzip werden: Wenn sich der Sache nach alles Interesse auf den Kaiser konzentriert, so ergibt sich daraus die Folge, daß dies auch in der Stilisierung seinen Ausdruck findet. Zur Wirkung der Kaiserviten Suetons werden aber gerade diese Einfachheit des Stils und die Luzidität der Formulierungen, die doch nicht ohne effektvolle Reize ist,

---

[8]) Gegen das von Leo (205 f.) postulierte Vollständigkeitsstreben Steidle 108 f. mit Belegen für summatim-Angaben 109, Anm. 1. Vgl. auch im Abschnitt über die Vorzeichen unten S. 27 ff.

[9]) Daß man auf dem Weg, den Steidles Buch gewiesen hat, weiterarbeiten müsse, wenn man zu einer gerechteren Würdigung Suetons kommen wolle, hat Hanslik 99 betont.

[10]) Wolf Steidle und die antike Biographie, GGA 1954, 45—55.

das Ihre beigetragen haben, wenn sie freilich auch auf einer ganz anderen Ebene liegen als das übermächtige Beispiel des Zeitgenossen Tacitus. Mechanisches Zusammentragen des Materials im einzelnen widerlegt jedoch weder eine darstellerische Konzeption im großen, noch eine bewußte Disposition im Detail der einzelnen Rubriken. Anekdoten und Klatsch finden sich auch bei Tacitus, wenn auch sicher nicht in solcher Häufung und anders in den historischen Zusammenhang eingefügt[11]).

Zu einem eher negativen Ergebnis kommt auch G. d'Anna[12]), da er auf Grund einer Untersuchung einiger Kapitel der Nerovita, die sich stilistisch stark unterscheiden, in Sueton nahezu den bloßen Abschreiber sieht, der von Kapitel zu Kapitel von seiner Quelle bestimmt werde. G. d'Anna übersieht jedoch dabei, daß es sich um inhaltliche Unterschiede handelt[13]). Die Basis seiner Beobachtungen ist viel zu schmal, als daß sie beweiskräftig sein könnte, sein Verdienst wie das A. Dihles bleibt aber, überhaupt einmal das Augenmerk stärker auf den Stil gerichtet zu haben[14]).

Das abschätzige Urteil über Sueton blieb jedenfalls auch weiterhin zum Teil gültig. So gesteht ihm K. Büchner[15]) zwar gewisse Leitideen und Schemata zu, die aber nur den Stempel des Willkürlichen trügen und nichts von einer künstlerischen Absicht verrieten. Dagegen hat L. Bieler in der Neuauflage seiner Literaturgeschichte[16]) die Ergebnisse Steidles übernommen.

---

[11]) Man vergleiche nur die Thrasyllusgeschichte bei Sueton Tib. 14,4 und Tac. ann. 6,21. Was Sueton unter den Vorzeichen für des Tiberius Heimkehr mehr am Rande berichtet, wird bei Tacitus zu einer erregenden Charakterstudie des mißtrauischen Tiberius, auf die das berühmte Kapitel über das Fatum folgt. Vgl. dazu R. TILL in der Einleitung zu M. HEINEMANNS Übersetzung (Kröner 130, 1957) XXIX ff.

[12]) Le idee letterarie di Suetonio. Bibl. di cult. 52. 1954, 2. Aufl. 1967.

[13]) G. d'ANNA steht dabei stark unter dem Einfluß der Quelleneinteilung, die M. A. LEVI, Nerone e i suoi tempi, 1949 getroffen hat; vgl. dazu MOUCHOVÁ, 16, Anm. 10. Sehr abwertend auch A. D. LEEMAN, Mnem. s. 4, 8, 1955, 348 f.; zustimmend B. WALKER, CPh 50, 1955, 267.

[14]) Darüber findet sich eine kurze, wenn auch sehr inhaltsreiche Seite bei STEIDLE 125 f.; Älteres bei SCHANZ-HOSIUS, III. 54; wichtige Beiträge zum Wortschatz hat B. MOUCHOVÁ geleistet: Adoption und Testament in Suetons Kaiserbiographien. Ein Beitrag zur Erkenntnis des Wortschatzes bei Sueton. Graeco-Latine Pragensia 3, 1966, 55 ff. und in ihrer Studie zu Kaiserbiographien Suetons. 1968. N. I. BARBU, Une observation stylistique de Suétone. Limba si literat. 1, 1955, 7 ff. und T. V. POPOVA, Le style de Suétone dans le De vita Caesarum, Jazyk i stil anticnykh pistatelej, Leningrad 1966, 163 ff. waren mir nicht errreichbar.

[15]) Römische Literaturgeschichte, 1957, 486.

[16]) Geschichte der römischen Literatur II 1961, 104; 2. Aufl. 1965, 104.

Anders geartet ist das Buch von F. della Corte[17]), der, bewogen durch den Inschriftenfund, der Suetons Laufbahn als eines römischen Ritters sicherte[18]), seine Aufmerksamkeit auf biographische Fragen richtet und zum Schluß kommt, daß bei Sueton ständig „la mentalitá del ceto equestre" durchleuchte. So wertvoll die gerechte und warme Würdigung, die della Corte Sueton zuteil werden läßt, auch ist[19]), so überspitzt müssen seine Schlußfolgerungen manchmal erscheinen, wenn man die methodische Unzulänglichkeit in Rechnung setzt, einerseits die Ideologie des Ritterstandes aus Suetons Werk gewinnen zu wollen, andererseits diese die Ansichten Suetons bedingen zu lassen; dabei wird vielfach mit dem gearbeitet, was Sueton nicht direkt ausgesprochen hat, sondern was hinter seinen Worten stehen soll.

Scharfen Widerspruch fand Steidle bei E. Paratore[20]), der mit Nachdruck wieder zum Standpunkt eines Marcé und Funaioli zurückkehrt. Sueton zeige weder künstlerische Ansprüche noch besonderen Wahrheitsgehalt. Das disparate Material werde ohne künstlerische Darstellungsabsicht aneinandergereiht. Das schematisch wirkende Streben Suetons, einmal die guten Eigenschaften, dann die schlechten geschlossen aufzuzählen, ergebe keine einheitliche Entwicklung der Persönlichkeit, die nur bisweilen vorhanden sei, wenn Sueton sich an eine Quelle anlehne. Sein Wert liege darin, daß er sozusagen die Meinung des Mannes auf der Straße wiedergebe.

Ein neuer Gegner der Ansichten Steidles und Brutschers, deren Buch weiter unten zu behandeln sein wird, ist jüngst mit H. Drexler aufgestanden[21]), der bezweifelt, daß Sueton derjenige war, der „gestaltet"

---

[17]) Suetonio eques Romanus. Bibl. stor. univ. II 8, 1958; 2. Aufl. 1967.

[18]) Vgl. dazu E. Marcé - H. G. Pflaum, Nouvelle inscription sur la carriére de Suétone l'historien, CRAJ 1952, 76 ff.; F. della Corte, Marmor Hipporegium Suetonianum, Orpheus 1, 1954, 133 ff.; R. Syme, Tacitus, 1958, II 778 f.; F. Grosso, Rendiconti Linzei s. 8, 1959, 263 f.; G. B. Townend, The Hippo Inscription and the Career of Suetonius, Historia 10, 1961, 99 ff.; B. Mouchová, De novis ad Suetonii cursum honorum symbolis epigraphicis, ZJKF 5, 1963, 91 ff.

[19]) Vgl. Drexler, 223, Anm. 1; außerdem Mouchová 14; A. Hammond, AJPh 80, 1959, 328 ff.

[20]) Claude et Neron chez Suétone. RCCM 1, 1959, 326 ff.; Paratore fußt dabei vielfach auf den Ergebnissen seines Schülers d'Anna.

[21]) Suetons Divus Iulius und die Parallelüberlieferung, Klio 51, 1969, 223 ff. Diese Untersuchung wurde mir durch die Güte des Verfassers erst nach Erscheinen meiner eigenen über den Divus Iulius bekannt. Brieflich teilte mir Drexler seinen Widerspruch gegen die von mir vorgetragenen Ansichten mit: Er zweifle, ob es Darstellungsabsicht genannt werden könne, wenn nur bei Sueton der Ausspruch Caesars bei seiner Ermordung stehe (darüber Verf. 16). Ich frage mich dabei allerdings,

hat; Gestaltung, also Erzählungstechnik, ergebe sich einfach aus der Sache, da jeder Lebenslauf ein Zusammenhang sei, aus dem sich bestimmte Handlungskomplexe herausheben. Die Form der Biographie stehe notwendig im Einklang mit der Form des menschlichen Lebens. Werde aber aus Gründen der Erzählungstechnik etwas zurechtgerückt, so sei das Fälschung. Was Steidle als Gestaltung bezeichne, sei Gesamtauffassung und -beurteilung, die in ehrlicher Überzeugung ausgesprochen oder, weil schon vorliegend, wiederholt werde. „Wäre es", so meint Drexler 226, „nicht besser gewesen, die Behandlung der Biographien des Plutarch und Sueton statt unter den Gesichtspunkt der Gestaltung unter den der historischen Interpretation zu stellen?"[22]) Hier ist die Gegenfrage zu stellen: Wo bleibt dann die Biographie als literarisches Werk mit literarischen Ansprüchen, wenn auch unter anderer Zielsetzung als die Geschichtsschreibung? Bei Sueton bietet die Biographie infolge ihrer Rubrizierung eben keinen einheitlichen Lebenslauf, die einzelnen Fakten aber können je und je verschieden bewertet werden. Das ist eine Frage der persönlichen Einstellung des Autors, zugleich aber auch eine Frage der Akzentsetzung: Das Wie der Akzentsetzung entspringt mindestens einer Gestaltungsabsicht. Deshalb kann eine Untersuchung Suetons, solange nicht das Fehlen jeglichen literarischen Anspruchs erwiesen ist, was allein schon wegen der rhetorischen und damit zugleich literarischen Durchdringung jedes antiken sprachlichen Produktes zweifelhaft ist, nicht bei der Frage der historischen Glaubwürdigkeit und damit bei der Frage nach dem Wert oder Unwert als historischer Quelle verharren, sondern muß die Anordnung und Umgewichtung der Fakten analysieren. Auf die Gesamttendenz hin gesehen ist das aber eine Frage des Gestaltungswillen, der einem Gesamtbild des Autors entspricht[23]).

warum er gerade bei Sueton steht, wo er ihren Höhepunkt bildet, während er in der Parallelüberlieferung nicht zu finden ist. Entweder Sueton hat ihn, was wenig wahrscheinlich ist, erfunden — das wäre Darstellungsabsicht a priori; oder er war auch anderen bekannt, dann erscheint mir aber auf Grund der Selektion der Überlieferung der Schluß auf eine Darstellungsabsicht berechtigt zu sein. Sicherlich, die Charakteristik liegt in den facta (vgl. DREXLER 234 f., Anm. 2), aber es ist doch entscheidend, was an facta aus der vorliegenden Tradition ausgewählt wird.

[22]) Diesen Gesichtspunkt vertrat DREXLER schon in seiner Studie „Zur Geschichte Kaiser Othos bei Tacitus und Plutarch", Klio 37, 1959, 153 ff., wo sich Sueton als der treueste Bewahrer der Tradition herausstellte. Dies trifft gewiß zu. Schon H. STRASSBURGER, Caesars Eintritt in die Geschichte, 1938, Neudruck 1966, hat Suetons Zuverlässigkeit als Quelle hervorgehoben. Jedoch scheint mir das nicht der einzige Wert zu sein, dessentwegen sich eine Beschäftigung mit Sueton lohnt.

[23]) Vgl. STEIDLE 26 f.: „Indes, so wichtig das Tatsächliche für Sueton ist, zur Erkenntnis seiner Darstellungsweise reicht es noch lange nicht aus."

Drexler sieht nur die historischen Fakten, nicht das Unwägbare an Gerede, Gerücht und Tratsch, dessen Auswahl ganz in der Hand des Autors lag. Tacitus etwa hatte seine eigene Auffassung über Tiberius, obwohl sich dessen Bild doch auch in der Tradition verfestigt hatte, und er hat es verstanden, dieses Bild so eindringlich zu vermitteln, daß Jahrhunderte davon getäuscht wurden[24]. Niemand wird zweifeln, daß er sein Material durch Auslassung und Umgewichtung gestaltet hat, wie anders aber doch, als etwa Velleius Paterculus und schließlich auch Sueton. Dabei geht es hier von vornherein nicht auf einen Vergleich zwischen Tacitus und Sueton, der immer zum Schaden des letzteren ausgehen würde, sondern nur um das Verständnis der Eigenart Suetons[25]. Sein Wert als Quelle und „als ein hervorragender Berichterstatter" (Drexler 257) bleibt davon unberührt; daß er vielfach am getreuesten überliefert, ist nicht sein geringster, aber auch nicht sein einziger Wert. Quellenvergleichung allein ist übrigens auch nicht zielführend, um festzustellen, „ob Sueton ein Schriftsteller war oder nicht", da so niemals gezeigt werden kann, ob er imstande war, ein Leben im Ganzen zu sehen und einen gedanklichen Bogen darüber zu spannen[26]. Es kann immer nur darum gehen, welches Bild sich aus Suetons Berichten ergibt: Nur das kann zu einem Urteil über seine schriftstellerischen Fähigkeiten führen.

Wenig nach Steidle hat R. Hanslik eine umfangreiche Untersuchung der Augustusvita gewidmet, die bei Steidle außer Betracht geblieben war[27]. Hanslik hat die Funktionsbedingtheit der Tatsachen klar herausgearbeitet, die an manchen Stellen eine bewußte Entstellung der historischen Wahrheit bewirkt, um der künstlerischen Absicht gerecht zu werden. So kommt Hanslik zu folgendem Schluß (S. 144): „Vielmehr hat sich der Autor ein wohl abgerundetes Bild von der Persönlichkeit gemacht, ihre Wandlungen, deren Ursachen, ihre Wesenszüge trotz der gegebenen rubrikartigen Form der Darstellung nach diesem konzipierten

---

[24]) Dazu vgl. F. KLINGNER, Tacitus über Augustus und Tiberius. Interpretationen zum Eingang der Annalen, Sb. Bayr. Ak. 1953, 7, 1 ff. (= Studien zur griechischen und römischen Literatur, 1964, 624 ff.); Tacitus. Wege der Forschung 97. Hrsg. v. V. PÖSCHL, 1969, 60 ff.; dort Literatur zu Tiberius S. 61.

[25]) Ich bin hier Hinweisen von O. SEEL und F. QUADLBAUER verpflichtet. G. LUCK, Divus Titus 75, hat, ausgehend von Beobachtungen, daß in der Titusvita verhüllte Anspielungen auf Tacitus vorliegen könnten, durch die dessen Titusbild korrigiert wird, darauf hingewiesen, „wie notwendig heute eine umfassende, bis ins einzelne gehende Vergleichung von Tacitus und Sueton geworden ist". Wenigstens für eine Vita soll das im Abschnitt über die Othovita versucht werden.

[26]) Vgl. HANSLIK 99, das Zitat ebenda.

[27]) Die Augustusvita Suetons, WrSt 67, 1954, 99 ff.

Bild gezeichnet, und er hat es dabei noch vermocht, der Wahrheit recht nahe zu kommen." Der wesentliche Fortschritt gegenüber Steidle scheint jedoch darin zu liegen, daß Hanslik die Augustusvita nicht allein, sondern im Verhältnis zur Caesarvita betrachtet hat. Nur vor diesem Hintergrund ist die Intention Suetons zu verstehen, in Augustus eine Entwicklung vom Erben und Rächer Caesars zum wirklichen Augustus, der sich vom Vorbild seines Adoptivvaters abkehrt, zu zeichnen. Damit hat Hanslik den ersten Schritt weg von einer isolierten Betrachtung der Viten getan.

Eher kursorisch und ohne Hanslik zu kennen, behandelte G. Luck den Aufbau der Augustusvita[28]) unter dem Gesichtspunkt der Wirkung der suetonischen Form. Da diese keineswegs so schematisch, wie zunächst angenommen, sei, habe sie auch keine so entscheidende Wirkung im einzelnen ausgeübt. Bestehen bleibe aber die Tatsache, daß die literarische Form der Biographie an sich nach Sueton ungeheuer wirksam war, insofern Geschichte vornehmlich als Biographie geschrieben wurde (dazu genauer S. 144 ff.).

C. Brutscher[29]) konnte durch eingehende Vergleiche mit der Parallelüberlieferung die künstlerische Absicht Suetons, ein geschlossenes Caesarbild zu vermitteln, in einer detaillierten Studie nachweisen. Leider ohne Kenntnis Paratores wendete sich E. Cizek[30]) gegen die Ansicht, Sueton stehe seinem Gegenstand indifferent gegenüber. Vielmehr drücke er seine Stellung durch die Komposition aus: Eine stetig steigernde Anordnung, ein „procédé de noircissement progressif" (360) führe den Leser zu einer bestimmten Meinung. Damit scheinen d'Anna und Paratore widerlegt.

Auch G. Lucks Untersuchung der Titusvita[31]) ergab für diesen Kaiser, daß die Anordnung und Deutung des Materials, das Sueton gesammelt hat, ganz sein Werk ist; Titus wird nicht idealisiert, sondern durchaus in seiner Bedingtheit gesehen, möglicherweise in Gegenüberstellung zum Titusbild des Tacitus[32]).

---

[28]) Die Form der suetonischen Biographie und die frühen Heiligenviten. In: Mullus (Fs. Klauser), JbAC, Ergbd. 1, 1964, 230 ff.

[29]) Analysen zu Suetons Divus Iulius und die Parallelüberlieferung. Noctes Romanae 8, 1958; die negativen Ergebnisse von E. HAENISCH, Die Caesarbiographie Suetons. Diss. Münster 1937, wurden damit nach STEIDLE (25, 26², 27⁵, 29², 34, 41¹, 45² u. ö.) endgültig widerlegt.

[30]) Sur la composition des Vitae Caesarum de Suétone. Studii clasice 3, 1961, 355 ff.

[31]) Über Suetons Divus Titus. RhM 107, 1964, 63 ff.

[32]) Ein ähnliches Ergebnis hat die allerdings eher historisch ausgerichtete Arbeit von H. R. GRAF, Kaiser Vespasian. Untersuchungen zu Suetons Vita Divi Vespasiani, 1937, der aber immer wieder auf die Intentionen Suetons hinweist.

Eine kenntnis- und ergebnisreiche Studie hat jüngst B. Mouchová den Kaiserviten Suetons gewidmet[33]). Sie nimmt eine Mittelstellung zwischen den positiven und negativen Urteilen ein: „In keinem Fall kann man Sueton als bloßen Tatsachensammler bezeichnen; er war wirklich ein, wenngleich nicht kritischer Liebhaber von Tatsachen, der aus dem gesammelten Material besser kleine sachliche Teile zu schaffen verstand, sie aber nur mit größeren oder kleineren Schwierigkeiten zu einem einheitlichen Ganzen zusammenfügen konnte." (106) In diesem Sinne habe ich[34]) in der Caesarvita verschiedene Leitmotive nachgewiesen, die durch die ganze Vita hindurchziehen und sich bei Caesars Ermordung zu einem Knoten schürzen. Zugleich hat sich an der Todesschilderung zeigen lassen, daß Sueton es sehr wohl verstand, dramatische Effekte zu setzen.

W. Müller konnte in seiner Arbeit über Sueton und seine Zitierweise im Divus Iulius (SO 47, 1972, 95 ff.) zeigen, daß Sueton keineswegs, wie man angenommen hat, wahllos zitiere. Vielmehr dienten im Divus Iulius Verszitate ausschließlich zur Erzeugung von Höhepunkten, direkte Zitate stünden nur an exponierten Stellen als Höhepunkt und Abschluß von Rubriken bzw. an Schlüsselstellen in Handlungsabschnitten. Dasselbe sei bei Zitatballungen festzustellen. Darüber hinaus erweist Müller c. 30, 2—5 als eine der zentralen Kompositionsstellen der Vita, die durch ihren kunstvollen Aufbau besonders schön die überlegte Zitierweise Suetons zeige.

Aus diesem Überblick[35]) über die Forschung mit seinen disparaten Meinungen und Urteilen über Sueton begründet sich eine weitere Untersuchung von selbst, die manches aufnimmt und weiterführt, aber auch

---

[33]) Studie zu Kaiserbiographien Suetons. Acta Universitatis Carolinae. Phil. et Hist. Monographia XXII. 1968. Über die verdienstvollen Zusammenstellungen des suetonischen Wortschatzes vgl. oben Anm. 14.

[34]) Caesars Tod (Sueton, Div. Iul. 81,4—82,3). Aspekte zur Darstellungskunst und zum Caesarbild Suetons, Gym. 77, 1970, 5 ff.

[35]) Seit dem Abschluß der vorliegenden Arbeit liegen noch vor: KL. BRINGMANN, Zur Tiberiusbiographie des Tiberius, RhM 114, 1971, 268—285; er kommt in einer Quellenvergleichung, die doch wohl noch weiterer literarischer Klärung bedürfte, zu dem Schluß, daß „von einem literarischen Standpunkt her somit erhebliche Vorbehalte gegenüber dem Schriftsteller Sueton zu machen sind" (285), findet daher in der Tiberius-Vita keine Bestätigung für die Urteile Steidles. — Im Endergebnis nahe kommt — ohne Kenntnis der Bringmannschen Arbeit — S. DÖPP, Zum Aufbau der Tiberius-Vita Suetons, H 100, 1972, 444—460, der die Widersprüche in der Darstellung des „guten" und „schlechten" Tiberius auf die Anwendung des Schemas virtutes—vitia zurückführt und abschließt: „Die hohe Meinung (Steidles) scheint im Hinblick auf die Tiberius-Vita kaum gerechtfertigt" (406[1]).

neue Wege zu gehen sucht, um die Eigenart Suetons und seine persönliche Leistung besser verstehen zu lehren.

Die vorliegenden Studien wollen nun dem Ziel dienen, Suetons „biographische Technik", also jene literarischen Mittel, mit denen Sueton seine Kaiserviten gestaltet hat, klarer zu fassen, als dies bisher der Fall war. Dies soll auf verschiedenen Wegen erreicht werden. Zunächst werden, da für Sueton die Rubrizierung nach sachlichen Gesichtspunkten charakteristisch ist, einige in jeder Biographie vorkommende stabile Elemente und Rubriken auf ihre Struktur und Funktion untersucht[36]). Für den Biographen lag dabei die Gefahr vor, in ein schablonenhaftes Herunterschnurren nach einem bestimmten Schema ohne Rücksicht auf die Besonderheiten des jeweiligen Bios zu verfallen, oder aber das gesammelte Material ungeordnet und gehäuft als bloße Stoffdarbietung zu geben. So soll einmal, was bisher noch nicht geschehen ist, an einigen Rubriken Suetons Anordnung des Materials und sein Ergebnis im Detail gezeigt werden[37]). Als Beispiel, wie Sueton das Lebensganze eines Kaisers in der Bedingtheit seiner wesensmäßig angelegten Spannungen behandelt, wird eine Untersuchung der Othovita vorgelegt, die noch keine gesonderte Behandlung erfahren hat. Dabei wird es vor allem darum gehen, die völlig anders geartete Darstellung Suetons gegenüber der des Tacitus aufzuzeigen und dadurch dem Verständnis seiner Eigenart näher zu kommen. Schließlich soll durch eine neue Überlegung versucht werden, die Frage nach der Form der Kaiserbiographien Suetons zu klären, da die Leosche Hypothese zwar widerlegt, nicht aber eine andere Lösung dafür aufgezeigt wurde.

---

[36]) Diesen Weg ist B. MOUCHOVÁ in ihrer Studie gegangen; sie untersucht die Rubriken über die Abstammung der Kaiser, über ihre Gattinnen und die Vorzeichen und sie vergleicht mit den Partien über den Tod, in denen die Erzählhaltung vorherrscht, ohne freilich ins Detail der Anordnung zu gehen.

[37]) Daß die Anordnung der Rubriken im Zusammenhang der Biographie nicht willkürlich ist, sondern assoziativ die Bereiche des politischen und des privaten Lebens des Kaisers in großen Zügen umschreitet, zeigten sowohl STEIDLE wie auch besonders eindrucksvoll HANSLIK an der Augustusvita.

II. UNTERSUCHUNG EINZELNER STABILER ELEMENTE IN DEN KAISERBIOGRAPHIEN

Das besondere Charakteristikum der Kaiserbiographien Suetons, das so sehr zum negativen Urteil über seine Darstellungsweise beigetragen hat, ist die Rubrizierung in sachlich zusammengehörige Abschnitte. Dies führt zu dem Vorwurf, daß Sueton einem starren Schematismus verfallen sei, der ihn das vorliegende Material geordnet und mit keiner anderen darstellerischen Absicht als der möglichster Klarheit und Vollständigkeit vorbringen läßt[1]). Nun haben aber schon einige Untersuchungen zeigen können, daß in der Gesamtanlage der Biographie die Anordnung der Rubriken keineswegs zufällig ist, sondern daß sie den öffentlichen und den privaten Bereich des Kaiserlebens umschreitet und daß sich daraus ein Gesamtbild ergibt[2]). Für die Untersuchung der einzelnen Rubriken ist dagegen noch wenig geschehen. Einen Anfang hat zwar B. Mouchová in ihrer „Studie zu Kaiserbiographien Suetons" gemacht, die zum Ergebnis kommt, daß die Rubriken — die Abstammung der Kaiser, die Gattinnen und die Vorzeichen — keineswegs schablonenmäßig konzipiert sind; aber sie zieht daraus keine Schlüsse auf die von Sueton tatsächlich angewendeten Verfahrensweisen und Techniken in der Behandlung solch stabiler Elemente. Mit der Feststellung einer gewissen Variierung allein ist es nicht getan, wenn damit nicht bestimmte, auf Wirkung gerichtete Darstellungsprinzipien verbunden sind.

Hier setzen die folgenden Untersuchungen repräsentativer Bestandteile der Kaiserbiographien, die in jeder Vita zu finden sind, ein: der Vorzeichen, der erotica und der ultima verba. Denn da es sich um begrenzte Bereiche handelt, lassen sich daraus Rückschlüsse auf Suetons biographische Technik ziehen. War auch für die einzelnen Kaiser das Material in der Überlieferung vorgegeben, so blieben Anwendung, Auswahl und Stellung im Ablauf der Biographie allein Sueton überlassen. Dabei boten sich zwei Möglichkeiten an: Die einzelnen sachlich zu-

---

[1]) Vgl. Einleitung S. 12 f.

[2]) Vgl. STEIDLE 81: „Sueton reiht also auch im einzelnen nicht einfach aneinander, sondern schafft Zusammenhang und ist um Abwechslung und Steigerung bemüht."

sammengehörigen Nachrichten konnten entweder jeweils beim entsprechenden historischen Ereignis bzw. im chronologisch richtigen Zeitpunkt, oder immer nur schematisch in einer diesbezüglichen Rubrik gesammelt angeführt werden. Beides würde bedeuten, daß Sueton das ihm vorliegende Material einfach ausgeschrieben hat, um eben der Vollständigkeit und seinem Sammeleifer Genüge zu tun, ohne damit darstellerische Intentionen zu verbinden. Lassen sich aber hier bestimmte Gestaltungsprinzipien bzw. -techniken in der Anordnung des Materials in den einzelnen Rubriken selbst, wie auch in der Stellung und Funktion von Nachrichten feststellen, die außerhalb der Sammelrubrik überliefert werden, obwohl sie eigentlich sachlich ihr zugehörten, ergibt sich ferner ein bewußter Wechsel von Sammelrubrik und Einzelnachrichten, so bietet das ein neues Argument für Suetons bewußten Gestaltungswillen.

1. Gestaltung und Funktion der Vorzeichen

a) Vorbemerkung

Daß ein ausführliches Eingehen auf Vorzeichen und ihre Aufzählung römischer und suetonischer Eigenart entspricht, hat schon W. Steidle festgestellt[3]), ohne aber im Rahmen seiner Untersuchung ihre Verwendungsweise bei Sueton näher zu erforschen. Bei den römischen Historikern, bei Livius oder Tacitus wird dieser Beweis ebenso berücksichtigt wie im Epos[4]), weil er mit dem historischen Denken der Römer untrennbar verbunden war. So ist es nur allzu verständlich, wenn Sueton den Vorzeichen im Rahmen seiner Kaiserbiographien einen großen Raum gewidmet hat, zumal wir für die Bedeutung, die er in seinem persönlichen Lebensbereich solchen Vorzeichen beigemessen hat, ein Zeugnis in einem Brief besitzen, den der jüngere Plinius an Sueton geschrieben hat (1,18)[5]). Sueton hat einen Traum gehabt, der ihn dazu veranlaßte, Plinius um einen Aufschub des Prozesses zu bitten, den er gerade zu führen hatte.

---

[3]) A. a. O. 86 (hier muß es Caes. 81 heißen) und 111.
[4]) Zu der bei B. GRASSMANN-FISCHER, Die Prodigien in Vergils Aeneis, 1966, 120 ff. angeführten Literatur ist noch hinzuzufügen: I. KAJANTANO, God and fate in Livy, 1957, 46 ff.; R. T. SCOTT, Religion and Philosophy in the Histories of Tacitus, 1968 (dazu VERF., Gnomon 41, 1969, 824 ff.); W. HÜBNER, Dirae im römischen Epos, 1970.
[5]) Vgl. FUNAIOLI RE 594: Man erkennt den Verfasser der Caesarenbiographien, bei dem der Aberglaube eine so große Rolle spielt; dazu auch 621 über die Weltauffassung Suetons; A. N. SHERWIN-WHITE, The Letters of Pliny, a historical and social commentary, 1966, 126 ff.

Plinius meint in seinem Antwortschreiben, Sueton sollte es sich doch
überlegen, ob sich der Traum — leider wird sein Inhalt nicht angegeben — nicht auch in positivem Sinne auslegen lasse, wie das bei
Plinius selbst einmal der Fall gewesen sei. Wir wissen nicht, wie die Sache
ausgegangen ist, doch genügt, daß der Brief Sueton als einen Mann erweist, der persönlich stark unter dem Einfluß des Numinosen gestanden
hat.

Als erster ist in der Suetonforschung F. della Corte[6]) ausführlicher
auf die Prodigien bei Sueton eingegangen, hat sie aber in der Hauptsache
nur unter dem Aspekt der Einstellung der Kaiser zu diesen betrachtet.
Dabei kommt er zu einer Klassifikation in gute und schlechte Kaiser,
je nachdem, ob sie die Vorzeichen beachten, oder sich über sie hinweg-
setzen. Zu letzteren zählt er Tiberius, Caligula, Nero, Vitellius und
Domitian. Nun müßte aber auch Otho den schlechten Kaisern zugezählt
werden, was aber der Charakterisierungsabsicht Suetons in dieser Vita
völlig widerspräche, da hier eine positive und negative Linie neben-
einanderlaufen[7]). Caesar und Vespasian fallen ohnehin aus dem Schema
heraus, da sie teils auf Vorzeichen hören, sie aber auch übergehen, wenn
sie ihnen nicht ins Konzept passen[8]). Auch Tiberius ist in diesem Betrachte eher widersprüchlich gezeichnet[9]). Hier liegen die Dinge wesentlich verwickelter und vielschichtiger, als es della Corte annehmen möchte,
und man wird einer so vereinfachten Einteilung der Kaiser in gute und
schlechte skeptisch gegenüberstehen müssen, zumal es durchaus den Intentionen Suetons entspricht — und dies macht nicht den geringsten Teil
seines Wertes aus —, das Leben der Kaiser nicht auf eine Linie zu ver-
einfachen, sondern manches, das eben die Vielschichtigkeit menschlicher
Existenz mit sich brachte, in Schwebe zu lassen, virtutes und vitia unvermittelt nebeneinanderzustellen und darin die wesensmäßige Antithetik spürbar werden zu lassen[10]). Über die sonstige Funktion der Vor-

---

[6]) A. a. O. 53 ff. Knappe Bemerkungen über die Bedeutung der Vorzeichen auch bei
GRAF 36 und die Anmerkungen.

[7]) Mißachtung der Vorzeichen 8,3; 6,1 dagegen werden sie beachtet; zur Othovita
vgl. unten S. 104 ff.

[8]) Vgl. die Kritik bei MOUCHOVÁ 37; zur Caesarvita VERF. 14 f. und unten S. 31 ff.,
zur Vespasianvita unten S. 66 ff. Claudius müßte aber wegen seiner Betrachtung
der Vorzeichen als guter Kaiser betrachtet werden, was aber selbst CORTE (183 ff.)
wegen dessen übrigen Eigenschaften nicht zu behaupten wagt.

[9]) Ausführlich MOUCHOVÁ a. O.

[10]) Dies hat sich im Divus Iulius ergeben (vgl. VERF.), ebenso im Augustus (vgl.
HANSLIK) und Titus (vgl. LUCK, Divus Titus), und wird sich unten S. 104 ff. im
Otho neuerlich zeigen.

zeichen, ihre Verwendung und Anordnung findet sich dagegen bei della Corte wenig.

Ein Kapitel ihrer Untersuchung hat auch Mouchová den Vorzeichen gewidmet[11]), in dem sie zu dem richtigen Ergebnis kommt, daß die Vorzeichen den entscheidenden Momenten im Leben des Kaisers vorangehen oder sie begleiten und eine Vorausdeutung auf das künftige Leben des Kaisers liefern[12]). Da die Vorzeichen aber in dem Sueton vorliegenden Material überliefert waren, ließe dieses Ergebnis noch keinen Schluß auf eine besonders entwickelte Darstellungskunst zu, da dies nur eine mehr oder weniger geschickte Übernahme des ohnehin Vorgegebenen wäre. Zudem sieht Mouchová in den einzelnen Vorzeichenrubriken meist nur ein chronologisches Anordnungsprinzip, was sich jedoch nicht für alle Fälle erweisen läßt[13]).

Hier muß aber noch ein Schritt weitergegangen und die schon angedeutete Frage gestellt werden, ob die Art der Verwendung der einzeln angeführten Vorzeichen, bzw. der Vorzeichenrubriken im Textzusammenhang und ihre Anordnung in sich und im Ganzen der Biographie nicht eine bewußte, über den historischen Zusammenhang hinausgehende Darstellungsabsicht erkennen läßt, die die Verwendung der Vorzeichen zu einem Mittel biographischer Technik macht. Dabei wird es notwendig sein, einen doppelten Weg zu gehen: Zuerst sollen die einzelnen Verfahrensweisen in der Anordnung der Vorzeichen zusammengestellt werden, dann werden in jeder Biographie die Vorzeichen der Reihe nach angeführt. Nur so kann eine vollständige Beurteilung erreicht werden, die einerseits die verschiedenen Techniken erfaßt, andererseits deren Anwendung in der Einheit der Biographie herausarbeitet.

Zwei grundsätzliche Bemerkungen seien vorangestellt. Im Folgenden geht es nicht um Klassifikation der Vorzeichen auf ihre religionsgeschichtliche Bedeutung hin[14]), sondern allein um ihre Verwendung, Stellung und

---

[11]) A. a. O. 34 ff. Sie stellt 39 ff. auch die stabilen Elemente im Wortschatz der Vorzeichenrubriken zusammen, was für unseren Zusammenhang außer Betracht bleibt.

[12]) A. a. O. 34 ff. Vgl. auch DELLA CORTE 74 und passim.

[13]) Auf Einzelheiten wird bei der Betrachtung der jeweiligen Stelle zurückzukommen sein. Unter dem chronologischen Prinzip werden angeführt: Iul. 81; Aug. 74; Galba 18; Vit. 9; Dom. 15,2 f.; auch Tib. 14; Galba 4.

[14]) Vgl. dazu die gründliche und materialreiche, freilich ohne Register schwer benützbare Arbeit von F. B. KRAUSS, An interpretation of the omens, portents and prodigies, recorded by Livy, Tacite and Suetonius, 1930. Die in den Caesares berichteten Träume behandeln Y. BROGNIEZ, Les songes des Césars dans Suétone, Thèse Univ. Liége 1943, und F. LORETTO, Träume und Traumglauben in den Geschichtswerken der Griechen und Römer, Diss. Graz 1956.

Funktion in der Einheit der Biographie. Deshalb braucht auch nicht
an einer strengen terminologischen Differenzierung festgehalten zu werden, sondern unter dem Sammelbegriff Vorzeichen wird all das zusammengefaßt, was Sueton über prodigia (vgl. P. Händel RE s. v.),
omina, ostenta, signa, portenta, auspieia, somnia, mirabilia, monstra,
praesagia und die Einstellung der Kaiser dazu berichtet. Dies soll auf
die Konsequenzen für Suetons Gestaltungsweise hin untersucht werden.

Zum zweiten: Sueton hat aus dem ihm überlieferten Material der
Vorzeichen eine bewußte Auswahl der Vorzeichen getroffen, wofür wir
evidente Zeugnisse von ihm selbst haben[15]). Bei Galba 1 geht Sueton
auf die Vorzeichen ein, die auf das Aussterben des Geschlechtes Caesars
mit Nero vorausdeuteten: quod futurum compluribus quidem signis, sed
vel evidentissimis duobus apparuit. Es waren ihm also complura signa
bekannt, doch er wählte nur zwei davon aus, eben die deutlichsten,
während diesen gegenüber die übrigen ihm als unbedeutend erschienen.
Auch von den secundissima auspicia et omina, die Galba zu seiner
Erhebung gegen Nero veranlassen (9,2), führt Sueton nur die vaticinatio
virginis honestae genauer an. In Otho 6, 1 motiviert Sueton eine Zeit
der Untätigkeit Othos vor Galbas Ermordung mit der Bemerkung:
medium quoque tempus religio et Seleucus exemit. Er kannte also einige
Vorzeichen und Weissagungen, worauf sich religio und Seleucus beziehen,
führt diese aber nicht in extenso aus: die allgemeine Bemerkung genügte,
um Othos Zögern zu motivieren. Auch bei den Vorzeichen, die auf den
Tod des Augustus (c. 97) und des Claudius (c. 46) vorausdeuten, gibt
Sueton nur die wichtigsten an[16]).

Die Annahme erscheint daher nur billig, daß Sueton bisweilen auch
sonst, wo er es nicht ausdrücklich erwähnt, mehr Nachrichten zur Ver-
fügung hatte, als er dann tatsächlich angeführt hat. Eine Auswahl
setzt aber von vornherein ein bewußtes Prinzip voraus, das, von inhaltlichen Kriterien abgesehen, einer Gestaltungsabsicht entspringen muß,
die in der Anordnung und Verwendung des tatsächlich angeführten
Materials ihren Ausdruck findet. Das widerspricht aber grundsätzlich
einer Abwertung Suetons als eines bloßen Sammlers ohne literarische
Ansprüche.

---

[15]) Zum Auswahlprinzip vgl. STEIDLE 35; 108 f.; MOUCHOVÁ 34.

[16]) Aug. 97,1 Mors quoque eius ... divinitasque post mortem evidentissimis ostentis
     praecognita est (dazu HANSLIK 142: „Die schriftstellerische Leistung erweist sich
     auch im klugen Auswählen: Er hat aus der Fülle des Materials nur drei Omina
     genommen, die sich in ihrer Wirkung steigern, um Tod und Vergottung an-
     zuzeigen"); Claud. 46 praesagia mortis eius praecipua fuerunt (vgl. MOUCHOVÁ 34).

b) Zusammenstellung der angewendeten Techniken

Die Untersuchung aller in den Kaiserviten Suetons vorkommenden Vorzeichen läßt nirgends ihre bloß dem Zufall überlassene Verwendung erkennen, noch werden sie aus bloßem Sammeleifer oder einer übertriebenen, kleinlichen Liebe zum historischen Detail in den Lebenslauf eingefügt; vielmehr sind sie ein Mittel biographischer Technik, die erzählte Handlung oder die beabsichtigte Charakterisierung wirkungsvoll zu unterstreichen oder entscheidende Einschnitte im Leben der Kaiser zu markieren. Dabei lassen sich zwei Arten der Verwendung feststellen: 1. Sueton stellt in den Handlungsablauf der Vita oder in einzelne andere Rubriken Vorzeichen — allein oder auch paarweise — hinein, die bestimmte und für den Kaiser besonders charakteristische Eigenschaften durch Motivketten im Leser bewußt halten sollen. Diese charakterisierende Funktion kann so weit gehen, daß das Vorzeichen jeder historischen Beziehung entkleidet wird, auch wenn diese bekannt war (so DJ 77).

Im Divus Iulius sind es zwei Motivreihen, die auf diese Weise hervorgehoben werden: eine, die Caesars Streben nach der Königswürde unterstreicht (1,3; 7,2; 32; 61), und eine zweite, die seine ständige Nichtachtung kultischer und religiöser Gebräuche kennzeichnet, was schließlich zu seinem Tod führt (30,3; 59; 77; 81,4). Diese Linie setzt sich auch im Augustus fort (1; 16,2; 96,2), bleibt hier aber nur für die erste Periode von Augustus' Leben bestimmend. Auch Tiberius ist durch spreta religio gekennzeichnet, was bei ihm aber mit einem starken Aberglauben verbunden ist (2,2; 19; 69; 72,2). Die Eigenschaft, die Caligula mehr als alle anderen prägt, ist seine Grausamkeit, was Sueton auch durch eine Reihe von Vorzeichen unterstreicht (11; 19,3; 51,1). Die Vorzeichen im Claudius dienen dazu, seine groteske Vorzeichengläubigkeit und Abhängigkeit von allen äußeren Einflüsterungen zu charakterisieren (1,2; 22; 37,1—2). Nero ist durch die Extreme äußerster Sorglosigkeit gegenüber den Vorzeichen, die in die Darstellung seines Todes eingefügt sind, und dann wieder panischer Angst gekennzeichnet (34,4; 36,1; 41,2; 48,2; 56). Die einzeln berichteten Vorzeichen im Galba und im Titus weisen auf die Herrschaft hin (Galba 6,1; 8,2; 9,2; 10,4 und Tit. 2; 5,1). Im Vespasian charakterisieren die Vorzeichen das unbedingte Vertrauen des Kaisers (4,5; 23,4; 25; dazu auch die Rubriken 5,2—7 und 7). Einzig in der Domitianvita gibt es keine derartige Motivreihe, beim letzten Kaiser sind alle Vorzeichen der Todesdarstellung zugeordnet.

Dabei werden auch Vorzeichen, die nicht den Kaiser selbst, sondern einen seiner Vorfahren betreffen, dem Zweck einer solchen Motivreihe oder Charakterisierungslinie untergeordnet (so Aug. 1; Tib. 2,2; Claud. 1,2). Hier kannte Sueton sicherlich mehr Vorzeichen, als er tatsächlich anführt, doch er trifft eine bewußte Auswahl und berücksichtigt nur, was für die Charakterisierung des jeweiligen Kaisers wichtig ist, ohne in unnütze Aufzählungen zu verfallen.

2. Gleichartige Vorzeichen werden in einer Rubrik zusammengefaßt: Sie bilden ohne Ausnahme keine wahllos aneinandergefügten Ansammlungen disparater Nachrichten, sondern sind nach chronologischen und inhaltlichen Gesichtspunkten gruppiert und in verschiedener Weise gesteigert, so daß die deutlichsten und wirkungsvollsten Zeichen immer auch an einer entscheidenden Stelle innerhalb der Rubrik stehen: am Ende einer sachlich zusammengehörigen Gruppe, in der Mitte oder am Ende der ganzen Reihe. Oftmals bilden dabei persönliche Dicta des Kaisers oder anderer Personen in direkter oder indirekter Rede das Ende der Rubrik und zeigen dadurch die Bedeutung an, die solchen Dicta in den Kaiserbiographien zukommt[17]). Die chronologische Anordnung geht der inhaltlichen oftmals parallel, wird aber nur soweit beachtet, als sie die wirkungsvollere inhaltliche nicht stört. In einem solchen Fall wird sie um der inhaltlichen Anordnung willen aufgegeben (so Aug. 90—93; Claud. 46; Nero 46; Galba 4; Vesp. 5 und 7). Die inhaltliche Geschlossenheit wird auch trotz Vorliegen anderen Materials eingehalten, wie das in einigen Fällen nachgewiesen werden kann (DJ 59; Aug. 96, 1—2; 97,1—3), aber analog für andere erschlossen werden muß, wo dies nicht unmittelbar überprüfbar ist.

Solche Sammelrubriken markieren wichtige Abschnitte im Leben des Kaisers und werden zu einem Mittel der biographischen Technik, da der Leser die folgende Erzählung vor dem Hintergrund der weit nach vor- und rückwärts ausgreifenden Begebenheiten ganz anders aufnimmt, als wenn er sie ohne eine derartige Einstimmung läse. Naturgemäß überwiegen hier die Vorzeichenrubriken, die auf den Tod des Kaisers hinweisen[18]). Doch Sueton verwendet dabei kein stereotypes Schema, sondern variiert und differenziert ständig. Im Augustus (97, 1—3), Galba (18,1—19,1), Vespasian (23,4) und Titus (10,1) stehen die Vorzeichen vor dem Tod, leiten seine Darstellung effektvoll ein,

---

[17]) Darüber genauer unten S. 95 ff.
[18]) Vgl. MOUCHOVÁ 35, die darauf hinweist, daß diese Rubriken oft auch einen eigenen Einleitungssatz bekommen: DJ 81,1; Aug. 97,1; Cal. 57,1; Claud. 46,1; Nero 46,1; Galba 18,1.

bieten eine Einstimmung auf das kommende Geschehen und lassen den Tod gleichsam aus den Vorzeichen herauswachsen. Im Tiberius (74) und Claudius (46) stehen die Vorzeichen nach der Todesdarstellung, runden das Geschehen ab und lassen es nochmals nachklingen. Im Divus Iulius (81,1—3), Caligula (57) und Galba (18,1—19,1) werden die Vorzeichen in die Todesdarstellung eingefügt, sie unterbrechen den Handlungsablauf als retardierendes Element und dienen zugleich der Einstimmung des Lesers. Diese Wirkung steigert Sueton in zwei Fällen noch dadurch, daß er die Todesvorzeichen in zwei Gruppen zerlegt, die neben den genannten Funktionen noch die zusätzliche der Umrahmung eines wichtigen Handlungsmomentes haben (Nero 40,2—3 und 46; Dom. 14,1—2 und 15,2—16,1). Gerade der Tod der letzten Vertreter eines Geschlechtes ist dadurch besonders eindringlich durch Vorzeichen hervorgehoben. Hier wird eine andere Funktion der Vorzeichen erkennbar, über die das letzte Kapitel handeln wird (unten S. 152 f.). Schließlich aber verwendet sie Sueton auch zur persönlichen Charakterisierung, wobei sie zugleich auch auf die Todesdarstellung überleiten, wie das im Vespasian der Fall ist (23,4).

Durch Vorzeichengruppen werden ferner markiert: der Herrschaftsantritt (Tib. 14,1—4; Vesp. 5 und 7; Otho 7,2, hier lassen die Zeichen nichts Gutes ahnen; ähnliche Vorzeichen können auch bei der Geburt stehen wie im Galba 4) oder beim Beginn eines entscheidenden Feldzuges (Otho 8,3; Vit. 9). Auch hier können die Vorzeichen in zwei Gruppen geteilt sein, um ein wichtiges Handlungsmoment zu umrahmen (Otho 7,2 und 8,3; Vesp. 5 und 7).

Sueton hat also die ihm vorliegenden Vorzeichen seinen Gestaltungsabsichten untergeordnet. Als kompositionelle Elemente, die ein Charakterisierungsmotiv im Leser bewußthalten oder einen Handlungsabschnitt markieren, haben sie eine wichtige Funktion in der einzelnen Biographie zu erfüllen.

Eine Sonderstellung nimmt die Augustusvita ein. Abgesehen von drei Ausnahmen sind hier alle Vorzeichen in einer einzigen inhaltlich gegliederten Rubrik zusammengestellt; an ihrem Ende stehen die Todesvorzeichen, aus denen die Todesschilderung gleichsam herauswächst. Insofern sind also auch hier die Vorzeichen in den Handlungsablauf integriert. Andererseits vermag gerade diese Ausnahme, die darin begründet sein wird, daß die Augustusvita im ganzen stärker nach Rubriken gegliedert ist, zu zeigen, wie Sueton es mit den Vorzeichen hätte halten können, wenn er sie nicht als Mittel seiner biographischen Technik verwendet hätte.

c) Einzeluntersuchung der Viten

D i v u s   I u l i u s. Gleich zu Anfang des überlieferten Teils der Caesar-biographie[19]) deutet der Ausspruch Sullas, nam Caesari multos Marios inesse, auf die Herrschaft Caesars voraus (1,3)[20]), ebenso wie der 7,2 erzählte Inzesttraum (nam visus erat per quietem stuprum matri intulisse), den Caesar als Quaestor in Spanien hatte, und der auf seine Weltherrschaft gedeutet wird[21]). Diese Linie wird c. 61 fortgesetzt, wo Sueton im Rahmen der Aufzählung von Caesars Eigenschaften als Soldat und Feldherr, durch die er in die Lage versetzt wird, sich der Herrschaft zu bemächtigen, auch sein Leibroß erwähnt. Dieses hatte Füße fast wie ein Mensch; da die Wahrsager darin eine Vorbedeutung seiner Weltherrschaft sahen, behandelte er es mit besonderer Sorgfalt und weihte dem Pferd auch später vor dem Tempel der Venus Genetrix eine Statue. Damit gliedert sich diese Erzählung in die durch die ganze Biographie zu verfolgende Motivkette ein, die auf Caesars Herrschaft hindeutet (6,1; 7,1; 7,2; 9,2; 22,2; 30,5; 49,2; 76,1; 79; 80,3; 81,3).

Daneben hat Sueton noch andere Vorzeichen in den Ablauf der Biographie eingefügt. Als Caesar vor dem Rubiconübergang zögerte — vorausgegangen war das bedeutungsschwere Dictum (31,2), jetzt gebe es noch eine Umkehr, nach dem Überschreiten der Brücke liege die alleinige Entscheidung bei den Waffen —, erschien eine männliche Gestalt von ungewöhnlicher Schönheit und Größe, die auf der Flöte blies (c. 32). Als viele Soldaten herbeieilten, um sie zu hören, entriß die Erscheinung einem Tubabläser die Trompete, blies das Angriffssignal und eilte zum anderen Ufer hinüber. Caesar führte daraufhin mit den Worten, man wolle folgen, wohin die Zeichen der Götter und die Ungerechtigkeit der Feinde rufen, das Heer hinüber, wobei Sueton das berühmte „Iacta alea est" hinzufügt[22]). In einem kritischen Augenblick der Handlung

---

[19]) Der Anfang der Vita ist verloren; über den Inhalt des verlorenen Teiles vgl. unten S. 152 f.

[20]) Über Caesars Kampf um die Macht und seine Ernennung zum rex vgl. VERF. 12 f.; dort ist diese Stelle und die gleich noch zu behandelnde c. 61 nachzutragen. Zum Apophthegma vgl. DREXLER 234.

[21]) Plutarch bringt den Traum erst beim Rubico-Übergang, ohne eine Deutung zu geben (Caes. 32); vgl. dazu BRUTSCHER 34 f., dagegen die Kritik bei DREXLER 242 und Anm. 6.

[22]) Zur Stelle vgl. HAENISCH 37; STEIDLE 47; E. HOHL, Caesar am Rubicon, Hermes 80, 1952, 246 ff.; E. BICKEL, Observationum satura, I: Iacta alea est, Paideia 7, 1952, 269 ff.; M. MARCOVIĆ, Was hat Caesar bei Rubico eigentlich gesagt? ZAnt 2, 1952, 53 ff. Bei Lucan 1, 185—203 ist es Roma selbst, die Caesar erscheint (vgl. dazu M. P. O. MORFORD, The Poet Lucan. Studies in Rhetorical Epic, 1967, 77 f.).

bringt das Vorzeichen den entscheidenden Impuls und Caesar hält sich daran wie bei seinem Leibroß (c. 61), weil es seinen Intentionen entsprach[23]).

Das ist aber nur die eine Seite des Verhaltens Caesars den Vorzeichen gegenüber. Denn in der Rubrik über Caesar als Feldherr und Soldat finden sich in einer ersten Vorzeichenhäufung gleich drei Beispiele für spreta religio (c. 59), somit eine zweite bedeutsame Charakterisierungslinie im Divus Iulius[24]), die Sueton schon 30,3 angedeutet hatte: alii timuisse dicunt, ne eorum, quae primo consulatu *adversus auspicia* legesque et intercessiones gessisset, rationem reddere cogeretur. Dies führt er nun c. 59 genauer aus: ne religione quidem ulla a quoquam incepto absterritus umquam vel retardatus est.

1) Als das Opfertier beim Opfer entflieht, verschiebt Caesar trotz dem ungünstigen Vorzeichen die Abfahrt gegen Scipio und Iuba nicht.
2) Als er beim Betreten Afrikas stolpert, wendet er das böse Omen durch den Ruf „teneo te, Africa" zum Guten[25]).
3) Um die Weissagungen, nach denen der Name Scipio in der Provinz Africa für unüberwindlich galt, zu verspotten, führt er ein ganz verächtliches Subjekt aus dem Geschlecht der Cornelier mit dem Beinamen Salvito mit sich.

Die drei Vorzeichen sind nicht allein chronologisch angeordnet (vor der Abfahrt — Ankunft — nach der Ankunft), sondern auch inhaltlich gesteigert, da sie von der bloßen Nichtachtung eines bösen Omens über ein bewußtes Wenden zum Guten bis zum überheblichen Spott reichen, der vor allen zur Schau getragen wird. Dabei wahrt Sueton die inhaltliche Geschlossenheit, indem er einen zeitlich und örtlich einheitlichen Komplex aus einem Lebensabschnitt herausnimmt. Sein Material hätte ihm auch andere Beispiele von spreta religio geboten (vgl. nur c. 77 und 81,1—3), aber eine Vorwegnahme hätte die Einheitlichkeit hier und dort gestört.

Die Linie der spreta religio setzt Sueton c. 77 fort. In der langen Reihe von Beispielen für Caesars arrogantia ist etwa in der Mitte des Abschnittes (76—79)[26]) ein besonders wirkungsvolles und kennzeichnendes als Zeugnis für spreta religio eingefügt, das Sueton durch „eoque arrogantiae progressus est" aus den anderen noch heraushebt. Als der

---

[23]) Vgl. oben S. 25 und MOUCHOVÁ 37. Auch dieses Vorzeichen gehört, da es den entscheidenden Impuls dazu bringt, in die Reihe derer, die auf Caesars Herrschaft vorausdeuten.

[24]) Dazu VERF. 14 f.; die Stellen: 30,3; 59; 76,1; 77; 81,4.

[25]) Vgl. dazu VERF. 15, Anm. 32.

[26]) Dies ist auch bei der tubablasenden Wundererscheinung während des Rubicoüberganges der Fall; VERF. 16, Anm. 35.

Opferschauer meldet, die Eingeweide seien unglückverheißend und ohne Herz, gibt Caesar zur Antwort, die Zukunft werde schon günstiger sein, wenn er es so wolle, man dürfe das nicht für ein schlechtes Vorzeichen ansehen, wenn einem Tier das Herz fehle[27]). Die Begebenheit ist jeder zeitlichen Beziehung entkleidet (Sueton setzt nur ganz allgemein quondam hinzu), ebenso jeder sachlichen auf ein historisches Ereignis, wie das c. 59 der Fall war[28]). Daß Sueton genau gewußt hat, welchen Ereignissen in Caesars Leben dieses Vorzeichen zugeordnet wurde, kann auf Grund der Parallelüberlieferung mit Sicherheit angenommen werden (vgl. Butler-Cary S. 141); doch es geht ihm hier nicht um das biographische Detail, sondern um das Aufzeigen einer Grundtendenz in Caesars Verhaltensweise innerhalb der darauf abgestimmten Rubrik. Darin drückt sich aber ein Gestaltungswille aus, den Paratore und Drexler so hartnäckig leugnen wollen: das Faktum ist historisch richtig und in der Überlieferung vorgegeben — insoweit ist auch Sueton bloße Quelle —, aber durch seine Entkleidung von jeder historischen Beziehung und durch die Reduzierung allein auf ein Charakterisierungsmoment ist eine Umgewichtung im Sinne einer bewußten Gestaltung vollzogen.

Die Darstellung von Caesars Tod und die darin eingefügte Häufung von Vorzeichen, die auf seinen Tod vorausdeuteten (81,1—3), wurde schon an einem anderen Ort ausführlich behandelt[29]), hier sind daher nur mehr die Ergebnisse zu wiederholen. Mit einem Forte-Einsatz (80,1 quae causa coniuratis maturandi fuit destinata negotia) war Sueton nach der Schilderung der negativen Seiten an Caesars Wesen zur Todesdarstellung übergegangen, verschiedene Aussprüche und Verse untermalen die herrschende Stimmung (80,2—3), ehe Sueton genauere Details über die Verschwörung angibt (80,4). Doch im Augenblick, da der Mord endgültig auf den 15. März festgelegt, also sozusagen fast vollzogen ist, unterbricht er retardierend den geradlinigen Ablauf der Erzählung und schiebt eine Aufzählung der mahnenden Vorzeichen ein, um auf das kommende Geschehen einzustimmen und die Erwartung auf ein vielleicht doch mögliches Entrinnen noch stärker zu spannen. Dies bewirkt Sueton einerseits durch eine chronologische Anordnung der Vorzeichen, durch die dem Leser der drohende Zeitpunkt der Iden des Märzes immer

---

[27]) HEINEMANN, Sueton, Caesarleben. Übers., 1957, 56, Anm. 1, weist darauf hin, daß der Spruch doppeldeutig ist, weil cor Herz und Verstand bedeutet; um so stärker kommt Caesars intellektuelle Hybris zur Geltung.

[28]) Zur Vereinbarkeit dieses Verhaltens mit der Würde eines pontifex maximus vgl. O. SEEL, Caesar-Studien, 1967, 82 f.

[29]) VERF., Gym. 77, 1970, 5 ff.

näher rückt (paucos ante menses... proximis diebus... pridie autem easdem Idus... ea vero nocte, cui inluxit dies caedis...), andererseits durch eine damit parallel gehende inhaltliche Anordnung. Auf drei „offizielle" Prodigien aus Mythos (Erztafeln von Capua), Natur (Pferde vom Rubico) und Staat (Weissagung Spurinnas) folgt in der Mitte der Reihe das Zaunkönigprodigium als Höhepunkt, das das Motiv von Caesars Streben nach dem regnum zum Abschluß bringt. Daran schließen sich drei persönliche Vorzeichen Caesars und der Calpurnia-Traum mit dem höchst effektvollen Aufspringen der Schlafzimmertür am Schluß, womit zum kommenden dramatischen Geschehen direkt übergeleitet wird.

Caesar zögert zwar lange (81,4), schließlich setzt er sich aber über seine Bedenken hinweg und geht zur Kurie. Erst jetzt wird die Charakterisierungslinie der spreta religio abgeschlossen (81,4): Vor dem Betreten der Kurie opfert Caesar, kann aber keine günstigen Zeichen erlangen, ja er verlacht sogar Spurinna, weil sich dessen Weissagung nicht bewahrheitet habe, und betritt die Kurie, obwohl Spurinna ein letztes Mal warnt, die Iden seien zwar da, aber noch nicht vorüber. Die Herausnahme des vergeblichen Opfers und der neuerlichen Warnung Spurinnas aus dem geschlossenen Abschnitt „Sed Caesari futura caedes evidentibus prodigiis denuntiata est" (81,1) zeigt aufs neue Suetons Gestaltungsabsicht in der Reihe der Vorzeichen. Dort wäre die inhaltlich ausgewogene Abfolge entweder gestört worden oder das Aufspringen der Schlafzimmertüren hätte nicht mehr die Reihe abgeschlossen. Nunmehr erreicht er aber zweierlei: die Charakterisierungslinie der spreta religio findet erst in der Todesdarstellung selbst ihren abschließenden Höhepunkt; zum anderen steigern sich die Vorzeichen vom anfänglichen Zaudern (diu cunctatus) über das achtlose Wegstecken der Schrift, die ihm die Verschwörung anzeigen würde, und die Mißachtung des vergeblichen Opfers bis zur Verspottung Spurinnas. Eine gleich geartete Steigerung konnte schon in der Rubrik c. 59 festgestellt werden. Auch dort war der Spott an abschließender Stelle gestanden, nur war es dort gut ausgegangen, in diesem Augenblick aber ist es um Caesar geschehen[30]). Um so tragischer müssen vor dem Hintergrund des dort gesagten und der c. 77 erzählten Begebenheit die jetzigen Ereignisse auf den Leser wirken, der damit das Ende einer durchgängigen Charakterisierungslinie Caesars empfindet. Erreicht hat Sueton diese Wirkung allein durch die Gestaltung des Faktischen.

---

[30]) Vgl. VERF., 13 f.; über das Nachklingen des Motivs der spreta religio in 86,1 VERF. 21.

In der Caesarvita haben die Vorzeichen zwei Funktionen. Teils berichtet Sueton sie — einzeln, oder auch in Gruppen (wie c. 59) —, um dadurch die das Leben Caesars bestimmenden Motive — sein Streben nach der Königswürde bzw. seine spreta religio — zu charakterisieren. Teils haben die Vorzeichen, zusammengestellt und als Rubrik in die Handlung eingefügt (wie c. 80 und 81) eine retardierende, die Spannung erhöhende und zugleich einstimmende Funktion, die die Wirkung der Darstellung intensiviert. In den Vorzeichenballungen zeigen die einzelnen Vorzeichen eine effektvolle Steigerung bzw. Gruppierung um eine zentrale Mitte.

A u g u s t u s . Das von Caesar begonnene Verhalten der spreta religio setzt sich zunächst auch bei seinem Erben und Nachfolger Augustus fort. Dies wird schon in einer Begebenheit angedeutet, die Sueton von einem Vorfahren des Augustus erzählt (c. 1). Als ein Octavier als Führer in einem Krieg gerade dem Mars ein Opfer darbrachte, meldete man einen plötzlichen Einfall des Feindes. Der Octavier setzte sich über religiöse Bedenken hinweg und der Erfolg gab ihm recht[31]), wie dies zunächst auch bei Caesar der Fall gewesen war: Er riß die noch halb rohen Eingeweide vom Herd, zerschnitt sie und eilte in den Kampf, aus dem er als Sieger heimkehrte.

Fortgeführt wird diese Linie in der Augustusvita, wenn Sueton erzählt (16,2), Octavian habe, als seine Flotten im sizilischen Krieg durch ein Unwetter umgekommen seien, ausgerufen, etiam invito Neptuno victoriam se adepturum; am nächsten Tag ließ er bei den Zirkusspielen das Bild des Gottes in der Prozession nicht mitführen. Eine Begebenheit aus dem Leben des Augustus ist aus der Sammelrubrik vorweggenommen, um eine Verhaltensweise zu charakterisieren, die Augustus während der ersten Epoche seines Lebens bis zur Schlacht von Actium zeigte und die ihn auch in diesem Betrachte als Erben Caesars erscheinen läßt[32]). Diese Charakterisierungslinie der spreta religio bringt Sueton erst in der Sammelrubrik über alle Vorzeichen am Ende (96,2), wo sie eine zentrale, ihre Bedeutung unterstreichende Stellung einnimmt (unten S. 43): Als bei Perusia die Feinde die Opfergeräte und -tiere erobern, nachdem die ersten Opfer ungünstig ausgefallen waren, deutet man das dahin, daß

---

[31]) Vgl. HANSLIK 101 f., die Stelle 102: „von den maiores fällt das bezeichnende Licht auf die Persönlichkeit, deren Lebenswandel dargestellt werden soll".

[32]) HANSLIK 117 f. behandelt die Stelle im Kontext (über das Entstehen der Nachricht aus der Pamphletliteratur 117, Anm. 1). Die Beziehung zur Caesarvita findet sich bei HANSLIK nicht.

das Unglück nun auf seiten der Feinde sein würde. Augustus hatte also vor Perusia ungünstige Opferzeichen erlangt, trotzdem war der Kampf begonnen worden, offensichtlich unter Mißachtung der schlechten Zeichen, ebenso wie das von Caesar wiederholt berichtet wird. Bei Augustus wendet sich allerdings dieses Faktum wie einst bei seinem Urahn zum Guten. Diese bleiben die einzigen Beispiele für eine spreta religio des Octavian, der sich nach Actium vom Beispiel seines Adoptivvaters auch in dieser Beziehung abwendet und zum Augustus wird[33]). Er wird nicht durch „spreto patrio more" wie Caesar (DJ 76,3) charakterisiert, sondern durch eine Beachtung der Vorzeichen, wie sie dem mos maiorum entspricht.

Dies kommt schon in der Bemerkung c. 83 Ende zum Ausdruck, Augustus habe vor Zwergen, Mißgeburten u. ä. eine Abscheu gehabt, da er sie für Spottgeburten der Natur und böse Vorzeichen hielt. Das dient einer allgemeinen Charakterisierung, die in der Rubrik über Augustus' Verhalten im Privatleben steht und seine Scheu gegenüber dem Numinosen zeigt, die dann erst c. 90—93 genauer ausgeführt wird.

Sonst finden sich keine einzeln stehenden Vorzeichen in der Augustusvita, alle anderen Nachrichten hat Sueton zu einer großen Rubrik c. 90—97,3 zusammengefaßt[34]). Da die einzelnen prodigia in der Tradition sicherlich jedem konkreten historischen Ereignis zugeordnet waren, ist ihre Vereinigung zu einem Gesamtbild ein Produkt Suetons[35]). Läßt sich dabei noch ein bewußtes Anordnungsprinzip nachweisen, so ergibt sich daraus zwangsläufig der Schluß auf gezielte biographische Darstellungsabsicht.

Die große Rubrik über die Vorzeichen hat Sueton in vier große Abschnitte gegliedert:
1. 90—93 Augustus' Stellung zu Religion und Aberglauben
2. 94,1—9 Vorzeichen um die Geburt
3. 94,10—96 Vorzeichen in seinem Mannesalter
4. 97,1—3 Vorzeichen vor dem Tod[36])

---

[33]) Vgl. dazu im grundsätzlichen die Untersuchung R. HANSLIKS zur Augustusvita.

[34]) Zur Anordnung nach Rubriken vgl. FUNAIOLI RE 613 („Die vollendetste und am besten ausgearbeitete") und MOUCHOVÁ 35.

[35]) Vgl. LUCK, Form 233: „Die einzelnen Ereignisse hat er verschiedenen Autoren entnommen; das heißt wohl, daß er von vornherein diese Rubrik omina et portenta geöffnet hatte", aber das allein bedeutet noch keine auf eine bestimmte literarische Absicht gerichtete Darstellung.

[36]) Die Vorzeichen reichen nur bis zur Schlacht bei Actium und setzen dann erst wieder beim Tod ein; „vom Jahre 27 an war ja sein numen zum göttlichen Wesen erklärt

Die Disposition der einzelnen Teile gibt Sueton deutlich an. Den ersten Abschnitt leitet er mit „Circa religiones talem accepimus" (c. 90) ein, zum zweiten geht er über mit „Et quoniam ad hoc ventum est, non ab re fuerit subtexere, quae ... evenerint, quibus futura magnitudo eius et perpetua felicitas sperari animadvertique posset" (94,1; über die in diesem Satz gegebene genaue Disposition vgl. später). „Sumenti virilem togam ..." (94,10) markiert den mit dem Anlegen der toga virilis gegebenen bedeutsamen Einschnitt, durch den die Vorzeichen um die Geburt des Augustus abgeschlossen werden. Mit „Mors quoque eius, de qua dehinc dicam, divinitasque post mortem evidentissimis ostentis praecognita est" (97,1) fügt Sueton schließlich die Vorzeichen auf seinen Tod und die Vergöttlichung an, „de qua dehinc dicam" kündet dabei schon die nachfolgende Schilderung seines Todes an, die nahtlos an das letzte Vorzeichen anschließt.

c. 90—93 behandelt die Einstellung des Augustus „circa religiones"[37]).

90   1) Augustus hatte eine übertriebene Angst vor Donner und Blitz, als Abwehrmittel trug er stets eine Robbenhaut mit sich[38]).

91,1 2) Durch den Traum eines Freundes gewarnt, verläßt er in Philippi das Zelt; das bedeutet seine Rettung, da das Lager vom Feind erobert wurde und die Sänfte, in der man ihn vermutete, durchbohrt wurde.

Mit der Bemerkung, Augustus hatte während des Frühlings dieses Jahres viele furchtbare Träume, die sich aber nicht bewahrheiteten, doch reliquo tempore rariora et minus vana, leitet Sueton zu den Träumen des Augustus über.

91,2 3) Ein Traum, daß der Kapitolinische Jupiter sich beklage, er besuche den Tempel des Jupiter Tonans häufiger und entziehe ihm daher die Verehrer, bewirkt eine Änderung.

4) Auf Grund eines Traumgesichts bat Augustus an einem bestimmten Tag das Volk um ein Almosen.

92,1 5) Wurden ihm in der Früh die Schuhe verkehrt angezogen, was er als schlechtes Vorzeichen sah.

6) Starken Taufall vor der Reise hielt er für ein gutes Vorzeichen.

7) Die Palme, die aus den Fugen der Pflastersteine vor seinem Haus herausgewachsen war, verpflanzte er als gutes Zeichen ins Compluvium.

---

worden und brauchte sich nicht anders als in seinen Taten für den Staat zu erweisen" (HANSLIK 140).

[37]) Zur Rubrik vgl. MOUCHOVÁ 38; HANSLIK 139 f.; nach der Rubrik der geistigen Interessen; sie bildet als höchste Stufe des Geistigen zugleich den Übergang zur Darstellung des Göttlichen in Augustus.

[38]) Sueton weist dabei auf eine Begebenheit zurück, die er im Zusammenhang der Bauten des Augustus erzählt hatte (29,3): Er weihte dem Jupiter Tonans einen Tempel, weil während eines Nachtmarsches in Cantabrien ein Blitz seine Sänfte gestreift und einen Sklaven getötet hatte, er selbst aber aus der Gefahr gerettet worden war.

92,2 8) Als eine uralte Steineiche, die schon welk war, bei seiner Ankunft in Capri
wieder auflebte, freute ihn das sehr.
9) Unglückstage (Tag nach den Nundinen, Nonen).

An der Spitze steht die übertriebene Angst vor Donner und Blitz, die
Augustus bereits eindeutig als einen in hohem Maße vorzeichengläubigen
Menschen charakterisiert, wie das schon c. 83 angedeutet worden war.
Darauf folgen drei Träume, vom Vorhergehenden durch „Somnia neque
aliena de se neglegebat" (91,1) abgesetzt, zuerst ein fremder, dann, nach
einer überleitenden Bemerkung, zwei eigene. In der Mitte der Reihe steht
das allerläppischste Beispiel für Augustus' Vorzeichenglauben, das ver-
kehrte Anziehen der Schuhe, auf das mit „Auspicia et omina quaedam
pro certissimis observabat" (92,1) übergegangen wird. Es folgen drei
Naturerscheinungen, von denen die beiden letzten vom eher zufälligen
und unbedeutenden durch „sed ostentis praecipue movebatur" (92,1) getrennt werden. Den Abschluß bilden Unglückstage, abgehoben durch
„observabat et . . ." (92,2). Anfang und Schluß sind noch dadurch besonders markiert, daß nur hier eine Begründung für das Verhalten des
Augustus gegeben wird. In c. 90 setzt Sueton nämlich dazu: consternatus
olim per nocturnum iter transcursu fulguris, ut praediximus (das war
29,3), 92,2 schreibt er: nihil in hoc quidem aliud devitans ut ad Tiberium
describit, quam δυσφημίαν nominis.
Mit der inhaltlichen Gliederung in:
a) Blitz- und Donnerfurcht, b) drei Träume, c) verkehrtes Anziehen
der Schuhe, d) drei Naturerscheinungen, e) Unglückstage, hat Sueton
noch ein weiteres Anordnungsprinzip verbunden: a, c, e sind schlechte
Vorzeichen bzw. ziehen Unglück nach sich, b und d dagegen sind gute
Zeichen bzw. bewirken Gutes. Parallel damit geht eine zahlenmäßige
Entsprechung: a, c, e umfassen jeweils ein Faktum, b und d dagegen je
drei. Um der sachlichen Anordnung und Variation willen fehlt jede
chronologische Reihenangabe. Es ergibt sich also folgendes schematisches
Bild:

	— a) Blitz- und Donnerfurcht	
	b) 3 Träume	
3 mal 1	— c) Verkehrtes Schuhanziehen	2 mal 3
schlecht	d) 3 Naturerscheinungen	gut
	— e) Unglückstage	

   Der Gesamteindruck ist der einer tief verwurzelten Vorzeichengläubigkeit, ein Eindruck, der nicht zuletzt durch den Wechsel zwischen
guten und schlechten Vorbedeutungen und durch die inhaltliche Variation vermittelt wird.

Die Stellung, die Augustus zu fremden Kulten einnahm, schließt sich hier zwanglos an (c. 93), ohne deshalb unter Augustus' ganz persönliche Vorzeichengläubigkeit zu fallen. Die alteingeführten Kulte achtete Augustus, allein seine Einweihung in die eleusinischen Mysterien wird erwähnt, während er (at contra!) ägyptische und jüdische Kulte gering-schätzte. Mit dieser Passage leitet Sueton geschickt zum nächsten Ab-schnitt über, der sich mit dem im Römer tief verwurzelten Prodigien- und Vorzeichenglauben beschäftigt.

Die chronologische Anordnung der Vorzeichen vor, bei und nach der Geburt (94,1—9) gibt Sueton selbst im Einleitungssatz (94,1): quae ei (A) prius quam nasceretur et (B) ipso die natali ac (C) deinceps evenerint. Die zeitlichen Beziehungen werden auch im Text selbst unterstrichen: 94,2 antiquitus; 94,3 ante paucos quam nasceretur menses; 94,5 quo natus est die; 94,6 sequenti statim nocte; infans adhuc; 94,7 cum primum fari coepisset; 94,8 post dedicatum Capitolium.

A) 94,2 Ein Blitzschlag vor langer Zeit in die Mauern von Veliträ, der Vaterstadt des Augustus, deutete darauf, daß ein Bürger der Stadt einmal ein mächtiger Herrscher werde; später erwies es sich, ostentum illud Augusti potentiam portendisse[39]).

    94,3 Nicht näher bekanntes Prodigium, quo denuntiabatur regem Populo Romano naturam parturire.

        } a

    94,4 Legendenhafte Erzählung von der Abstammung des Augustus von Apollo, da eine Schlange im Apollotempel angeblich Atia bei-gewohnt und diese im zehnten Monat danach ihren Sohn geboren habe.

        } b

    Traum Atias kurz vor der Niederkunft, der auf die Weltherrschaft deutet (die Eingeweide Atias schienen sich über Himmel und Erde auszubreiten).
Traum des Vaters Octavius mit gleicher Bedeutung (aus Atias Schoß ging der Strahlenkranz der Sonne auf).

        } c

B) 94,5 Direkte Prophezeiung durch P. Nigidius Figulus am Tag der Ge-burt: dominum terrarum orbi natum.

        } d

C)   Octavius wird später bei einer Befragung des Liber pater ein Wunderzeichen zuteil, das die Prophezeiung des Nigidius bestätigt (eine Flamme schoß beim Opfer aus dem Altar bis zum Himmel empor).

    94,6 Octavius sieht im Traum seinen Sohn im Gewand und Strahlen-kranz des Jupiter Optimus Maximus auf einem lorbeerbekränzten Wagen.

        } c'

---

[39]) Nach Sen. nat. quaest. 2,49,2 war es ein regale fulgur, das auf einen König hin-deutete (HANSLIK 104).

> Als kleines Kind findet man Augustus, abends zu ebener Erde in
> die Wiege gelegt, am nächsten Morgen auf einem Turm mit dem
> Gesicht zur aufgehenden Sonne gewandt.
>
> 94,7 Augustus gebietet den Fröschen zu schweigen.   b'
> Ein Adler, der ihm beim Frühstück ein Brot aus der Hand gerissen
> hat, gibt es ihm plötzlich wieder zurück.
>
> 94,8 Zwei Träume des Q. Catulus, die darauf deuten, daß Jupiter
> Optimus Maximus, der Augustus das signum rei publicae in den
> Schoß legt, ihm die Herrschaft übergibt und daß Augustus ad   a'
> tutelam rei publicae aufgezogen werde.
>
> 94,9 Traum Ciceros, der auf dasselbe hindeutet[40]).

Neben der chronologischen Anordnung, in der zwei Gruppen (A + C)
die direkte Prophezeiung des Nigidius bei der Geburt (B) umrahmen,
ergibt sich eine inhaltliche Gruppierung, die in der Aufzählung bereits
durch Klammern angedeutet wurde. Den äußeren Rahmen bilden Vorzeichen, die nur indirekt ex eventu mit Augustus etwas zu tun haben (a)
bzw. die von fremden Personen erlebt werden und deren Beziehung auf
Augustus erst später klar wird (a'). Dann entsprechen sich Vorzeichen,
in denen Augustus persönlich in Erscheinung tritt und die ihn direkt betreffen, entweder noch im Mutterleib (b) oder im Leben selbst (b'). Als
drittes folgen Träume und Vorzeichen, die seine Eltern erleben (c und c').
Das Zentrum (d) bildet wie in der chronologischen Anordnung die
direkte Prophezeiung der Weltherrschaft. In den Bezeichnungen für
Augustus gibt Sueton ein symbolisches Abbild der äußeren Entwicklung,
indem er vom anfänglichen rex (94,3), das noch auf Caesar zurückweist,
über dominus in der Mitte (94,5), einen Titel, den Augustus später ge-
mieden hat (vgl. 53,1 dominumque se posthac appellari ne a liberis
quidem aut nepotibus suis vel serio vel ioco passus est), zu tutor (94,8
angedeutet in tutela) überleitet, dem inhaltlich am höchsten stehenden
Begriff, der dem Titel pater patriae nahekommt[41]).

---

[40]) HANSLIK 141 zieht 94,9 zu den folgenden Vorzeichen, was jedoch die Parallelität
zwischen 94,8 und 94,9 verhindert. So schließt 94,9 die erste Gruppe der Vorzeichen
ab und leitet zugleich auf die folgende über.

[41]) Zu Fragen der Kaisertitulatur vgl. jetzt P. KNEISEL, Die Siegestitulatur der römischen Kaiser, Hypomnemata 23, 1969 und die Literatur dort. HANSLIK 140 f. hat
die durchgehende Linie dieser Vorzeichen aufgezeigt, die auf den künftigen Weg
des Kindes weisen: Die Vorzeichen besagen, daß zuerst ein Alexander-Caesar (94,5
ist ein Wunder, das nur Alexander zuteil geworden war), dann aber ein göttliches
Wesen, das größer als die beiden ist, heranwächst. Eine ähnliche Bedeutung hat c. 7
der Wechsel des Namens von Thurinus über C. Caesar zu Augustus (HANSLIK
104 ff.), der hier in der Abfolge rex—dominus—tutor nochmals symbolisiert wird.
Zur Benennung des Kaisers als dominus und zum Verhältnis des Tacitus zu

Doch die inhaltlichen Beziehungen zwischen den einzelnen Gruppen reichen noch weiter. In c breiten sich die Eingeweide Atias über Himmel und Erde aus, in c' schießt die Flamme bis zum Himmel empor; ebenfalls in c geht aus Atias Schoß der Strahlenkranz der Sonne auf, in c' trägt Augustus den Strahlenkranz des Jupiter Optimus Maximus. In b und b' wird jeweils die Beziehung zu Apollo durch das von diesem verursachte Schlangenwunder klargestellt, bzw. daß der kleine Knabe sich am Turm der aufgehenden Sonne zuwendet[42]). Und schließlich bieten a und a' die klarsten Vorausdeutungen auf die Herrschaft des Augustus, a noch ex eventu, a' schon ausgesprochen, womit sie mit dem Zentrum der ganzen Vorzeichengruppe, der direkten Prophezeiung, korrespondieren und das vielfältige Netz der inhaltlichen Beziehungen vervollständigen. Schematisch dargestellt ergibt sich folgendes Bild:

	chronologisch		inhaltlich
	vor der Geburt A		a indirekte Vorzeichen (rex)
			b Augustus
			c Eltern
	bei der Geburt B	=	d direkte Prophezeiung (dominus)
			c' Eltern
	nach der Geburt C		b' Augustus
			a' indirekte Vorzeichen (tutor)

Mit „Sumenti virilem togam" (94,10) geht Sueton auf Augustus als Mann über, der schon in das Geschehen eingreift. Dabei wird zunächst wieder ein deutlich abgegrenzter Bereich herausgegriffen, der Zeitraum vom Anlegen der Männertoga bis zum ersten Konsulat, auf den dann ein Abschnitt mit jenen Vorzeichen folgt, die den Ausgang eines Krieges betreffen (96,1 Quin et bellorum omnium eventus ante praesensit). Die chronologische Abfolge ist in den beiden Abschnitten durch die Ortsangabe klargelegt[43]).

c. 94,10 1) Beim ersten Anlegen der Männertoga fällt ihm die Tunika mit dem latus clavus zu Boden, was auf eine Herrschaft über den Stand, dessen Zeichen der latus clavus ist, gedeutet wird.

Augustus vgl. R. Till in der Einleitung zu Röver-Till, Lehrerkommentar I zu Tacitus, 11 ff.

[42]) Hanslik 103 weist darauf hin, daß dieses Motiv des Wunders bzw. die Beziehung des Apollinis filius zum Licht bereits c. 5 angedeutet wird, das zusammen mit c. 6 Anfang und Endergebnis des Augustuslebens bietet.

[43]) 94,11 Apud Mundam; 94,12 In secessu Apolloniae; 95 Post necem Caesaris; 96,1 ad Bononiam; 96,2 circa Perusiam; pridie quam Siciliensem pugnam classe committeret; apud Actium.

94,11 2) Als Caesar bei Munda einen Wald niederhauen läßt, treibt eine darin ge-
fundene und als omen victoriae stehen gelassene Palme einen Schößling
aus, der in wenigen Tagen den Mutterstamm überragt; viele Tauben, die
Vögel der Venus, lassen sich gegen ihre Gewohnheit nistend darauf nieder.
Das veranlaßt Caesar zur Adoption des Octavian.

94,12 3) Der Astrolog Theogenes huldigt Augustus, als er seine Geburtsstunde erfährt.

95   4) Bei der Rückkehr von Apollonia nach Caesars Ermordung zeigt sich ein
Kreis um die Sonnenscheibe, und der Blitz schlägt in Julius' Grabmal ein.

5) Im ersten Konsulat zeigen sich Augustus 12 Geier, wie das bei Romulus der
Fall gewesen war; die Lebern der Opfertiere erscheinen doppelt, was auf
laeta et magna gedeutet wird.

In steter Steigerung hat Sueton diese Vorzeichengruppe angeordnet.
(1) bringt eine noch eher undeutliche Vorbedeutung auf die Herrschaft,
die auch nicht allgemein anerkannt war, wie die vorsichtige Ausdrucks-
weise „fuerunt qui interpretarentur" zeigt. (2) zeigt Augustus' Beziehung zu Caesar durch die Vorzeichen, die Caesar zur Adoption veranlassen, die wiederum die Voraussetzung für seine Herrschaft ist. In
(3) huldigt ihm Theogenes, als wäre er schon Herrscher, es ist aber nur
eine Geste, ohne direkt ausgesprochen zu werden. (4) zeigt nochmals
seine Beziehung zu Caesar durch den Blitzschlag in Julias Grabmal, die
Vorzeichen deuten schon auf das kommende große Ereignis, das Erringen
der Herrschaft, hin. (5) schließlich bringt durch die Beziehung auf
Romulus und damit auf Augustus als Romulus[44]) den direkten Hinweis
auf die Herrschaft. Sueton nimmt dabei mit „laeta et magna" (95 Ende)
auf „futura magnitudo eius et perpetua felicitas" (94,1) am Anfang des
ganzen Abschnittes in chiastischer Aufzählung Bezug: neuerlich ein
Beweis für die bewußte Durchgestaltung solcher Abschnitte. Neben der
durchgehenden Steigerung[45]) entsprechen sich die Vorzeichen aber auch
inhaltlich: (1) als noch undeutlicher Hinweis auf die Herrschaft und (5)
als direkter Hinweis mit dem stärkenden Zusatz „laeta et magna"; (2)
und (4) korrespondieren durch ihre Beziehung zu Caesar, (3) schließlich,
in der Mitte stehend, entspricht durch die Geste der Huldigung wieder

---

[44]) Vgl. L. Wickert RE XXII 2110; die bei E. Doblhofer, Die Augustuspanegyrik
des Horaz in formalhistorischer Sicht, 1966, 138, Anm. 24, angegebene Literatur;
außerdem im Abschnitt über die Othovita Anm. 73; über das Nachwirken der
Romulusidee in Plan und Durchführung der ara pacis O. Seel, Römertum und
Latinität, 1964, 279 ff.

[45]) Auch hier hat Hanslik 141 f. die Wandlung in Augustus vom Erben und Sohn
Caesars, der über den Vater hinwegkommt, zum göttlichen Augustus aufgezeigt, die
durch das letzte Augurium bestätigt wird, das auf Romulus weist, in dem man
nicht mehr den rex, sondern den Gott sah.

(1) und (5). Die entsprechenden Glieder sind dabei jeweils inhaltlich gesteigert: (4) gegenüber (2), (5) gegenüber (3), dieses gegenüber (1). Schematisch ergibt sich also Folgendes:

1. undeutlicher Hinweis auf die Herrschaft
2. Beziehung zu Caesar
3. Huldigung
4. Beziehung zu Caesar
5. deutlicher Hinweis auf die Herrschaft

Sueton geht darauf mit „quin et bellorum omnium eventus ante praesensit" (96,1) auf eine neue, inhaltlich geschlossene Vorzeichengruppe über.

c. 96,1 1) Ein Adler, der zwei Raben übel zurichtet, deutet bei Bononia, wo das zweite Triumvirat geschlossen wurde, schon auf die kommende Auseinandersetzung mit den beiden Triumvirn und auf ihren günstigen Ausgang voraus.

2) Bei Philippi kündet ihm ein Thessalier im Auftrag des vergöttlichten Caesar den Sieg an.

96,2 3) Als bei Perusia die Feinde die Opfergeräte und -tiere einnehmen, nachdem die Opfer ungünstig ausgefallen waren, deutet man das dahin, daß das Unglück nun auf seiten der Feinde sein würde.

4) Günstiges Fischzeichen vor der Schlacht bei Naulochos.

5) Ein Eseltreiber und sein Esel mit Namen Eutychos und Nikon begegnen Augustus als günstiges Vorzeichen vor der Schlacht bei Actium; nach der Schlacht errichtet er ihnen ein ehernes Standbild.

Das komplizierteste und zugleich kennzeichnendste Vorzeichen steht in der Mitte der Abfolge (3), das die Charakterisierungslinie der spreta religio noch einmal an zentraler Stelle aufnimmt. Nach Actium gibt es das nicht mehr, Octavian wird zum göttlichen Augustus, als der er das Vorbild Caesars überwindet. Die anderen Vorzeichen, die in diesem Abschnitt angeführt werden, sind dagegen von allem Anfang an glückliche Vorzeichen.

Das erste Vorzeichen deutet schon auf den günstigen Schluß bei Actium voraus, der durch (5) neuerlich bestätigt und markiert wird. (2) und (4) sind Vorzeichen, die den günstigen Ausgang entscheidender Schlachten ankünden. In der Mitte (3) steht das einzige Opferzeichen, das ursprünglich ungünstig ist, während (1) und (2) bzw. (4) und (5) günstig sind. Dabei ist das stärkste Vorzeichen an den Schluß gestellt, das als einziges Mensch *und* Tier betrifft, während sonst nur Einzelzeichen angegeben werden: (1) Tier, (2) Mensch, (4) Tier und (3), das als Opferzeichen auch durch seine Andersartigkeit herausgehoben ist. Es ergibt sich also folgendes Schema:

$$
\begin{array}{ll}
\text{günstig} & \left\{ \begin{array}{l} \text{Tier} \\ \text{Mensch} \end{array} \right. \\
\text{ursprünglich ungünstig} & \text{Opfer} \\
\text{günstig} & \left\{ \begin{array}{l} \text{Tier} \\ \text{Mensch und Tier} \end{array} \right.
\end{array}
$$

Die inhaltliche Geschlossenheit wird dadurch erreicht, daß von Mutina und den Operationen im dalmatinisch-illyrischen Raum keine Vorzeichen berichtet werden; während die c. 16,2 angeführten Beispiele von spreta religio kompositionell hierher gehörten, wurden sie dort im sachlichen Zusammenhang zur Charakterisierung der spreta religio erzählt.

Den letzten Abschnitt bilden Vorzeichen, die auf Tod und Vergöttlichung vorausdeuten (97,1 Mors quoque eius ... divinitasque evidentissimis ostentis praecognita est)[46].

c. 97,1 1) Ein Adlerprodigium beim Lustrum deutet auf seinen Tod (ein Adler setzt sich auf das M von M. Agrippa an der Inschrift am Tempel, was Mors bedeutet).

97,2 2) Ein Blitzschlag löscht C aus der Inschrift der Augustusstatue, d. h. er werde nur noch hundert Tage leben und dann unter die Götter aufgenommen werden, da der verbleibende Rest des Namens, Äsar, im Etruskischen Gott bedeutet.

97,3 3) Der Ausspruch des Augustus, er wolle nicht mehr länger in Rom bleiben, wird auf die Vorahnung seines Todes gedeutet.

Ein Vorzeichen und eine Vorahnung, die auf Augustus' Tod deuten, umrahmen ein Vorzeichen, das auf Tod und Vergöttlichung zugleich hinweist. Dabei bietet (3) durch das Omen, das Augustus selbst gibt, eine sehr geschickte, fließende Überleitung[47] zur Schilderung des Todes, da es im Augustus nicht wie im Divus Iulius um eine dramatische Zuspitzung vor einer Ermordung, um eine retardierende Unterbrechung des Handlungsablaufes geht, sondern um ein sanftes Hinübergleiten nach einem langen und erfüllten Leben.

Die Augustusvita nimmt unter den Kaiserbiographien in der Gestaltung der Vorzeichen eine Sonderstellung ein. Hier allein hat Sueton die

---

[46] Ich kann in „Mors quoque eius..." keinen gezwungenen Übergang finden (so LUCK, Form 233); nach Actium konnte es keine Vorzeichen mehr geben (HANSLIK 140), so setzt Sueton in dem Augenblick ein, wo Vorzeichen auf Tod und Vergöttlichung hinweisen. Vgl. im übrigen zu diesen Vorzeichen HANSLIK 142: „Die schriftstellerische Leistung Suetons erweist sich auch im klugen Auswählen; er hat aus der Fülle des Materials nur drei Omina genommen, die sich in ihrer Wirkung steigern."

[47] Vgl. z. St. MOUCHOVÁ 35 f., die hier ebenfalls die überleitende Funktion sieht. Vgl. auch HANSLIK 143: „Diese eigene Rede in direkter Form stellt den Höhepunkt der omina dar, wie auch früher indirekte und direkte Reden die Höhepunkte anzeigten."

Vorzeichen mit Ausnahme von zwei Beispielen, die nur für die erste Epoche im Leben des Augustus kennzeichnend sind, in einer geschlossenen Sammelrubrik zusammengefaßt, die er nach einem überlegten Anordnungsprinzip aufgebaut hat. Die Vorzeichen werden in einzelne, sachlich zusammengehörige und deutlich markierte Blöcke nach chronologischen und inhaltlichen Gesichtspunkten gegliedert, die in ihrer steigernden oder um eine zentrale Mitte angelegten Anordnung, in ihren Responsionen und Überleitungen die bewußt auswählende und durchgestaltende Hand in jeder Einzelheit erkennen lassen. Daß wir in keiner anderen Vita soviel über Vorzeichen erfahren, kann dabei nicht wunder nehmen. Der Grund dafür ist in der reichen Überlieferung zu sehen, die sich gerade um Augustus infolge seines langen und bewegten Lebens angesammelt hat. Die kunstvolle Auswahl, Zusammenfassung und Anordnung aber ist allein Suetons Werk.

Im übrigen läßt es die Sonderstellung der Augustusvita, in der die Rubrizierung so streng wie in keiner anderen Vita durchgeführt ist, nicht geraten erscheinen, gerade sie als das maßgebende Beispiel für Aufbau und Gestaltung anzusehen[48]). Im Gegenteil, sie ist unter allen Viten ein Extremfall, der aber trotz aller Schematisierung und Rubrizierung noch immer den Zusammenhang des Lebens wahrt. Aber die biographische Kunst Suetons zeigt sich erst, wenn man die anderen Viten heranzieht, in denen sich die Variierung der Materialanordnung viel stärker nach der Maßgabe des Stoffes richtet. Die Augustusvita ist eine Möglichkeit biographischer Darstellung, von der Sueton allem Anschein nach abgekommen ist, obwohl sich auch alle anderen Viten nach dem gleichen strengen Prinzip hätten aufbauen lassen. Vielleicht hat Sueton die Augustusvita als erste geschrieben und erst später die Caesarvita vorangestellt. Jedenfalls weist keine andere Vita diese strenge Rubrizierung auf.

T i b e r i u s. Zu der schon in der Caesarvita angewendeten Technik in der Verwendung der Vorzeichen kehrt Sueton in der Tiberiusvita und in allen folgenden Viten zurück: Die einzeln erwähnten Vorzeichen dienen der Charakterisierung, während die zu Rubriken zusammengefaßten Vorzeichen bedeutsame Augenblicke markieren.

Schon zu Anfang (2,2) berichtet Sueton unter den egregia merita bzw. sequius admissa der Vorfahren des Tiberius, daß P. Claudius Pulcher die Hühner, die bei den Auspicien nicht fressen wollten, ins Meer werfen

---

48) Vgl. z. B. LUCK, Form 230 f.

ließ, damit sie wenigstens saufen, wenn sie schon nicht fressen. In der folgenden Seeschlacht wurde er jedoch geschlagen. In dieser Verhöhnung der Religion — Sueton betont ausdrücklich: per contemptum religionis — kommt eine gewaltsame Verspottung althergebrachter Opferhandlungen zum Ausdruck, die jene Linie der spreta religio von der Caesarvita über die Augustusvita fortsetzt. Sueton hätte nun dieses für Tiberius' Leben an sich belanglose Faktum nicht erwähnt, wenn er nicht eine bestimmte Absicht verfolgt hätte[49]). Denn diese gewaltsame Nichtachtung legt gleichsam die Erbgrundlage für die Nichtbeachtung der Religion durch Tiberius. Allerdings kommt Sueton nur einmal auf diese Charaktereigenschaft zu sprechen, wenn er c. 69 Tiberius circa deos ac religiones neglegentior nennt. Dagegen hat Tiberius — in einem bezeichnenden Gegensatz dazu — Vorzeichen durchaus respektiert. So war er über den Ausgang einer Schlacht zuversichtlich, wenn in der Nacht sein Licht plötzlich und ohne fremdes Zutun herabfiel und erlosch. Nochmals nimmt Sueton 72,2 dieses Motiv auf, wenn er nach der persönlichen Charakterisierung des Tiberius auf die Schilderung seines Todes übergeht und dabei erzählt, daß Tiberius am Ende seines Lebens nur zweimal versucht hatte, von Capri wieder nach Rom zurückzukehren; beide Male sei er aber wieder umgekehrt, das erste Mal aus einem unbekannten Grund, das zweite Mal, weil er es für ein mahnendes Zeichen hielt, sich vor der Übermacht der Menge zu hüten, als er die Schlange, die er sich hielt, von Ameisen aufgefressen sah. Zu diesen Einzelfällen gehört schließlich noch der Bericht über seine Gewitterangst (c. 69), die ihn bewog, einen Lorbeerkranz aufzusetzen, weil Lorbeer nicht vom Blitz getroffen werde[50]).

Charakterisieren diese Vorzeichen den Menschen Tiberius in seinem Aberglauben, so haben dagegen die übrigen in der Vita erzählten Vorzeichen, die in Rubriken zusammengefaßt sind, eine andere Funktion: Sie markieren entscheidende Augenblicke im Leben des Kaisers, den Antritt seiner Herrschaft und ihr Ende durch den Tod. Nachdem Sueton über die Vorfahren, den Vater, die Geburt, die Kindheit und das Mannesalter bis zur Rückkehr aus der sogenannten Verbannung auf Rhodos berichtet hat, legt er, ehe er auf die Ereignisse um den Herrschaftsantritt eingeht, eine längere Aufzählung von Vorzeichen ein unter dem Stichwort (14,1): Rediit ... magna nec incerta spe futurorum, quam et

---

[49]) Daß die Rubrik über die Vorfahren in der Tiberiusvita besonders überlegt gebaut ist, zeigt Mouchová 19 f. Über die Beziehungen zwischen den Vorfahren und dem Charakter des Kaisers vgl. die Bemerkungen im Abschnitt über die Othovita S. 107, Anm. 11.

[50]) Vgl. Mouchová 36 (Verhältnis zu c. 36).

ostentis et praedictionibus ab initio aetatis conceperat: in einem entscheidenden Augenblick des Lebens wird die Aufzählung in den Handlungsablauf eingefügt. Die auf die Herrschaft hinweisenden Vorzeichen, auch aus der Zeit vor seiner Geburt, stehen gerade in dem Augenblick, in dem Tiberius dann tatsächlich die Herrschaft ergreift. Die Unterbrechung der Handlung spannt die Erwartung des Lesers und markiert die Wichtigkeit der beginnenden Epoche, die Regierungszeit des neuen Kaisers. Bisher war Tiberius Privatmann, jetzt wird er durch die Vorzeichen als der neue Herrscher ausgewiesen.

c. 14,2 1) Als die Mutter Livia mit Tiberius schwanger ging, will sie wissen, ob es ein Sohn wird; sie wärmt abwechselnd mit ihren Dienerinnen ein Ei so lange in ihren Händen, bis ein Hähnchen mit besonders schönem Kamm ausschlüpft.

2) Der Astrolog Scribonius weissagt das regnum sine regio insigni.

14,3 3) Die Flammen lodern auf den Altären von Philippi von selbst empor.

4) Das Orakel des Geryon verheißt Glück.

14,4 5) Wenige Tage vor der Erlaubnis zu seiner Rückkehr setzt sich ein auf Rhodos noch nie gesehener Adler auf den First seines Hauses.

6) Am Tag vor seiner Rückkehr scheint seine Tunika zu brennen.

7) Prophezeiungen des Astrologen Thrasyllus, das ankommende Schiff bringe frohe Kunde.

Die chronologische Anordnung wird von Sueton deutlich angegeben: 14,2 Praegnans eo Livia; ac de infante; 14,3 et ingresso primam expeditionem; et mox; 14,4 ante paucos vero quam revocaretur dies; et pridie quam de reditu certior fieret. Parallel damit geht eine inhaltliche Gliederung. Zwei Dreiergruppen mit je einem Tier- und Feuerzeichen und einer Weissagung umrahmen das einzige Orakel der Aufzählung, das allgemeines Glück verheißt. Die erste Dreiergruppe deutet auf die kommende Herrschaft des Tiberius, die zweite auf die unmittelbar bevorstehende Heimkehr voraus.

a	Natur (Tier)	⎫
b	Prophezeiung	Herrschaft
c	Feuer	⎭
	Orakel	Glück
a'	Natur (Tier)	⎫
b'	Feuer	Heimkehr
c'	Prophezeiung	⎭

Bezeichnend für den der Astrologie ergebenen Tiberius steht in jeder der beiden Dreiergruppen die Weissagung eines Astrologen; die zweite ist bedeutungsvoll ans Ende der ganzen Reihe gerückt. Sueton fügt dann das ihm vorliegende Material geschickt in den Zusammenhang ein. Der Anfang von c. 15 würde nahtlos an das Ende von c. 13 anschließen, doch werden die Vorzeichen, die auf seine Herrschaft vorausdeuten — unter Rückgriff auf seine Geburt bis unmittelbar vor der Rückkehr —, als retardierendes und einstimmendes Element eingefügt, so daß Sueton 14,4 wieder dort ist, wo er am Ende von c. 13 schon war.

Die Vorzeichen, die auf den Tod des Tiberius deuteten, erzählt Sueton wieder gesammelt, diesmal aber erst *nach* dem Tod, als Nachklang gleichsam, der die Erzählung abrundet, zugleich aber wieder auch als hinauszögerndes Element, das einen um so betonteren Forte-Einsatz für die Geschehnisse nach dem Tod ermöglicht (75,1): Morte eius ita laetatus est populus, ut . . .

c. 74 1) Traumerscheinung des Apollo von Temenos.
2) Einsturz des Leuchtturmes von Capri.
3) Die längst erkaltete Asche beginnt in Misenum wieder aufzuglühen und leuchtet bis tief in die Nacht hinein.

Die drei berichteten Vorzeichen sind in einer Klimax angeordnet: von einer nur vage auf den Tod vorausweisenden Traumerscheinung über ein schon deutlicheres Vorzeichen zu dem für Tiberius besonders bedeutungsvollen Feuerzeichen. Denn solche hatten in seinem Leben eine große Rolle gespielt. Zwei hatte Sueton unter den Vorzeichen, die auf seine Herrschaft deuteten, berichtet (14,3 und 4). Wenn das Feuer plötzlich ausging, hatte er eine Schlacht zuversichtlicher begonnen (c. 19). Auch seine Gewitterfurcht (c. 69) muß hierher gezählt werden, ebenso die Geschichte, die Sueton 6,2 berichtet: Auf der Flucht seiner Eltern kam er durch einen Brand, der Livias Haare und Kleider versengte, in Lebensgefahr. Daß Sueton gerade dieses Feuervorzeichen an den — besonders eindringlichen — Schluß stellt, wozu ihn hier die Chronologie, die mit keinem Wort angedeutet ist, nicht veranlaßt hat, kann den Grund nur in einer bewußten Gestaltung durch den Autor haben.

In der Tiberiusvita werden also verschiedene Vorzeichen und Erscheinungen einzeln zur Charakterisierung des Tiberius eingeführt. Zwei Vorzeichenballungen dagegen markieren wichtige Augenblicke im Kaiserleben: den Antritt der Herrschaft und ihr Ende durch den Tod. Retardierung und Einstimmung bewirkt die erste, Abrundung der Erzählung und auch Verzögerung die zweite. Hier ist der Unterschied gegenüber der gleichen Rubrik im Divus Iulius beachtenswert. Dort hatten die auf den Tod hinweisenden Vorzeichen die Erzählung unmittelbar vor Caesars Ermordung unterbrochen, hier unterbricht nichts den Ablauf der drängenden Ereignisse (72—73), die sich von der Krankheit des Tiberius über die mühsam nach außen hin aufrechterhaltene Fiktion der Gesundheit bis zum „paulo post obiit . . ." (73,1) steigern und in der Schilderung

der vier Varianten über die genaueren Umstände seines Todes enden[51]).
Diese Variation erweist Suetons bewußte Gestaltungsabsicht: Der Darstellung des Caesar-Mordes haftet die Stimmung eines „Vergeblich", der
des Tiberius die eines „Endlich" an.

C a l i g u l a. Bald nach dem eigentlichen Beginn der Caligulavita (c. 8)
— die ersten Kapitel werden ja von einer eigenen Germanicusvita ein-
genommen[52]) —, nach der Erörterung der mit seinem Geburtsort ver-
bundenen Fragen, des Beinamens Caligula (c. 9) und der Zeit, bis
Tiberius ihn nach Capri holte (c. 10), geht Sueton schon in einer ersten
Wertung auf die Caligulas Leben bestimmenden Eigenschaften ein, seine
crudelitas und saevitia: naturam tamen saevam atque probrosam ne tunc
quidem inhibere poterat (c. 11)[53]). Als Testimonia dafür werden zwei
Aussprüche des Tiberius angeführt, durch die der Leser schon zu Beginn
das Ganze seines Lebens in den Blick bekommt[54]): exitio suo omniumque
Gaiam vivere et se natricem [serpentis id genus] p(opulo) R(omano),
Phaetontem orbi terrarum educare. Die ominösen Aussprüche ersetzen
jene Vorzeichen, die in anderen Viten auf die Herrschaft des Kaisers
vorausdeuten. Solche Vorzeichen berichtet Sueton im Caligula nicht, so
als würde sich die Natur gegen diesen Kaiser wehren und ihn nicht
sanktionieren.

Der Charakterisierung einer für Caligulas Wesen konstitutiven Eigenschaft dient in ähnlicher Weise die 19,3 erzählte Begebenheit. Als Grund
für eines der ebenso gewaltigen wie sinnlosen Bauwerke des Kaisers, den
Brückenschlag von Bajä nach Puteoli, gibt Sueton eine Weissagung des
Astrologen Thrasyllus an: Caligula werde ebensowenig Kaiser werden,
wie er über die Bucht von Bajä reiten werde. Die Unrichtigkeit dieser
Weissagung muß Caligula natürlich auch in ihrem zweiten Teil erweisen,
was von seiner Hybris zeugt, die Sueton im Zusammenhang mit seiner
crudelitas und saevitia sieht (34,1 Nec minore livore ac malignitate
quam *superbia saevitiaque* paene adversus omnis aevi hominum genus
grassatus est). Zugleich aber ist das ein Ausdruck seines Wahnsinns, den
Sueton uns durch solche einzeln berichtete Fakten immer wieder bewußt
machen will.

---

[51]) Sueton ist hier bemerkenswert objektiv: Eine Entscheidung über die tatsächliche
    Wahrheit war dem Anschein nach nicht möglich, es blieb also nur die kommentar-
    lose Berichterstattung. Vgl. im übrigen MOUCHOVÁ 58 f. und 88.
[52]) Vgl. dazu STEIDLE 68 und 107.
[53]) Über Caligulas Grausamkeit STEIDLE 79 ff.; MOUCHOVÁ 43.
[54]) So STEIDLE 71 mit dem Verweis auf ähnlich ominöse Aussprüche DJ 1,3; Nero 6,1;
    Galba 4,1.

Diese Vorzeichen-Linie wird in c. 51,1 in der Rubrik über die persönlichen Eigenschaften Caligulas fortgesetzt: Non inmerito mentis valetudini attribuerim diversissima in eodem vitia, summam confidentiam et contra nimium metum. Während er gegenüber den Göttern größte Verachtung zeigt, beherrscht ihn eine gewaltige Furcht vor Donner und Blitz, wie das schon bei Augustus und Tiberius der Fall gewesen war, doch hier erzählt Sueton kein Gegenmittel, sondern das unwürdige Verhalten Caligulas, der bei einem Gewitter unter das Bett zu kriechen pflegte[55]). Auch das Grollen des Ätna rief in Caligula eine ähnliche Furcht hervor, so daß er sofort Messina verließ.

Erst im Augenblick des Todes werden mehrere Vorzeichen geschlossen aufgezählt unter dem Stichwort (c. 57,1): Futurae caedis multa prodigia extiterunt.

c. 57,1 1) Das Jupiterbild in Olympia läßt ein gewaltiges Lachen ertönen.

2) Ein Mann namens Cassius erhält im Traum den Befehl, Jupiter einen Stier zu opfern.

57,2 3) Blitzzeichen: In Capua schlägt an den Iden des März im Kapitol der Blitz ein, in Rom in der Wohnung des Aufsehers über den Vorhof des Kaiserpalastes. Das erste Zeichen wird auf einen Mord gedeutet, das zweite dahin, daß von den eigenen Wächtern Gefahr droht.

4) Der Astrolog Sulla weissagt, daß ihm ein gewaltsamer Tod bevorstehe.

57,3 5) Das Orakel von Antium warnt vor Cassius.

6) Traumbild in der Nacht vor der Ermordung, er stehe allein neben Jupiter, dieser aber stoße ihn mit der großen Zehe seines rechten Fußes wieder auf die Erde zurück.

57,4 7) Blutzeichen: Beim Opfer wird er vom Blut eines Flamingos bespritzt; böses Omen durch die Rolle des „Kinyras"; blutüberströmte Bühne im Mimus „Laureolus"; Schauspiel mit Unterweltsgeschichten.

Die chronologische Reihenfolge bleibt bei den ersten Vorzeichen unbestimmt, erst (3) ist durch die Iden des März zeitlich fixiert, dann wieder (6) durch „pridie quam periret" und (7) durch „Quae forte illo ipso die paulo prius acciderat". Die Angaben werden also gegen Schluß immer genauer bis zu den Vorzeichen, die unmittelbar vor Caligulas Ermordung eintreten.

Parallel damit geht eine strenge inhaltliche Anordnung. Um das deutlichste Vorzeichen, die Weissagung des Astrologen Sulla (4), der Caligula einen gewaltsamen Tod prophezeit — kein anderes Vorzeichen spricht das sonst direkt aus —, gruppieren sich zwei Dreierreihen. Am Anfang der ersten steht ein ziemlich vages, das ominöse Lachen Jupiters (1), das

---

[55]) Auch Augustus hatte sich verborgen, aber „in abditum et concamaratum locum" (c. 90). Der Unterschied charakterisiert den einen wie den anderen.

einen schaudererregenden, unheimlichen Einsatz bringt; dieses Zeichen
wird in der zweiten Reihe verstärkt (Caligula erlebt es jetzt selbst) aufgenommen (6), wo Caligula in einem Traumbild auf schimpflichste Art
von Jupiter verstoßen wird. Dies muß man vor dem Hintergrund jener
Begebenheit sehen, die Sueton c. 33 unter den verschiedenen Scherzen
Caligulas erzählt: Caligula hatte einmal vor einer Statue Jupiters den
Schauspieler Apelles gefragt, wer ihm größer erscheine; als Apelles mit
der Antwort zögerte, ließ er ihn auspeitschen und lobte dabei die Stimme
des um Gnade Flehenden. Der auf diese Weise grausam mißachtete
Jupiter rächt sich und deutet mit zwei Zeichen, in denen die Verachtung
des Gottes gegenüber dem Menschen, der ihn verachten zu können
glaubt, zutage tritt, dessen schimpflichen Tod an. An zweiter Stelle (2)
folgt ein Zeichen, das vor Cassius warnt; deutlicher ausgesprochen wird
diese Warnung durch das Orakel von Antium (5), hier hat es sogar eine
Gegenmaßnahme Caligulas zur Folge, allerdings eine falsche und daher
vergebliche. An dritter Stelle (3) stehen Blitzzeichen, die bei der Angst
Caligulas davor besonders wirksam sein müssen und die auf Mord und
Blut vorausdeuten; sie werden durch die vier Blutzeichen am Ende aufgenommen (7), die den Eindruck des Grauenerregenden, Schaurigen,
Blutigen steigern und zum kommenden Geschehen überleiten sollen[56].
    In beiden Dreiergruppen sind die Fakten steigernd angeordnet, da
beide mit dem konkreten Hinweis auf Blut und Tod enden. Außerdem
wirkt die zweite gegenüber der ersten dadurch stärker, daß Caligula
diese Vorzeichen persönlich erlebt. In der Mitte steht das deutlichste Vorzeichen, das aussagt, wie es zu Blut und Tod kommen wird[57]. Es ergibt
sich also folgendes schematisches Bild der Vorzeichenreihe:

1	Jupiter	a
2	Cassius	b
3	zwei Blitzzeichen	c
	direkte Weissagung	d
1'	Cassius	b'
2'	Jupiter	a'
3'	vier Blutzeichen	c'

---

[56]) Daß bei diesen Vorzeichen eine leise Kritik Suetons anklingt (er faßt sie zu-
    sammen unter „prodigiorum loco habita sunt etiam, quae forte illo, ipso die paulo
    prius acciderant" (57,3), bemerkt MOUCHOVÁ 62, Anm. 63, richtig. Die Kritik ist
    jedoch sekundär gegenüber der funktionellen Bedeutung der Vorzeichen, da keine
    anderen besser auf das blutige Mordgeschehen überleiten konnten als gerade diese
    blutrünstigen.
[57]) MOUCHOVÁ 36 vermißt — meines Erachtens zu Unrecht — eine Gradation.

Die Stellung der Vorzeichenreihe im Kontext ergibt eine starke Ähnlichkeit mit der Technik im Divus Iulius[58]). Nach Aufzählung aller Eigenschaften des wahnsinnigen Caligula setzt Sueton c. 56,1 neu ein: Ita bacchantem atque grassantem non defuit plerisque animus adoriri. Doch erst als die eine oder andere Verschwörung aufgedeckt wurde — Sueton deutet hier mehr an als er ausspricht, um die allgemeine Stimmung zu kennzeichnen —, kommt es zu einem erfolgversprechenden Plan von zwei Männern. Sueton nennt keine Namen, nach denen der Leser doch gespannt fragt. Gemeinsame Sache mit diesen zwei machen Offiziere der kaiserlichen Leibwache, deren Gründe dafür sorgfältig aufgezeigt werden. Wieder wird daran die allgemeine Stimmung gegen Caligula deutlich. Cassius Chärea — erst jetzt steht der erste Name eines Verschwörers — bittet sich die erste Rolle beim Attentat aus, da Caligula den schon betagten Mann durch erotische Scherze aufs tiefste gedemütigt hat[59]). Die Verschwörer hatten den Plan, Caligula beim Verlassen des Theaters zur Mittagszeit zu töten.

Doch hier unterbricht Sueton die fortlaufende, auf die Ermordung zudrängende Erzählung und fügt jene Vorzeichen ein, die auf den Tod Caligulas vorausdeuten; mit ihnen greift er weit zurück, ehe die Blutzeichen wieder in die Handlung überleiten, die der Leser, nunmehr eingestimmt, mit ganz anderen Augen sieht. Zugleich aber schiebt die Vorzeichenreihe das Ende noch ein wenig hinaus und spannt die Erwartung des Lesers, wie sich das Geschehen nun tatsächlich vollziehen werde; eine Spannung, die allein durch die Darstellung, durch die Einfügung immer neuer Elemente bewirkt wird. Einstimmung des Lesers und Verzögerung der Handlung vereinen sich hierbei.

Die gleiche Darstellungstechnik war schon im Divus Iulius zu beobachten. Auch dort setzt Sueton nach seinen Ausführungen über die superbia Caesars ähnlich ein (80,1): quae causa coniuratis maturandi fuit destinata negotia, auch dort unterbricht Sueton die fortlaufende Erzählung, um auf die Vorzeichen vor dem Tod einzugehen. Auch dort steht am Ende der Vorzeichenreihe ein besonders dramatisches und numinoses, das Aufspringen der Schlafzimmertüren, das in die eigentliche

---

[58]) Vgl. VERF. o. S. 33 f.; MOUCHOVÁ 53 f.; STEIDLE 52 und 86 („Dabei ist ebenso wie in Caesa. 87“ — es muß 81 heißen — „Galba 18 f. und Dom. 14 ff. die Aufzählung so gehalten, daß sie in zeitlicher Folge unmittelbar zur Ermordung überleitet und einen Zusammenhang ergibt, der nicht bloß kompositionell zu werten ist, sondern die Tat gewissermaßen aus den Prodigien herauswachsen läßt, was römischer Vorzeichengläubigkeit entspricht“).

[59]) Darüber im Abschnitt über die erotica S. 93 ff.

Darstellung der Ermordung überleitet, wie hier die grausigen Blutzeichen. Wie Caesar beim Verlassen seines Hauses (80,4 diu cunctatus)
zögert Caligula, ob er das Theater verlassen soll, da sein Magen noch
überladen vom vorigen Tag ist; auf Zureden seiner Vertrauten geht er
jedoch (suadentibus amicis wie bei Caesar 80,4 Decimo Bruto ad-
hortante), will aber nochmals umkehren, bis er schließlich das Theater
verläßt. Hatten bei Caesar das Überreichen der Anzeigeschrift und das
vergebliche Opfer den Mord nochmals in Frage gestellt, so zögern hier
Caligulas wiederholtes Zaudern und sein Umkehrenwollen das Ende
hinaus.

Dann gehen die Darstellungen auseinander, denn Sueton gibt zwei
Überlieferungen der Ermordung Caligulas, während es bei Caesar nur
eine war. Hier werden beide Versionen in die Gesamtdarstellung
integriert, da sie jeweils ein in der Vorzeichenreihe angeschlagenes Motiv
aufnehmen und abschließen. Nach der ersten Version versetzt Chärea
Caligula mit dem Ruf „hoc age" einen Schwerthieb in den Nacken.
Cornelius Sabinus, der zweite Mitverschworene, durchbohrt ihn von
vorne: durch den beim Opfer gebräuchlichen Ruf ist die Beziehung zum
Stiervorzeichen hergestellt (57,1). Sueton nennt den Täter erst hier, wo
er in die Handlung eingreift — eine Folge bewußter Gestaltung. Nach
der zweiten Version habe Sabinus um die tägliche Parole gebeten; als
Caligula „Jupiter" ausgab, habe ihm Chärea das Kinn gespalten. Durch
die Parole aber ist die Beziehung zum Jupiterprodigium hergestellt (57,1
und 3). Mit dreißig Wunden stirbt Caligula in einem ähnlichen Gemetzel
wie Caesar.

Sueton hat also in der Verwendung der Todesvorzeichen hier auf die
schon im Caesar vorgegebene Technik zurückgegriffen, um die Vorzeichen
als ein die geradlinige Erzählung unterbrechendes und retardierendes,
zugleich aber auch durch die einstimmende Funktion intensivierendes
Moment in die Ereignisse um den Tod einzufügen[60]).

C l a u d i u s. Wie im Augustus wird auch im Claudius die Reihe der
Vorzeichen von einem eingeleitet, das einem Vorfahren des Kaisers
zuteil geworden war. War dort die Linie der spreta religio aufgenommen worden, so ist es hier eine erste Andeutung jener strengen Vorzeichengläubigkeit, die sich bei Claudius, seinem sonstigen Verhalten
entsprechend, bis zum Zerrbild steigern sollte[61]). Zu Beginn der Vita

---

[60]) Doch glaubt MOUCHOVÁ 36 hier keine „so wirksame und unmittelbare Eingliederung wie in der Biographie Caesars" feststellen zu können.
[61]) MOUCHOVÁ 62, Anm. 65 bezieht nur die c. 7,1 und 46,1 erzählten Vorzeichen ein.

(1,2) berichtet Sueton nämlich, daß Drusus, dem Vater des Claudius, der im Krieg gegen die Germanen sehr erfolgreich gewesen war, eine species barbarae mulieris humana amplior erschienen sei und ihm in lateinischer Sprache Halt geboten habe. Drusus habe sich an das Vorzeichen gehalten und die weitere Verfolgung der Germanen ins Innere des Landes aufgegeben.

Diese Charakterisierungslinie nimmt Sueton c. 22 in der Behandlung der öffentlichen Tätigkeit des Kaisers auf: Quaedam circa caerimonias ... aut correxit aut exoleta revocavit aut etiam nova instituit[62]). Die sorgsame Beobachtung der Vorzeichen zeigt sich daran, daß er sogleich eine obsecratio abhalten ließ, wenn ein Unglücksvogel gesehen worden war; als Pontifex Maximus ging er selbst voran, wobei die Handwerker und Sklaven ausgeschlossen waren; alles Bräuche, die sich lange schon überlebt hatten. Doch diese Vorzeichengläubigkeit artete bei Claudius geradezu ins Groteske aus. Dieses Zerrbild führt Sueton im Rahmen seiner Bemerkungen über die Charaktereigenschaften des Claudius unter der Rubrik „Sed nihil aeque quam timidus ac diffidens fuit" (35,1) näher aus und belegt es mit zwei charakteristischen Beispielen.

c. 37,1   1) Ein Mann gibt vor, geträumt zu haben, daß jemand den Kaiser ermorde, und zeigt danach auf seinen Prozeßgegner, als würde er den Mörder aus seinem Traum wiedererkennen; Claudius läßt ihn ergreifen und hinrichten.

37,2   2) Auf ähnliche Weise kommt Appius Silanus durch Messalina und Narcissus um.

Die zweite Begebenheit wirkt gegenüber der ersten durch reichere Details bedeutsamer; außerdem handelt es sich immerhin um Appius Silanus, den Vater des Bräutigams seiner Tochter (29,1) bzw. um die Kaiserfamilie selbst, die ihren Anverwandten auf solche Weise aus dem Wege schafft.

Die bisher angeführten Beispiele dienten der Charakterisierung von Claudius' Vorzeichengläubigkeit, seinem Mißtrauen und der dadurch bedingten völligen Abhängigkeit von den Menschen seiner Umgebung[63]). Mit anderen Funktionen berichtet Sueton c. 7 — im Zusammenhang der Erzählung, wie Claudius nach anfänglicher Zurücksetzung dann doch zum Kaiser gemacht wird — ein Vorzeichen, das auf seine Herrschaft vorausgedeutet hatte. Als Claudius und Caligula gemeinsam das Kon-

---

[62]) Vgl. MOUCHOVÁ 39.

[63]) Vgl. STEIDLE 97 ff. und besonders 100: „der Eindruck einer allgemeinen Unselbständigkeit"; die Untersuchung über die erotica wird das bestätigen (unten S. 73 f.).

sulat bekleideten, setzte sich ein vorüberfliegender Adler auf seine rechte Schulter. Ferner begrüßte ihn mehrmals das Volk (feliciter partim patruo imperatoris partim Germanici fratri), als er an Caligulas Stelle den Vorsitz bei Schauspielen führte. Vorzeichen und preisende Zurufe des Volkes stehen als Ersatz für eine Rubrik, da die Überlieferung offenbar nicht mehr bot. Doch zeigt der Unterschied zur Caligulavita, wo kein einziges derartiges Zeichen berichtet wird, daß Claudius nach Sueton nicht ohne Zustimmung der numinosen Sphäre Kaiser geworden ist.

Sonst werden in der Claudiusvita keine Vorzeichen einzeln berichtet; die Vorzeichen, den Tod betreffend, werden wieder in einer geschlossenen Rubrik, aber nach der Ermordung des Kaisers, aufgezählt. Sueton hält sich also an kein festes Schema, sondern bemüht sich um stete Variierung. So führt er in Claudius die Schilderung seines Lebens, die er mit „Sub exitu vitae signa quaedam nec obscura paenitentis ... dederat" (c. 43) begonnen hatte, sofort in einem Zug zu Ende. Auf die Zeichen von Claudius' Reue reagiert Agrippina unmittelbar mit Gegenmaßnahmen und bringt Claudius durch Gift um, was eingehend dargelegt wird. Erst nach der Angabe seines Alters, der Regierungszeit und der Vergöttlichung folgen als Abschluß die Vorzeichen, die das Geschehen nachklingen lassen.

c. 46 1) Erscheinung eines Kometen.
2) Ein Blitz schlägt ins Grabmal des Drusus.
3) Viele Beamte sind im gleichen Jahr gestorben.
4) Keinen Konsul bestimmte er länger als bis zu seinem Sterbemonat.
5) In der letzten Senatssitzung mahnt er seine Kinder zur Eintracht und empfiehlt sie den Senatoren.
6) In der letzten Gerichtsverhandlung sagt er wiederholt, er habe die Grenze der Zeitlichkeit erreicht.

Die Reihe ist in zwei, von Sueton selbst inhaltlich zusammengefaßten Dreiergruppen gegliedert. (1)—(3) sind Vorzeichen (praesagia mortis eius praecipua fuerunt), (4)—(6) Vorahnungen (sed nec ipse ignorasse aut dissimulasse ultima vitae suae tempora videtur, aliquot quidem argumentis). Die beiden Dreiergruppen sind steigernd angeordnet. An der Spitze der ersten steht das allgemeine Zeichen eines Kometen, dem das konkretere des Blitzschlages in das Grabmal des Drusus und schließlich das deutlichste folgt, das ausdrücklich auf den Tod hinweist. In der zweiten Dreiergruppe geht die Anordnung von der allgemeinen Maßnahme, die Konsuln nicht länger als bis zum Sterbemonat zu bestimmen, über die Mahnung an seine Kinder zum Wirkungsvollsten, dem eigenen Dictum: accessisse ad finem mortalitatis, was noch dadurch verstärkt wird, daß Claudius es „semel atque iterum pronuntiavit". Die chronologische Anordnung ist am Beginn der Reihe wieder wie im Caligula undeutlich, erst die abschließenden sind den letzten Lebenstagen zugeordnet, ohne allerdings die genauere Abfolge anzugeben[64]).

Mit dieser Vorzeichenreihe schließt Sueton die Darstellung der Ermordung des Claudius und zugleich die gesamte Vita effektvoll ab. Die Vorzeichen sind also zwei Zielen untergeordnet. Die einen dienen der Charakterisierung seiner grotesken Vorzeichengläubigkeit, die anderen markieren Abschnitte seines Lebens, Ankündigung seiner Herrschaft und seinen Tod.

N e r o. Wie in keiner anderen Vita seit dem Divus Iulius sind im Nero die Vorzeichen in den Handlungsablauf eingefügt[65]). Schon bei der Geburt (c. 6) werden, was noch in keiner Vita der Fall war (diesbezügliche Vorzeichen waren im Augustus und Tiberius später nachgetragen worden), schreckliche Prophezeiungen berichtet[66]).

1) Sein Vater Domitius ruft aus, von ihm und Agrippina könne nichts anderes „nisi detestabile et malo publico nasci".
2) Caligula gibt dem Kind im Scherz den Namen Claudius, der damals das allgemeine Gespött war.

Nero ist damit von vornherein mit einer Hypothek belastet, denn war im ersten Ausspruch das Scheusal noch nicht näher bestimmt, so wird im zweiten, also in steigernder Anordnung, klar, was dem Staat bevorsteht: ein neuer Claudius. Der im vorigen entstandene Eindruck wird c. 7,1 durch ein weiteres Vorzeichen verstärkt. Als Nero zur Erziehung Seneca übergeben wird, träumt dieser, er unterrichte Caligula. Zusammen mit dem Dictum Caligulas ergibt das, daß Nero beides in einem sein wird, Claudius und Caligula, wahnsinniger und grausamer

---

[64]) So Mouchová 34; von einer eigenartigen Auswahl der Vorzeichen würde ich angesichts der inhaltlichen Gliederung nicht sprechen. Zur Stelle vgl. oben S. 26.
[65]) C. 1,1 berichtet Sueton, Neros Ahnen Lucius Domitius seien Castor und Pollux erschienen und hätten befohlen, einen Sieg, von dem man in Rom noch nichts wußte, zu melden; als Beweis ihrer Göttlichkeit hätten sie seinen Bart rot gefärbt, worauf sich der Beiname des Geschlechtes gründete. Diese Erzählung ist kein Vorzeichen, sondern ein Aition und für die Nerovita ohne weiteren Belang. Hier ist wirklich einmal nur die bloße Freude am Detail wirksam gewesen, die ja ohnehin nicht geleugnet werden soll, aber sie muß nicht a priori Kunstlosigkeit bedeuten.
[66]) Vgl. oben S. 49 und Anm. 54. Für die Caesarvita ist eine derartige Vorzeichenreihe bei der Geburt anzunehmen; darüber unten S. 152.

Unhold. Sueton bestätigt das mit „fidem somnio Nero brevi fecit prodita immanitate naturae".

Der letzte Vertreter des iulisch-claudischen Geschlechts zeigt nicht die für seine Vorfahren charakteristische Angst vor Gewittern und ähnlichen Erscheinungen, er läßt sich durch ein Erdbeben nicht davon abschrecken (c. 20,2), seine sogenannte „Theatertournee" fortzusetzen. Sueton verzichtet dabei auf die Wiedergabe der bei Tacitus (ann. 15,34) vorliegenden Ausdeutung, wonach Nero als einziger dies als günstiges Götterzeichen deutete, das Faktum steht als Charakteristikum für sich.

Schon während der Aufzählung der vitia Neronis deuten einzelne Vorzeichen vorbereitend auf den kommenden Untergang. In 34,4 künden die Erscheinung seiner Mutter und andere Traumgesichte nichts Gutes an (saepe confessus exagitari se materna specie verberibusque Furiarum ac taedis ardentibus), ebenso in 36,1 ein Komet (quae summis potestatibus exitium portendere vulgo putatur), der sich in mehreren aufeinanderfolgenden Nächten gezeigt hatte.

Die übrigen Vorzeichen hat Sueton wie im Divus Iulius und Caligula in die Darstellung von Neros Tod eingefügt, aber in einer neuen Technik: Er bringt sie nicht geschlossen in einer Rubrik, sondern — von zwei Vorfällen abgesehen (41,2 und 48,2) — in zwei voneinander getrennten Sammelrubriken. Mit Aussprüchen und Spottversen hat Sueton die aufgebrachte Stimmung in Rom gekennzeichnet (c. 39), wie ähnlich im Divus Iulius (80,2—3), um dann zusammenzufassen (40,1): Talem principem paulo minus quattuordecim annos perpessus terrarum orbis tandem destituit. Ehe er aber auf den nun erfolgenden Abfall des Vindex und die sich daraus ergebenden Ereignisse, die schließlich zu Neros Tod führen, eingeht, unterbricht er die chronologische Erzählung und schiebt mehrere Weissagungen ein.

c. 40,2 1) Die Astrologen weissagen seine Absetzung, doch Nero geht darüber hinweg.
    2) Verschiedene andere unsinnige Weissagungen machen Nero nur Hoffnungen.
40,3 3) Spruch des delphischen Apoll, er solle sich vor dem 73. Jahr hüten, was Nero auf sich, nicht auf Galba bezieht.

In der Mitte stehen die unsinnigen Weissagungen, die Neros Wahn nur verstärken, eingerahmt werden sie von zwei, die das Ende seiner Herrschaft voraussagen, die letzte ist die gewichtigste, da sie vom angesehensten Orakel, dem delphischen Apoll, stammt und eine konkrete Andeutung bringt. Aber auch das kann Neros ungetrübten Glauben an sein Glück nicht stören, der noch durch eine danach erzählte Anekdote unterstrichen wird. Alle Weissagungen dienen nur dazu, Neros äußerste

Sorglosigkeit, die ein tragender Gedanke der ganzen Nerovita ist, zu zeigen. Um so stärker ist dann die Kontrastwirkung, wenn er im folgenden seinem Schicksal nicht entgehen kann.

C. 41,2 verstärkt den gewonnenen Eindruck noch. Der zufällige Anblick eines Reliefs, auf dem ein gallischer Krieger (Nero sieht in ihm Vindex) von einem römischen Ritter niedergeschlagen und an den Haaren geschleift wird, ruft in Nero, der in tiefer Niedergeschlagenheit endlich nach Rom zurückkehrt, größte Freude hervor. Diese Kontrastwirkung hat wohl Sueton bewogen, das Ereignis in den Handlungsablauf einzubeziehen: außerdem wird das Motiv der Glücksgläubigkeit Neros nicht aus den Augen verloren. Sueton erzählt nun den Abfall Spaniens und Galbas, auf den Nero mit der Absicht auf grausame Maßnahmen und der Vorbereitung zu einem Feldzug reagiert. Dabei kommt es wieder zu Anordnungen, die das Mißfallen aller erregen. Schriften auf seinen Statuen und Säulen malen die allgemeine Stimmung. Doch noch einmal unterbricht Sueton die fortlaufende Erzählung, betont setzt er das Verbum an die Spitze (46,1): Terrebatur ad hoc evidentibus portentis somniorum et suspiciorum et omnium, cum veteribus tum novis[67]). Nunmehr tritt in Nero die innere Wendung zur Angst ein.

c. 46,1 1) Nach der Ermordung seiner Mutter träumt ihm, das Steuerruder werde ihm aus der Hand gerissen.
2) Octavia verschleppt ihn im Traum in eine dunkle Schlucht.
3) Geflügelte Ameisen bedecken ihn.
4) Die Bildsäulen der unterworfenen Nationen im Pompeiustheater umstellen ihn.
5) Sein Lieblingspferd verwandelt sich — vom Kopf abgesehen — in einen Affen.
46,2 6) Die Tore des Mausoleums springen von selbst auf, und eine Stimme ruft seinen Namen.
7) Am 1. Jänner stürzen die Larenbilder zur Erde.
8) Am selben Tag erhält er einen Ring zum Geschenk mit einer Gemme, auf der der Raub der Proserpina dargestellt war.
9) Die Schlüssel zum Kapitol finden sich an eben diesem Tage nicht.

---

[67]) G. d'ANNA 193 vermutet in Übereinstimmung mit seiner Theorie, Sueton habe verschiedene, teils gute, teils schlechte Quellen einfach abgeschrieben — eine reine Vermutung, die erst bewiesen werden müßte —, Sueton habe hier eine stilistisch gut abgefaßte Quelle benützt, da die komplizierten Sätze hier in Gegensatz zu den einfachen von c. 35 und 39 stünden, übersieht aber dabei, daß es sich hauptsächlich um einen Unterschied handelt, der durch den Inhalt gegeben ist. Und selbst wenn Sueton die Vorzeichen schon so gesammelt vorgelegen wären, was angesichts der bisherigen Ergebnisse zu bezweifeln ist, so bliebe noch immer die geschickte Einordnung in den Kontext Suetons Werk.

46,3 10) Als im Senat aus Neros Rede gegen Vindex vorgelesen wird, die Verbrecher werden bald ihr Ende finden, rufen alle Senatoren: tu facies,
Auguste!

11) Die letzte Rolle, die Nero gespielt hatte, war der Oedipus Exul gewesen,
seine letzten Worte in dieser Rolle: „Zu sterben fordern mich Gattin,
Mutter, Vater auf!"

Den Anfang der Reihe bilden fünf Träume Neros, der erste unter ihnen
deutet am weitesten voraus, nämlich auf das Ende seiner Herrschaft,
ohne daß schon ausdrücklich gesagt wird, wie dieses Ende eintreten werde.
Auch die übrigen vier Träume deuten im Gefolge des ersten ähnliches
Unheil an und malen Neros wachsende Angst. In der Mitte aller Vorzeichen steht ein besonders numinoses und zugleich theatralisches, das
Aufspringen der Tore des Mausoleums, wobei eine Stimme Neros Namen
ruft: erst dieses Zeichen kündet deutlich Neros Tod an. Der Namensruf
tritt zu den ähnlichen Vorzeichen bei Caesar (81,3) hier hinzu. Es folgen
fünf Vorzeichen, die deutlich auf Neros Tod hinweisen. Gewiß nicht zufällig aber hat Sueton das letzte Vorzeichen an diesen Platz gestellt,
mußte er doch die bis dahin streng eingehaltene chronologische Reihenfolge unterbrechen: (1) ist historisch durch „occisa demum matre" ein-
geordnet, (2) wird mit -que angefügt, (3) und (4) mit modo, (5) und (6)
folgen ohne eigene Überleitung, (7) ist durch Kal. Ian. genau fixiert,
(8) und (9) werden daran angefügt, worauf die Rede gegen Vindex
folgt (10), „observatum etiam fuerat novissimam fabulam cantasse eum
publice Oedipum exulem" aber greift auf das zeitlich frühere Spielen
seiner letzten Rolle zurück (11); darauf verweist auch das Plusquam-
perfekt gegenüber Perfekt (clamitatum est) in (10). Dadurch erhält die
Vorzeichenreihe einen Abschluß, der zugleich Neros Lebensabsicht, ein
Schauspieler zu sein, höhnend krönt[68]). Es ergibt sich also folgendes
schematisches Bild der Rubrik:

1 Ende der Herrschaft
4 Angstträume
1 Aufspringen der Tore des Mausoleums
4 Todeszeichen
1 eigenes Dictum

Was in der Biographie folgt, sind die wechselvollen Begebenheiten, die
zu Neros Selbstmord führen, in die Sueton aber nochmals ein Vorzeichen

---

[68]) Vgl. auch Steidle 93, der die nichtigen Maßnahmen des Schauspielers als tragendes
Motiv in der Todesdarstellung herausgearbeitet hat. Da sich dieses Motiv durch die
ganze Vita zieht, mußte Sueton — dies gegen d'Anna (s. oben Anm. 67) — prak-
tisch die ganze Nerovita aus einer einzigen Quelle bezogen haben. Gerade das
Gegenteil aber will d'Anna beweisen.

einlegt (48,2); Erdbeben und Blitzschlag, die Nero jetzt erschrecken, da seine Soldaten sie als Unglückszeichen für ihn und als Glückszeichen für Galba auslegen. Der religionum usque quaque contemptor (c. 56) hatte jedoch zwei Ausnahmen gemacht: eine Zeitlang bei der Dea Syria und dann bei einer einzigen Mädchenstatue, die ihm als zukunftsweisender Talisman erschien. Als er sich aber wenige Monate vor seinem Tode auf die Eingeweideschau verlegte, verachtete er deren ungünstige Ergebnisse. Damit schließt Sueton mit einer letzten charakterisierenden Betrachtung der Eigenheiten Neros den eigentlichen Lebensbericht ab; durch eine Einsetzung in die Rubrik der Todesprodigien wäre diese Wertung verlorengegangen. Ein kurzes Kapitel über die Lebenszeit Neros und das Weiterleben seines Namens beenden die Biographie.

Sueton hat die im Divus Iulius und Caligula angewendete Technik im Nero intensiviert. Gleich zu Beginn stimmt eine Vorzeichenballung auf das kommende Geschehen ein, eine zweite ist in den Handlungsablauf als retardierendes Element eingefügt und malt durch ihre beklemmenden Bilder die Angst, die Nero ebenso beherrscht wie seine unbegründete Sorglosigkeit. Extreme, zwischen denen Nero hin- und hergerissen wird. Abgeschlossen wird die durch die Vorzeichen gegebene Charakterisierung am Ende der Vita durch ein Verhalten, das die Todesdarstellung abrundet wie im Tiberius und Claudius, nur daß dort vor und während der Todesdarstellung keine Zeichen angeführt worden waren.

Erstmals führt Sueton schon bei der Geburt Vorzeichen an, um das Ungeheuer Nero eindeutig zu charakterisieren. Dagegen fehlt wie im Caligula jedes Vorzeichen, das auf Neros Herrschaft hingewiesen hätte, auch Nero hat also die Zustimmung durch die Sphäre des Numinosen gefehlt.

G a l b a. Sueton beginnt die Galbavita mit den Worten (c. 1): Progenies Caesarum in Nerone defecit: quod futurum compluribus quidem signis, sed vel evidentissimis duobus apparuit.

1) Der von Livia angelegte Lorbeerhain verdorrt und die Hühner sterben.
2) Der Blitz schlägt in den Tempel der Caesaren, ihre Köpfe fallen herab, der Augustusstatue wird das Zepter aus der Hand geschlagen.

Diese Vorzeichen — das deutlichere wieder zuletzt: Augustus als der Begründer der Kaiserlinie als Schluß — hätten ebensogut am Ende der Nerovita ihren Platz haben können. Hier markieren sie den mit Galba gegebenen Neueinsatz. Im gleichen Sinn ist die Aufzählung der Vorzeichen in 4,1—3 zu verstehen. Sie erfolgt sofort nach Galbas Geburt.

c. 4,1 1) Ausspruch des Augustus: καὶ σύ, τέκνον, τῆς ἀρχῆς ἡμῶν παρατρώξῃ [69]).
　　　2) Tiberius wird von Astrologen geweissagt, Galba werde Kaiser werden.
4,2 3) Der Großvater Galbas erfährt ein Vorzeichen: Ein Adler riß ihm beim Opfer
　　　die Eingeweide aus der Hand und schleppte sie auf eine Eiche, was auf
　　　summum sed rerum imperium familiae gedeutet wurde.
　　4) Scherzhafter Ausspruch des Großvaters daraufhin, das werde gewiß eintreten,
　　　cum mula peperit. Als Galba seine Unternehmungen gegen Nero begann,
　　　brachte wirklich eine Mauleselin ein Fohlen zur Welt.
4,3 5) Als Galba seine Männertoga angelegt hatte, träumt ihm, die Glücksgöttin
　　　stehe vor der Tür; nach dem Aufwachen fand er vor der Tür eine Bronze-
　　　statuette der Göttin, die er unter seine Hausgötter aufnahm.

Die Vorzeichenserie ist in einer zweifachen Klimax angeordnet. Zunächst reichen die Vorzeichen von solchen, die von fremden, mit Galba
in keinem unmittelbaren Verhältnis stehenden Personen, Augustus und
Tiberius, stammen (1 und 2), über Vorzeichen, die ein Mitglied der
Familie Galbas erlebt bzw. selbst gibt (3 und 4), wobei (4) durch die
Erwähnung der Erfüllung schon auf Galba überleitet, bis zu einem, das
Galba selbst erlebt (5). Zugleich aber ist die Intensität der Aussage
gesteigert: vom „Kosten" an der Herrschaft (1) über die Vorzeichen,
die direkt die Herrschaft vorbedeuten (2 und 3), zu solchen, die nicht
nur das Zeichen selbst beinhalten, sondern auch eine tatsächliche Erfüllung bringen (4 und 5), wobei das letzte Zeichen von besonderer
Bedeutung für Galbas Leben sein wird, da es unter den seinen Tod ankündenden Vorzeichen wieder aufgenommen werden wird (18,2). Diese
steigernde Anordnung war nur durch eine Nichtbeachtung der chronologischen Reihenfolge möglich, da (3) und (4) weiter zurückgreifen als
(1) und (2), während (5) wieder nach (1) und (2) stattfindet.
　　Doch Sueton hat nicht alle auf Galbas Herrschaft hinweisenden Vorzeichen in dieser Rubrik zusammengestellt, sondern er hat einige weitere
in den Ablauf der Erzählung eingefügt. So wird 6,1 die Tatsache, daß
Galba im Konsulat dem Vater Neros, Domitius, ihm selbst aber Salvius
Otho, der Vater des späteren Kaisers, folgte, als Vorzeichen ex eventu
für die Kaiserfolge Nero—Galba—Otho genommen. Schon 8,2 folgen
die nächsten Vorzeichen, das deutlichere steht dabei an zweiter Stelle.

1) Als Galba die Provinz Hispania Tarraconensis übertragen worden war, wurden,
ehe er ankam, beim Opfer einem ministrierenden Knaben die Haare grau, was auf
einen Regierungswechsel (ein Greis statt eines jungen Mannes) gedeutet wurde.
2) Blitzschlag in einen See von Kantabrien, in dem daraufhin zwölf Beile gefunden
wurden: haud ambiguum summae imperii signum.

---

[69]) Vgl. S. 49 und Anm. 54.

Diese Vorzeichen hätte Sueton auch im Anschluß an die c. 4 aufgeführte Reihe erwähnen können, chronologisch hätte es zu (4) gepaßt. Aber Sueton will die Berufung Galbas zur Herrschaft durch eine Motivkette von Vorzeichen bewußt halten. So setzt er schon c. 9,2 diese Linie durch ein weiteres, diesmal alleinstehendes Vorzeichen fort: Galba — er ist noch in Spanien, Vindex hat schon Verbindung mit ihm aufgenommen — wird durch eine doppelte Weissagung in seiner Zuversicht bestärkt, daß aus Spanien der Führer und Herr der Welt hervorgehen werde.

Die Reihe der günstigen Vorzeichen setzt sich in c. 10,4 fort, diesmal konkret auf das Kriegsgeschehen bezogen, als Galba bereits zum Kaiser ausgerufen ist:

1) Ein altertümlicher Ring mit einer Siegesgöttin mit Trophäe wird gefunden.
2) Bei Deserta treibt ein Schiff mit einer Ladung Waffen völlig ohne Besatzung in den Hafen,

letzteres als besonders gutes Zeichen für den Ausgang des Krieges. Um so wirkungsvoller fügt Sueton kontrastierend unmittelbar nach den beiden günstigen Vorzeichen mit einem cum inversum an: cum repente ex inopinato prope cuncta turbata sunt. Eine Reiterschwadron versucht von Galba abzufallen, Sklaven Neros versuchen ihn zu töten und schließlich stirbt Vindex.

In dem Augenblick, wo es um Galba schlecht steht, setzen die glückverheißenden Vorzeichen aus. Durch sein Verhalten hat er alle gegen sich aufgebracht, vor allem die Soldaten durch seine Knausrigkeit. Auch die Adoption des L. Calpurnius Piso Frugi Licinianus kann daran nichts mehr ändern. „Quo faciliorem occasionem M. Salvio Othoni praebuit perficiendi conata" (c. 17 Ende): damit setzt die Wendung ein. Doch ehe Sueton auf den Tod Galbas übergeht, schiebt er, ähnlich wie in der Caesar- und Caligulavita, Vorzeichen ein (18,1): Magna et assidua monstra iam inde a principio exitum ei, qualis evenit, portenderat. Sueton greift also mit diesen Vorzeichen weiter zurück, er hat sie nicht im Zusammenhang mit den historischen Ereignissen berichtet, sondern bringt sie in einer Ballung erst dort, wo die absteigende Linie in Galbas Leben beginnt.

c. 18,1 1) Bei seinem Zug nach Rom reißt sich am Weg ein Opferstier los, springt mit den Vorderfüßen auf Galbas Wagen und besudelt ihn mit Blut.
2) Ein Diener verletzt ihn dabei fast mit der Lanze.
3) Beim Einzug in Rom bebt die Erde.
4) Das Brüllen eines Stieres ruft ein ähnliches Getöse hervor.
18,2 5) Ein Halsband aus Perlen und Edelsteinen, das Galba seiner Fortuna (vgl. c. 4,3) hatte schenken wollen, weihte er dann der Kapitolinischen Venus;

im Traum erscheint ihm Fortuna und droht, alles zu nehmen, was sie ihm gegeben hat. Eilig schickt er Leute zu einem Sühnopfer nach Tusculum, doch als er selbst nachfährt, findet er das Gegenteil von dem eingetreten, was hätte sein sollen: auf dem Opferherd heiße Asche, einen opfernden Greis in Trauerkleidung, der in einem gläsernen Geschirr Weihrauch und in einem irdenen Becher den ungemischten Wein hält.

18,3 6) Beim Neujahrsopfer fällt ihm der Kranz vom Kopf.

7) Bei den Auspicien fliegen die Hühner davon.

8) Am Tag der Adoption steht bei einer Ansprache an die Soldaten der Sessel nicht auf dem Tribunal.

9) Im Senat ist sein kurulischer Sessel verkehrt hingestellt.

19,1 10) Kurz vor der Ermordung warnt ihn der Opferschauer mehrmals beim morgendlichen Opfer, sich zu hüten, da seine Mörder nicht weit seien.

Am Anfang der Reihe stehen vier Zeichen, die sich bei seinem Einmarsch in Rom zutrugen und bereits dunkel auf kommendes Unheil hindeuten. Je zwei gehören inhaltlich zusammen: (1) und (2) deuten auf Mord und Blut, (3) und (4) durch das ominöse Getöse auf Unheil. Als fünftes in der Reihe folgt ein langes und besonders bedeutsames: Es bezieht sich auf ein Glückszeichen, das als wirkungsvollstes in einer Reihe von glücksverheißenden gestanden war (4,3); zum andern wird es durch „consecuta sunt aliquanto manifestiora" und seine breite Ausführung abgehoben. Dann folgen wieder vier Zeichen; sie gehören zeitlich zusammen (Neujahrs- bzw. Adoptionstag) und zerfallen inhaltlich in zwei Zweiergruppen. (6) und (7) sind Opferzeichen, (8) und (9) drehen sich um einen Sessel, die ersten zwei ereignen sich am Neujahrsmorgen, die zweiten zwei am Adoptionstag. Den Abschluß bildet, abgehoben durch „prius vero quam" und verstärkt durch „identidem", das deutlichste Vorzeichen (10) knapp vor der Ermordung, das als einziges die Vordeutung auf die Mörder bringt. Jetzt ist klar, was mit dem Ende des Glücks, das das fünfte Vorzeichen angekündigt hatte, gemeint war. Die beiden Vierergruppen korrespondieren inhaltlich insoferne, als (1) und (2) bzw. (6) und (7) von Galba selbst erlebt werden, während er (3) und (4) bzw. (8) und (9) nur miterlebt. Eine schematische Skizze kann das noch verdeutlichen.

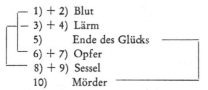

Mit dem letzten Vorzeichen ist Sueton wieder an jenem Punkt angelangt, wo er c. 17 Ende war. So läßt er mit „Haud multo post cognovit . . ."

(19,1) die Geschehnisse um die Ermordung Galbas aus den Vorzeichen herauswachsen, wie das schon im Augustus der Fall gewesen ist.

Somit bildet ein Teil der Vorzeichen eine Motivkette — Galbas Bestimmung zur Herrschaft (er ist ja nicht mehr durch seine Abstammung sanktioniert) — bis zu dem Augenblick, da Galbas Stellung gefährdet ist. Ein zweiter Teil leitet wieder eine Vorzeichenballung — seine Ermordung — ein und schafft den stimmungsmäßigen Hintergrund für das Folgende.

O t h o. Der Wendepunkt in der Biographie Othos ist der Augenblick, da er sich den Unternehmungen Galbas gegen Nero anschließt. Vorausgegangen waren Suetons übliche Bemerkungen über die Vorfahren bzw. über Othos Leben bis zu diesem Augenblick. Der Anschluß an Galba erfolgte in der Hoffnung, selbst Kaiser zu werden. Der Astrologe Seleucus hatte ihm schon früher vorausgesagt, er werde Nero überleben; jetzt verkündete er ihm die Kaiserwürde (4,1).

Kaum aber hatte Otho seine ersten Taten als Kaiser vollbracht, bereiten Unglückszeichen den Umschwung vor (c. 7,2).

1) In der ersten Nacht als Kaiser schreit Otho im Traum auf; man findet ihn vor dem Bett liegend; darauf versucht er die Manen Galbas, die ihn aufgeschreckt hatten, zu besänftigen.
2) Am folgenden Tag fällt er bei einem Gewitter schwer zu Boden und murmelt wiederholt, warum er die erste Rolle habe übernehmen müssen (dies der Sinn des griechischen Zitates).

Die zweite Begebenheit wirkt durch die in Otho aufdämmernde Selbsterkenntnis und das eigene Dictum stärker als die erste. Durch die Nachricht von der Ausrufung des Vitellius zum Kaiser sieht sich Otho zu einem Feldzug gezwungen. Er mißachtet in der energischen Eile des Aufbruchs alle Vorzeichen, die Sueton hier als Vorspiel für die kommende Niederlage zusammenfaßt (8,3).

1) Die Ancilien waren noch nicht in den Tempel zurückgebracht, als er schon loszog.
2) Das geschah gerade an einem Tag, an dem die Verehrer der Kybele ihre Trauerlieder absangen.
3) Ein dem Pluto dargebrachtes Opfer brachte gute Vorzeichen, was gerade schlecht war.
4) Beim Ausmarsch wird er von Überschwemmungen aufgehalten.
5) Die Heerstraße ist durch ein eingestürztes Haus versperrt.

Die inhaltliche Gliederung ist klar ersichtlich: zwei Gruppen umgeben das bedeutungsvollste Zeichen (3), das unmittelbar auf den Tod hinweist. Die erste Zweiergruppe (1 und 2) umfaßt Riten, deren Nichtbeachtung bzw. deren Stattfinden gerade an diesem Tag Böses ahnen lassen, die zweite (4 und 5) persönliche Erlebnisse Othos beim Ausmarsch, die nichts Gutes verheißen. Damit bereitet Sueton den Leser auf den nun folgenden Selbstmord Othos vor. Eine Schlußbemerkung über das Aussehen des Toten und die Wirkung des Todes beendet die Erzählung.

Die Vita bringt keine Todesvorzeichen, da Otho durch den Freitod seinem Schicksal zuvorgekommen ist.

V i t e l l i u s. Auf den Unternehmungen des Vitellius liegt von allem Anfang an ein dunkler Schatten, da die Astrologen bei seiner Geburt derart Schlechtes prophezeit hatten, daß sein Vater sich mit allen Kräften gegen die Übertragung einer Provinz an ihn wehrte. Als später seine Mutter vernahm, er habe ein Legionskommando erhalten und sei zum Kaiser ausgerufen worden, brach sie in Klagen aus, als sei es um ihren Sohn bereits geschehen (3,1). Die bösen Vorzeichen werden c. 8,1 fortgesetzt, als die Soldaten ihn am 2. 1. 69 zum Kaiser ausrufen: „neque diei neque temporis ratione habita", da doch der zweite Tag im Monat als Unglückstag galt. Als das Speisezimmer in seinem Feldherrngebäude brennt und darin ein schlechtes Vorzeichen gesehen wird (c. 8,2), versucht Vitellius das mit dem Ausruf „bono animo estote! nobis adluxit" zum Guten zu wenden.

Als Vitellius gegen Otho loszieht, markiert Sueton durch mehrere Vorzeichen diese Wende (c. 9). Dem von Vitellius gegen Otho vorausgeschickten Heer wird ein gutes Vorzeichen zuteil: von rechts fliegt ein Adler heran, umkreist die Feldzeichen und zieht dann langsam vor dem Heer einher. Dagegen künden die Zeichen für Vitellius Schlechtes; aus ihnen zieht Sueton am Ende des Kapitels die Summe: quibus ostentis par respondit exitus; nam confirmatum per legatos suos imperium per se retinere non potuit.

1) Bei seinem eigenen Aufbruch stürzen die ihm zu Ehren errichteten Reiterstatuen zu Boden.
2) Sein Lorbeerkranz fällt ihm vom Haupt in den Fluß.
3) In Vienna fliegt ihm ein Hahn auf die Schulter, dann auf den Kopf.

Die Vorzeichen sind in einer Klimax angeordnet, von einem dunklen, numinosen, allgemeines Unheil ankündenden (1) über eines, das auf das Ende seiner Macht hinweist (2) zum wichtigsten Zeichen am Schluß (3), dessen Deutung Sueton erst am Ende der Vita (c. 18) gibt.

Die unheilvolle Linie, die mit den Weissagungen bei seiner Geburt begonnen hatte, setzt Sueton 11,2 mit der Bemerkung fort, Vitellius habe an einem Unglückstag das Amt des Pontifex Maximus angetreten. Dazu kommt (14,4) die Weissagung der Astrologen, am 1. Oktober — bis dahin sollten sie auf Grund eines Ediktes Italien verlassen — werde es keinen Vitellius mehr geben. Während dieser sich nicht scheute, Stücke des Opferfleisches — ohne Scheu vor den Göttern — zu verzehren (13,3), vertraute er wieder der Prophezeiung eines Chattenweibes, er werde sicher und lange regieren, wenn seine Mutter nicht mehr lebe, weshalb er auch beim Tod seiner Mutter die Hand im Spiel gehabt haben soll (14,5).

Erst nach der Ermordung des Kaisers, am Ende der ganzen Biographie, schließt Sueton die Reihe der ungünstigen Vorzeichen mit der Deutung des c. 9 an letzter Stelle gestandenen Vorzeichens ab: gallus deutet auf einen Gallier und so war es denn der Gallier Antonius Primus mit dem Beinamen Becco (das ist der Hahnenschnabel), der ihn überwältigte. So bringt die Vitelliusvita außer einem (c. 9) nur ungünstige Zeichen, die in den Handlungsablauf eingebaut sind. Nur den Aufbruch gegen Otho markieren mehrere Vorzeichen (c. 9), die allem Folgenden den düsteren Hintergrund abgeben.

V e s p a s i a n. [70]) Am Beginn der Vespasianvita geht Sueton kurz auf dessen Vorfahren ein und bringt einen knappen Abriß seiner Lebensgeschichte bis zur Übernahme des Kommandos gegen die Juden. Diese hatten sich auf Grund der jüdischen Messiashoffnung von der Herrschaft über die Welt[71]) gegen die Römer empört. Diese Hoffnung war aber, wie Sueton hinzufügt „de imperatore Romano, quantum postea eventu paruit, praedictum" (c. 4,5). Damit ist der für das Folgende maßgebliche Ton angeschlagen. Genau in dem Augenblick, da Vespasian sich seiner schon früher gehegten Hoffnung auf den Kaiserthron näher fühlte, folgt eine Vielzahl von Vorzeichen (5,1): Post Neronem Galbamque Othone ac Vitellio de principatu certantibus in spem imperii venit iam pridem sibi per haec ostenta conceptam.

c. 5,2   1) Bei den drei Entbindungen der Mutter Vespasia trieb eine alte, dem Mars heilige Eiche jeweils einen Wurzelschößling aus. Der erste starb bald ab —

---

[70]) Eine Zusammenstellung und historische Erörterung des Materials bringt R. LATTIMORE, Portents and Prophecies in Connection with the Emperor Vespasian, CJ 29, 1933, 441 ff.

[71]) Darüber ausführlich GRAF 21 ff. mit Literatur. Nach Tac. ann. 5,13 wurde diese Weissagung auf Vespasian und Titus bezogen, Sueton ändert hier, um die Aussage auf den ersten Flavier zu konzentrieren.

das neugeborene Mädchen wurde kein Jahr alt. Der zweite war sehr kräftig, der dritte aber gleich einem Baum.

2) Der Vater Sabinus, durch eine Eingeweideschau in seinem Glauben bestärkt, meldet seiner eigenen Mutter, ihr sei ein Enkel geboren, der Kaiser werden würde.

5,3 3) Caligula hatte den Bausch der Toga Praetexta Vespasians, der als Aedil schlecht für die Straßenreinigung gesorgt hatte, mit Kot füllen lassen, was man darauf deutete, der verwahrloste Staat werde sich einmal in seinen Schutz begeben.

5,4 4) Ein Hund schleppte einmal beim Essen eine Hand herbei und ließ sie unter Vespasians Tisch fallen; die Hand wies auf seine Herrschaft hin.

5) Ein Pflugstier, der durchgegangen war, stürzte ins Speisezimmer, verjagte die Diener, vor Vespasian aber warf er sich nieder.

6) Auf dem Landgut des Großvaters richtete sich eine von einem Unwetter ausgerissene Zypresse am nächsten Tag stärker und frischer wieder auf.

5,5 7) In Achaia träumte ihm, sein Glück werde beginnen, wenn Nero ein Zahn gezogen werde; das geschah am folgenden Tage.

5,6 8) Das Orakel des Gottes vom Karmel weissagte, alle seine Wünsche, auch die größten, würden in Erfüllung gehen.

9) Josephus, der Geschichtsschreiber des jüdischen Krieges, versicherte, Vespasian werde ihn, der gefangen gesetzt worden war, die Freiheit wieder geben, wenn er Kaiser sei.

5,7 10) Nero — so wurde ihm aus Rom berichtet — habe in einem Traum die Mahnung erhalten, den Wagen des Jupiter Optimus Maximus ins Haus des Vespasian und danach in den Zirkus zu führen[72]).

11) Bei Galbas zweiter Konsulswahl drehte sich die Statue des Divus Iulius von selbst nach Osten.

12) Vor der Schlacht bei Betriacum kämpften zwei Adler, ein dritter aus dem Osten aber verjagte den Sieger.

Die Vorzeichenreihe[73]) zerfällt in vier inhaltlich zusammengehörige Dreiergruppen, die auch sprachlich voneinander abgehoben sind. (1) und (2) gehören inhaltlich eng zusammen, (3) ist durch mox angeschlossen; (4) greift mit quondam in eine nicht näher bestimmte Zeit zurück, (5) wird durch rursus, (6) durch quoque angefügt. Durch at ist (7) abgetrennt, auf (8) wird nahtlos übergegangen und mit et (9) angefügt. (10)—(12) sind durch „nuntiabantur et ex urbe praesagia" deutlich von den vorausgehenden Vorzeichen getrennt.

---

[72]) Vgl. dazu GRAF 2.

[73]) Vgl. die Behandlung der Vorzeichen bei GRAF 31 ff., der aber nur geographische und zeitliche Gesichtspunkte in der Anordnung wirksam sieht; außerdem zieht er (1) und (2) zu einem Vorzeichen zusammen. Wichtig 31: „Die ostenta beanspruchen innerhalb der vita verhältnismäßig größere Partien (5,2/7), denn gerade auf diesem göttlichen Recht gründet sich Vespasians Stellung als berufener Herrscher"; Vespasian ist nicht mehr Senatskaiser wie die Iulier, sondern Kaiser durch göttliche Sendung.

Jede Dreiergruppe bildet inhaltlich eine Einheit mit dem jeweils gewichtigsten Zeichen am Schluß. In (1)—(3) erleben oder melden die wichtigsten Personen (Mutter, Vater, Kaiser!) ein Vorzeichen: (1) gibt eine allgemeine Vorahnung, (2) die Vorhersage, daß er Kaiser werden würde, (3) aber die Ankündigung einer guten Herrschaft. (4)—(6) sind direkt mit Vespasian verbundene Natur- und Tierwunder: (4) beinhaltet den Hinweis auf seine Herrschaft, (5) die sich daraus ergebende Huldigung und (6) die Auferstehung des Reiches. (7)—(9) bringen Weissagungen durch einen Traum, ein Orakel und einen Menschen; (7) deutet auf Vespasians Glück, (8) intensiviert das und (9) spricht aus, worin sein Glück bestehen wird. Schließlich umfassen (10)—(12) die Vorzeichen in Rom: (10) deutet auf Vespasian, (11) auf sein Kommen aus dem Osten und (12) darauf, wie sich das Geschehen abspielen wird. Durch diese ungewöhnlich lange Vorzeichenreihe markiert Sueton eindrucksvoll den Neubeginn, der durch Vespasian gegeben ist und auf den er zu Beginn der Vita hingewiesen hat (c. 1,1): Rebellione trium principum et caede incertum diu et quasi vagum imperium suscepit firmavitque tandem gens Flavia. Die Skizze läßt die Anordnung noch klarer überblicken.

```
 1  Mutter
 2  Vater
 3  Kaiser:           gute Herrschaft
 4  Hund
 5  Stier:            Kniefall
 6  Zypresse:         Aufrichtung
 7  Traum
 8         Prophezeiung
 9         Prophezeiung
10  Traum
11         Vorzeichen
12         Vorzeichen
```

Die Linie der glückhaften Vorzeichen setzt sich c. 7 fort.

c. 7,1   1) Im Serapistempel von Alexandria erblickt Vespasian nach dem Gebet seinen Freigelassenen Basilides, obwohl niemand in den Tempel hineingelassen worden war und Basilides sehr weit entfernt war. Da „Basilides" der „Königsgleiche" bedeutet, war das ein besonders gutes Vorzeichen: ac statim kam die Nachricht vom Tod des Vitellius.

7,2—3   2) Vespasian macht einen Blinden sehend und einen Lahmen gehend.

7,3   3) In Tegea werden uralte Gefäße ausgegraben, auf einem von ihnen befindet sich ein Bild, das Vespasian ähnelt.

Zwei glückverheißende Vorzeichen umrahmen die Wunder, die Vespasian selbst vollbringt und durch die er auctoritas et quasi maiestas (7,2) bekommt[74]). Um diese Anordnung zu gewinnen, vernachlässigt Sueton die zeitliche Reihenfolge; denn nach Tacitus (Hist. 4,81 f.) war der Besuch im Serapistempel eine Folge der Wunderheilung[75]). Durch die beiden Vorzeichenreihen c. 5 und c. 7 werden Vespasians Entscheidungen, die zum Bürgerkrieg führen, umrahmt. C. 7 steht damit am Höhepunkt seines Aufstieges, zugleich aber auch in einem wirkungsvollen Gegensatz zur humilitas generis des Beginns[76]).

Die Vorzeichen, die an sich auf Vespasians Tod deuten[77]), fügt Sueton nicht in die Todesschilderung oder in eine eigene Rubrik ein, verwendet sie also primär nicht wie sonst als Ankündigungen des Todes, sondern vielmehr zur Charakterisierung der unerschütterlichen, stets zu einem Witz bereiten Haltung des Kaisers, der „ne in metu quidem ac periculo mortis extremo abstinuit iocis".

c. 23,4 1) Die Tore des Mausoleums des Augustus springen plötzlich von selbst auf (ähnlich wie Nero 46,2; vgl. DJ 81,3); Vespasian deutet das Vorzeichen im Scherz auf Iunia Calvina, eine Urenkelin des Augustus[78]).

2) Ein Komet zeigt das kommende Lebensende Vespasians an, der jedoch das Erscheinen des „Haarsterns" auf den Tod des Partherkönigs deutet, da dieser einen Haarschopf trug.

3) Daran schließt sich — bei einem schweren Anfall der Todeskrankheit — noch der Ruf „vae, puto deus fio".

Diese charakterisierende Vorzeichenschau dient zugleich der kompositionellen Verknüpfung (Steidle 104), da die darauf folgende Todesgeschichte wie im Augustus und Galba aus den Vorzeichen gleichsam herauswächst.

---

[74]) Vgl. zur Stelle S. MORENZ, Vespasian, Heiland der Kranken. Persönliche Frömmigkeit im antiken Herrscherkult? WürzbJb 4, 1949/50, 370 ff., der die Überlieferung (neben Sueton nach Tac. hist. 4,81; Cass. Dio 65,8,1) auf ihren historischen Kern untersucht und in ihnen ein Zeugnis für die persönliche Gläubigkeit im antiken Herrscherkult wenigstens für den ägyptischen Raum feststellt. Vgl. auch PH. DERCHAIN, La visite de Vespasien au Sérapéum d'Alexandrie, CE 28, 1953, Nr. 56, 261 ff.; PH. DERCHAIN - J. HUBAUX, Vespasien au Sérapéum, Latomus 12, 1953, 38 ff.

[75]) Der Hinweis bei STEIDLE a. O., der als Alternative dazu hier eine neue Rubrik vermutet, mit der die Linie des inopinatus princeps begonnen werde. Vgl. GRAF 58: „Sueton kann den Bericht über die Akklamation und die Gewinnung des Imperiums nicht eindrucksvoller schließen als mit seinen Wundertaten, zu denen ihm das χάρισμα der Götter die Kraft gab"; der folgende Abschnitt (8,1—11) steht dann unter dem Motto des stabilire et ornare.

[76]) So STEIDLE 102 f.

[77]) Dazu GRAF 106 f.

[78]) Vgl. GRAF 106: „Dadurch, daß die gens Iulia Vespasian unter ihre Toten aufnahm, erkannte sie die gens Flavia als Fortsetzung der progenies Caesarum an."

Diese Motivreihe des unbedingten Vertrauens, mit der Messiashoffnung c. 4,5 begonnen, bringt Sueton im letzten Kapitel (25) zum Abschluß, wo auf die Feststellung, Vespasian habe unbedingtes Vertrauen in sein Geburtstagsgestirn gehabt, ein Traum desselben das Gesagte abrundet[79]): Ihm hatte einmal geträumt, im Vorhof seines Palastes stehe eine Waage im Gleichgewicht, in der einen Waagschale Claudius und Nero, in der anderen er und seine Söhne. In der Tat regierten beide je 27 Jahre. Damit ist ein wirkungsvoller Schluß für die Vita des Begründers der neuen Dynastie gegeben, der zugleich auf die vergangene zurückweist und auf die Dauer der neubegründeten vorausdeutet.

T i t u s. Nur wenige Vorzeichen bringt die kurze Vita des Titus, bedingt durch seine kurze Lebens- und Regierungszeit. Alle werden im Handlungsablauf erzählt. Bereits am Anfang (c. 2) weissagt ihm ein Physiognom, er werde Kaiser werden. Das Orakel der Venus von Paphos bestärkt ihn später in seiner Hoffnung (c. 5,1). Die Schilderung des überraschenden Todes leitet Sueton durch zwei Vorzeichen ein (10,1): Das Opfertier entläuft ihm und bei heiterem Himmel beginnt es zu donnern. Viel mehr wird über die kurze Lebenszeit des Titus an Vorzeichen nicht berichtet worden sein. Was vorhanden war, ist aber in der schon bekannten Weise in den Handlungsablauf integriert.

D o m i t i a n. Nur ein einziges gutes Vorzeichen findet sich in der Domitianvita, das in der Rubrik über die Feldzüge steht. Im Bürgerkrieg gegen Antonius erfährt Domitian durch ein Vorzeichen (c. 6,2: ein Adler umflatterte seine Statue und stieß dabei Jubelschreie aus) vom Sieg über Antonius. Alle anderen Vorzeichen hat Sueton der Darstellung seines Todes zugeordnet, wobei er eine ähnliche Technik wie im Nero anwendet.

Die Aufzählung der unendlichen Grausamkeiten Domitians läßt Sueton in den Satz münden (14,1): Per haec terribilis cunctis et invisus, tandem oppressus est coniuratione amicorum libertorumque intimorum simul et uxoris[80]). Über das Jahr und seinen letzten Lebenstag hatte er schon längst eine Vorahnung durch verschiedene Vorbedeutungen.

c. 14,1 1) Weissagung der Chaldäer in seiner Jugend über alles.
         2) Warnung des Vaters, er müsse sich vor Eisen hüten.
14,2   3) Epigramm des Euenos von Askalon (Anth. Pal. IX 75).

---

[79]) Dazu GRAF 106.
[80]) Schon LEO 6 hat auf die Ähnlichkeit mit Calig. 56 und Nero 40 hingewiesen; hinzugefügt sei DJ 80,1. Vgl. auch VERF. 9.

Das bildhaft deutliche Epigramm, das Domitian mehr als alles andere in Furcht versetzt hatte (14,2 non alia magis re compulsus creditur), stellt Sueton an den Schluß der Reihe, die er hier nicht weiter fortsetzt. Vielmehr schildert er nun die immer grenzenloser werdende Furcht, in der Domitian lebte (14,4 Tempore vero suspecti periculi appropinquante sollicitior in dies...), bis der Kaiser sich dazu hinreißen läßt, seinen eigenen Vetter Flavius völlig unbegründet zu töten: quo maxime facto maturavit sibi exitium (15,1). Hier unterbricht Sueton nochmals die Erzählung und fügt eine neue, noch ausführlichere Reihe von Unglückszeichen ein. Die beiden Reihen (14,1—2 und 15,2—16), umrahmen wirkungsvoll und unheilkündend die Angst Domitians und stimmen auf die Todesdarstellung ein.

c. 15,2 1) Eine Unzahl von Blitzschlägen in Domitians Todesjahr (a. ins Kapitol, b. in den Tempel des Flavischen Geschlechtes, c. in sein eigenes Schlafzimmer; die Blitzschläge kommen also immer näher an Domitian heran).

2) Die Inschriftenplatte seiner Triumphstatue fällt herab.

3) Jener Baum, der sich nach einem Sturz wieder aufgerichtet hatte, was für Vespasian, den Stammvater des Geschlechtes, ein günstiges Zeichen gewesen war (Vesp. c. 5), stürzt endgültig zu Boden.

4) Die Fortuna von Präneste gibt einen unheilvollen Spruch, der auf Blutvergießen deutet, nachdem sie bisher immer Gutes verkündet hatte.

15,3 5) Ihm träumt, Minerva verlasse ihn, weil sie ihn nicht länger schützen könne.

6) Der Astrolog Askletarion war angezeigt worden; auf die Frage Domitians, welches Ende diesem selbst bevorstehe, antwortete er, er werde von Hunden zerrissen werden. Der Kaiser ließ ihn töten und aufs sorgfältigste bestatten, um seine Antwort als falsch zu erweisen. Doch ein Sturm warf den Scheiterhaufen um und Hunde zerrissen den Leichnam.

16,1 7) Früchte, die Domitian vorgesetzt werden, läßt er mit den Worten „Wenn ich sie nur noch essen kann" für den nächsten Tag aufheben.

8) Weiterer Ausspruch, daß morgen eine Tat geschehen werde, über die die Welt reden werde.

9) Gegen Mitternacht springt er vor Schrecken aus dem Bett.

10) Ein Zeichendeuter sagt auf Grund eines Blitzes einen Regierungswechsel voraus, worauf er verurteilt wird.

11) Weiteres Dictum: Als Domitian sich eine Warze aufkratzt, daß sie blutet, sagt er: utinam hactenus (wenn das doch alles wäre).

Das am detailreichsten ausgesponnene Vorzeichen, das sich gar nicht auf Domitian selbst bezieht und ihn doch am meisten beeindruckt hat, wie Sueton bemerkt (15,4 nulla tamen re perinde commotus est quam responso casuque Ascleterionis mathematici), steht in der Mitte der Reihe (6). Dieses Vorzeichen umgeben zwei Fünfergruppen, die inhaltlich zusammengefaßt sind. (1)—(5) sind Vorzeichen, die Domitian miterlebt und die ihm sein baldiges Ende verkünden. Auch in sich selbst ist diese Gruppe nach inhaltlichen Gesichtspunkten gegliedert: auf zwei gleichsam offizielle Prodigien (1 und 2) folgt in der Mitte das Naturwunder (3), das zugleich wegen seiner Beziehung auf den Beginn der Dynastie bedeutungsvoll ist, darauf folgen zwei Göttersprüche (4 und 5). Die zweite Fünfergruppe umfaßt vorwiegend eigene Aussprüche und Erlebnisse, die die Vorzeichenreihe abrunden und die angsterfüllte, unheilschwangere Stimmung, in der Domitian lebt, eindrucksvoll untermalen. Zwei zeitlich zusammengehörige Aussprüche leiten diese Gruppe ein (7 und 8), in ihrer Mitte steht das angsterfüllte Aufspringen Domitians (9), den Abschluß bilden wieder zwei zeitlich zusammengehörige Zeichen (10 und 11), die Weissagung des Zeichendeuters mit der vergeblichen Reaktion Domitians und sein letztes Dictum. Schematisch dargestellt ergibt sich folgendes Bild:

1—2	offizielle Prodigien	
3	Naturwunder	miterlebte Vorzeichen
4—5	Göttersprüche	
6	wirkungsvollstes Zeichen	
7—8	eigene Aussprüche	
9	Aufspringen	eigene Erlebnisse und Aussprüche
10—11	Weissagungen und letztes Dictum	

Als man Domitian dann absichtlich meldet, es sei schon die sechste Stunde — vor der fünften fürchtete er sich —, glaubt er, die Gefahr sei vorüber, doch kurz danach wird er ermordet (16,2). Plan und Ausführung des Mordes folgen erst danach (c. 17).

Die Technik, die Sueton hier anwendet, ist also der im Nero ähnlich. Nach der Erwähnung der Umtriebe gegen den Kaiser bringt er drei Vorzeichen, die zur Schilderung von Domitians grenzenloser Angst überleiten. Ehe die Ermordung abgehandelt wird, unterbricht er neuerdings und schiebt eine Vorzeichenballung all der Zeichen ein, die auf seinen Tod hindeuteten.

Den Abschluß der Vita bilden zwei Vorzeichen (c. 23,2).

1) Wenige Monate vor seinem Tod habe eine Krähe gekrächzt, alles werde gut sein.
2) Domitian habe geträumt, ihm sei ein goldener Buckel gewachsen, was darauf gedeutet habe, nach ihm werde die Lage des Staates glücklicher und segensreicher sein, sicut — und das sind die abschließenden Worte Suetons — sane brevi evenit abstinentia et moderatione insequentium principum.

Diese Vorzeichen hätten ebensogut im Rahmen der Vorzeichenballung 15,2—16,1 aufgezählt werden können. Doch Sueton hat durch diese

Stellung etwas ganz anderes erreichen wollen, nämlich einen wirkungsvollen Abschluß nicht nur der Domitianvita, sondern aller Kaiserviten
überhaupt, einen Abschluß also, der hoffnungsfroh auf die kommenden
Herrscher und auf die mit ihnen anbrechende glücklichere Zeit vorausdeutet.

2. Gestaltung und Funktion der Erotika

Bei dem großen Interesse, das man zu allen Zeiten dem cubiculum
principis gezollt hat[1]), ist es nur zu verständlich, wenn Sueton im Rahmen seiner Kaiserbiographien seine besondere Aufmerksamkeit auch den
Nachrichten über das Liebesleben widmet. Wie sich aus der guten oder
schlechten Einstellung der Kaiser gegenüber ihren Ehefrauen und aus
ihrem Verhalten in der Ehe ein wesentlicher Charakterzug gewinnen
läßt[2]), so ist dasselbe bei der Rubrik über die erotica bzw. bei den
Einzelerwähnungen aus diesem Bereich der Fall. Ganz zu Unrecht hat
man Sueton dabei Amoralität und moralische Indifferenz vorgeworfen[3]),
da er seine Wertungen nachdrücklich und ohne Rückhalt vorbringe[4]), oder
allein schon durch die Verwendungsweise der Nachrichten aus diesem

---

[1]) Nach STEIDLE 12 gegen die Kritik FUNAIOLIS (Cesari 17); STEIDLE verweist auf das
Vorhandensein dieses Interesses auch bei anderen Autoren: Plut. Galba 19; Artax.
23,3 ff.; Sall. Cat. 15; 25,3; ebenso gehe auch Tacitus mit einer gewissen Konsequenz
darauf ein (über die Frau bei Tacitus vgl. H. KÖNIGER, Gestalt und Welt der Frau
bei Tacitus, Diss. Erlangen 1966; über die Frau in der Literatur und Sittengeschichte
VERF., Die Frau in Leben und Literatur der Römer, 1. Jb. des BG und BRG Köflach
1969/70 [1970], 9 ff. und die S. 10, Anm. 2 zusammengestellte Literatur).

[2]) Darauf hat HANSLIK 137 f. für die Augustusvita hingewiesen, ebenso MOUCHOVÁ
28 allgemein und 62, Anm. 41 mit Beispielen. Die Rubrik der Ehefrauen und die
stabilen Elemente im Wortschatz der Rubrik behandelt MOUCHOVÁ 28 ff.: Sie kann
herausarbeiten, daß Sueton drei Typen anwendet: 1. eine geschlossene Rubrik mit
allen Angaben (Augustus, Claudius); 2. eine geschlossene Rubrik, die erste Gattin
wird aber an ihrem chronologischen Platz erwähnt (Caligula, Nero); 3. der Bericht
wird dort eingereiht, wo er chronologisch hingehört. Sueton bemüht sich auch in
diesem Belang um stete Variation.

[3]) Unter anderen SCHANZ-HOSIUS III, 51; FUNAIOLI, Cesari 22; W. KROLL, Studien
zum Verständnis der römischen Literatur, 1924 (Nachdruck 1964), 319, wirft ihm
Geschmacklosigkeit vor.

[4]) Vgl. STEIDLE 90 mit dem Hinweis auf Cal. 56,1; Nero 37,3; 38,1; Dom. 14,1.
Anderes wird im Zusammenhang vorgebracht werden. Zur impudicitia als Kennzeichen der Epoche vgl. A. SALVATORE, L'immortalité des femmes et la décadence
de l'empire selon Tacite, LEC 22, 1954, 254 ff.

Bereich ausdrücke. Auch bloße Klatschsucht kann man Sueton nicht anlasten: nicht daß sie nicht vorhanden wäre, aber hier ist eben das Publikum, für das Sueton schrieb, und der Zeitgeschmack zu berücksichtigen. Nicht die Tatsache an sich, daß Sueton derlei anführt, sondern was er daraus macht und wie er dadurch charakterisiert, kann zu einem gerechten Urteil führen, da „jede die Menschen individuell bewertende Haltung" auch diesen Bereich berücksichtigen muß[5]). Gerade das Absinken der Kaiserbiographien nach Sueton in eroticis auf ein Niveau der Peinlichkeit um der Peinlichkeit willen, die meist noch allein der erotischen Phantasie und Sensationslüsternheit des Autors entspringt, läßt die Dezenz Suetons trotz aller Deutlichkeit im einzelnen erkennen, der das Notwendige zwar mit einer gewissen Vollständigkeit vorbringt, aber immer nur, um dadurch das Charakterbild zu bereichern, somit seiner Darstellungsabsicht untergeordnet, nie aber als Selbstzweck.

Im übrigen war man mit Anwürfen dieser Art in der römischen Literatur nie zimperlich, sie gehörten zum täglichen Hausgebrauch der Invektiventopik[6]) und der Schelte im privaten Bereich wie in Sachen des politischen Rufmordes, wo weder ein Caesar noch ein Cicero, weder ein Lucilius oder Catull noch auch ein Horaz in der Wahl ihrer Ausdrücke und Vorwürfe durch auffällige Dezenz gekennzeichnet sind[7]). Je mehr das aber in den Bereich der für das politische Gewicht des einzelnen so entscheidenden Begriffe fama bzw. infamia fällt[8]), je mehr die erotica der Unwägbarkeit von Gerede, Gerücht und unterschwelliger Mundpropaganda angehörten, um so stärker oblag ihre Auswahl und Gestaltung der persönlichen Intention des Autors, der damit seiner Gesamtanschauung einer Persönlichkeit wesentliche Züge hinzufügen bzw. sie untermauern kann. Je mehr er diesen Bereich betont und mit Nachrichten, Gerüchten und Tratsch ausfüllt, um so entscheidender wird

---

[5]) So STEIDLE 11.

[6]) Vgl. K. VRETSKA, Sallusts Selbstbekenntnis (Bell. cat. 3,3—4,2), Eranos 53, 1955, 58 f., und in der Einleitung zu C. Sallustius Crispus, Invektive und Episteln, hrsg., übers. und komm., 1961, I, 1 ff. und 33 ff.

[7]) Vgl. die reiche Ausbeute bei I. OPELT, Die lateinischen Schimpfwörter und verwandte sprachliche Erscheinungen, 1965.

[8]) Zu fama bzw. infamia STEIDLE 58 ff.; M. KASER, ZRG 73, 1956, 220 ff.; J. HELLEGOUARC'H, Le vocabulaire Latin des relations et des partis politiques sous la république, 1963 (über fama 364 f. u. ö., über infamia 196; Zusammenhang mit invidia 196, Anm. 4). Auch die invidia spielt hier herein (dazu HELLEGOUARC'H 195 ff.; V. PÖSCHL, Invidia nelle orazioni di Cicerone, Atti del I congresso di studi Ciceroniani, 1961, II, 119 ff.).

er für die Charakteristik[9]). So kann eine Untersuchung der Erwähnung Suetons über die erotica im Leben der einzelnen Kaiser seine Darstellungsweise und biographische Technik in der Charakterzeichnung in besonderem Maße erhellen.

In allen Viten geht Sueton auf diesen Bereich ein[10]), jedoch in verschieden variierten und seinen Absichten angepaßter Weise. Dabei lassen sich in der Verwendung der erotica zur Charakterisierung der einzelnen Kaiser drei Techniken feststellen, die Sueton je nach der Stärke, mit der er diese Charakterisierungslinie betonen will, angewendet hat.

1. Im Claudius, Otho, Vitellius, Vespasian und Titus findet sich keine geschlossene Rubrik, Einzelerwähnungen werden im Zusammenhang erzählender Abschnitte oder anderer Rubriken angeführt und charakterisieren teils das Liebesleben der Kaiser, oft aber zugleich auch andere Eigenschaften. Doch spielen in diesen Viten die erotica keine oder kaum eine bedeutende Rolle für das Charakterbild des Kaisers, sollen daher ganz im Hintergrund bleiben und werden vielfach anderen Charakterisierungslinien untergeordnet.

2. Im Augustus, Tiberius, Nero und Galba steht dagegen nur eine geschlossene Sammelrubrik, in der alle Nachrichten konzentriert werden. Außerhalb der Rubrik finden sich keine Einzelerwähnungen im Rahmen von Erzählpartien oder anderen Rubriken. Zu diesem Verfahren greift Sueton, wenn die Nachrichten über das Liebesleben reichlich vorhanden sind, also einen wesentlichen Bestandteil der Charakteristik bilden und daher eingehend behandelt werden müssen, aber doch keine Dominante im Charakter der Kaiser darstellen. Die erotica werden in diesen Viten ausführlich als Teil des Privatlebens besprochen, doch erscheinen sie als zwar notwendiger, aber nicht integrierender Wesenszug des Kaisers.

3. Im Divus Iulius, Caligula und Domitian werden beide Verfahrensweisen miteinander verbunden. Die geschlossene Rubrik enthält nicht

---

[9]) Vgl. für Tacitus W. RIES, Gerücht, Rede, öffentliche Meinung, Interpretationen zur Psychologie und Darstellungskunst des Tacitus, Diss. Heidelberg 1969. Außerdem R. STARK, Zur Atticus-Vita des Cornelius Nepos, RhM 107, 1964, 182: „Die Mitteilung der rumores, der fama, kurzum dessen, was die Leute glaubten und dachten, konnte als äußerste Konsequenz des Bemühens, sine ira et studio zu berichten, verstanden werden, und für einen Meister der Rede- und Stilkunst wie Tacitus bot sich hier ein beachtliches, modellierungsfähiges Material. Damit dürfte die Verwendung solchen Stoffes in der Biographie, wie dies bei Sueton besonders auffällt, begreiflich sein." Zum ganzen Komplex vgl. noch STEIDLE 11 f., 14, 54 f., 81.

[10]) Wie bei der Rubrik über die Gattinnen (MOUCHOVÁ 29) sind die Erwähnungen in kurzen Biographien naturgemäß auch weniger umfassend.

alle verfügbaren Nachrichten und steht nicht für sich allein, sondern wird durch einige weitere charakterisierende Erwähnungen im Zusammenhang der Biographie vorbereitet bzw. klingt in ihnen nach. Dieses Verfahren steigert Sueton im Caligula noch insofern, als er die eine Rubrik sogar teilt und in zwei voneinander getrennten Rubriken die erotica behandelt, wozu noch die Einzelerwähnungen im Rahmen der Biographie treten. In diesem Verfahren ist die Charakterisierungslinie der erotica durch die ganze Vita durchgezogen; ihre Bedeutung betont Sueton im Divus Iulius und Caligula noch dadurch, daß er sie erst in der Todesdarstellung abschließt. Wenn also die erotica eine Dominante im Charakter des Kaisers bilden, wenn er als ἐρωτικώτατος erscheinen soll, greift Sueton zu dieser dritten Verfahrensweise.

Nach dieser Differenzierung in der Anordnung des Materials lassen sich innerhalb der Rubriken gewisse typische Ordnungsprinzipien feststellen, die immer wieder die überlegte Darbietung der einzelnen, oft disparaten Nachrichten zeigen. Denn nirgends wird wahllos Detail an Detail gereiht, noch ein bestimmtes Schema stereotyp angewendet, sondern ständig wird variiert und eine Übereinstimmung mit der Charakterisierungsabsicht hergestellt. So ist im Divus Iulius, Augustus und Caligula (in der zweiten Rubrik c. 36) die Reihenfolge eingehalten, daß auf die Vorwürfe der Homosexualität die der Liebe zu Frauen folgen, weil diese inhaltlich ärger und für den Kaiser bedeutsamer sind. Im Nero dagegen werden die Bereiche miteinander vermischt, weil sich nur so eine wirkungsvolle Steigerung erreichen läßt, die zu einem Bild einer wilden Promiskuität des Geschlechtslebens führt. Im Domitian wiederum werden die Bereiche getrennt erzählt, um sozusagen jeden zu seinem Recht kommen zu lassen und nicht einen durch die Nachfolge von stärkeren Vorwürfen aus dem anderen Bereich abzuschwächen.

Durchgängig werden die einzelnen Nachrichten und Vorwürfe in steter Steigerung angeführt. Dabei wird eine inhaltlich zusammengehörige Gruppe gerne am Schluß durch einen charakterisierenden Ausspruch oder Vers abgerundet, was die Bedeutung solcher Dicta für die Charakterisierung zeigen kann[11]). Zudem stehen die Rubriken über die erotica nicht als erratische Blöcke irgendwo in der Biographie, sondern sind mit dem Zusammenhang der vorangehenden und nachfolgenden Partien durch das Mittel des assoziativen Gedankenüberganges verbunden[12]).

---

[11]) Vgl. darüber den Abschnitt über die ultima verba S. 95 ff.
[12]) Vgl. dazu STEIDLE 54 ff.; 80 ff.; 88; 146.

1. Die C l a u d i u s v i t a bringt nur zwei kurze Erwähnungen über
die erotica im Leben des Kaisers, c. 16,1 schildert Sueton sein völlig in-
konsequentes und für seine unsichere Wesensart charakteristisches Verhalten gegenüber sittlichen Verfehlungen in seiner Zensur, die er
„inaequabiliter varioque et animo et eventu" führte. C. 33,2 bringt im
Zusammenhang des Privatlebens und der persönlichen Gewohnheiten
die kurze Notiz: libidinis in feminas profusissimae, marum omnino
expers. Das wäre im Grunde der Platz, wo die Rubrik über die erotica
folgen müßte, und Sueton mag hier, was freilich nicht zu beweisen ist,
mehr an Einzelheiten gewußt haben, doch er führt sie nicht an, die kurze
und pointierte Charakteristik genügt in diesem Fall, um die Tatsache
herauszustreichen, daß Claudius dem weiblichen Geschlecht völlig ausgeliefert war. Denn in der Claudiusvita ist der erotische Bereich fast
ganz auf das Leben mit den Ehefrauen beschränkt, weil diese ihn voll-
kommen beherrschen. So nimmt diese kurze Notiz nur die Charakterisierungslinie der varietas animi und der Unselbständigkeit im Handeln
auf[13]), die Sueton unmittelbar im Anschluß an die öffentlichen Maßnahmen des Claudius mit seiner Abhängigkeit von den Frauen und Freigelassenen ausgesprochen hatte (25,5): sed et haec et cetera totumque
adeo ex parte magna principatum non tam suo quam uxorum libertorumque arbitrio administravit, talis ubique plerumque, qualem esse
eum aut expediret illis aut liberet.

Darauf folgt die Rubrik über die Ehefrauen (c. 26), deren Stellung
in der Biographie allein schon die Bedeutung der Ehefrauen für
Claudius erhellt[14]), da diese Rubrik sonst nirgends unmittelbar an die
öffentlichen Maßnahmen anschließt. Schon die beiden Verlobungen des
Claudius mit Aemilia Lepida und Livia Medullina und die Heiraten
mit Plautia Urgulanilla und Aelia Paetina, von denen er sich bald wieder
scheiden ließ, zeigen seine unentschiedene Haltung. Nach der Hinrichtung
seiner dritten Frau Messalina verkündet er dann lautstark: quatenus sibi
matrimonia male cederent, permansurum se in caelibatu, ac nisi per-
mansisset, non recusaturum confodi manibus ipsorum (26,2), tritt aber
bald wieder in Heiratsverhandlungen, zuerst mit Aelia Paetina, mit
der er schon verheiratet gewesen war, dann mit Lollia Paulina.
Schließlich aber erliegt er den Verführungskünsten Agrippinas. In allem
aber kommt seine völlige Abhängigkeit zum Ausdruck, eine Tatsache,
die Sueton nach den Bemerkungen über die Kinder (c. 27) und Frei-

---

[13]) Darüber STEIDLE 97 ff.
[14]) Vgl. schon LEO 5; außerdem MOUCHOVÁ 29 und 30.

gelassenen (c. 28) abschließend nochmals bekräftigt (c. 29,1): his, ut dixi, uxoribus addictus, non principem se, sed ministrum egit. Die oben angeführte Notiz c. 33,2 muß also im Zusammenhang mit dieser Abhängigkeit von seinen Ehefrauen gesehen werden, in deren Folge alle anderen diesbezüglichen Bereiche vollständig im Hintergrund bleiben. Auch in diesem Belang steht Claudius gleichsam unter Kuratel und kann sich nicht frei entfalten, wie das andere Kaiser so exzessiv getan haben. Die wenigen Notizen über erotica im Leben des Claudius dienen nur dazu, einen anderen Charakterzug zu illustrieren.

Auch die O t h o v i t a bringt nur zwei charakterisierende Erwähnungen. Aber wie in der Claudiusvita ist der sexuelle Bereich nicht um seiner selbst willen angeführt, sondern um eine andere Seite an Othos Charakter zu verdeutlichen, der sich in dieser Phase seines Lebens aller Mittel bedient, um nach oben zu kommen und sich als würdiger und gleichgearteter Freund Neros zu erweisen. So macht er einer alten und schon ziemlich verlebten Freigelassenen den Hof (2,2), weil er durch sie Zugang zu Nero findet, dessen Vertrauter er dann wird durch seine „congruentia morum, ut vero quidam tradunt, et consuetudine mutui stupri". Seine Liebschaft mit der Freigelassenen bzw. seine Hingabe an Nero sind einzig und allein Mittel zum Zweck, Otho ist nicht als unbedingt und von vornherein ausschweifend charakterisiert, sondern er ist es nur dann, wenn er damit etwas erreicht. Wie Sueton solche Dinge anderswo behandelt, zeigt ein Vergleich mit der Vespasianvita. Dort wird zwar Vespasians Verhältnis zu Caenis[15] erwähnt, aber verschwiegen, daß er durch sie, deren Herrin Antonia, die Tochter des Triumvirn Antonius und Großmutter Caligulas, großen Einfluß auf Caligula besaß, Zugang zur Partei des Kaisers gefunden hat[16]. Die Tatsache wird Sueton wohl bekannt gewesen sein, trotzdem erwähnt er sie nicht, weil er ein integeres Bild von Vespasian geben will.

Hatte dieses Verhältnis zu einer Freigelassenen Vespasian die Freundschaft mit Nero eingebracht, so verursachte die Nero zuliebe eingegangene Scheinehe Othos mit Poppaea Sabina (c. 3), — da er sie dann, von Leidenschaft zu ihr erfaßt, nicht mehr herausgeben wollte — seine Entfernung nach Lusitanien, was das Volk mit einem Spottvers verulkte[17]. Im weiteren Verlauf der Vita findet sich nichts mehr über Sexuelles, auch nicht am Schluß der Vita, wo wie im Nero, Galba,

---

[15]) Über diese vgl. H. R. GRAF 16.
[16]) Dazu GRAF 13.
[17]) Vgl. unten Othovita S. 104 f.

Vitellius und Domitian die Rubrik über die persona des Kaisers steht. Hier ist die Schilderung seines Äußeren dem Heldentod zugeordnet[18]).

In der V i t e l l i u s v i t a wird der Kaiser gleich zu Beginn dadurch charakterisiert (3,2), daß er seine Knabenzeit unter den „Spintriern" des Tiberius auf Capri verbracht hat[19]), weswegen er auch diesen Beinamen erhielt. Darin zeigt sich eine gewisse entwürdigende Kriecherei und Schmeichelei, die auch vor dem Ärgsten nicht zurückschreckt[20]). So fügt Sueton noch den durchaus berechtigten Verdacht hinzu, daß die körperlichen Reize des Sohnes die Ursache für den Aufstieg des Vaters gewesen seien. Mit der Bemerkung (4,1) „sequenti quoque aetate omnibus probris contaminatus, praecipuum in aula locum tenuit" geht Sueton auf den Aufstieg über, den Vitellius unter den drei Kaisern Caligula, Claudius und Nero nahm und dessen Art durch diese Charakterisierungsmarke eindeutig bestimmt ist. Fortgesetzt wird diese Linie in der Rubrik über die Ehefrauen (c. 6), in der Sueton nichts Negatives über die Ehen selbst berichtet. Wohl aber erweist der Verdacht, er habe seinen Sohn umgebracht, Vitellius als Mann, dem jedes Mittel recht ist, kam er doch dadurch in den Besitz des Erbes seiner ersten Frau.

Abgerundet wird alles mit der ausführlich geschilderten Affäre um den Freigelassenen Asiaticus (c. 12): Diesen hatte Vitellius in seiner Jugend mißbraucht, später wieder zu seinem Geliebten gemacht, dann verkauft, bis er ihn neuerlich entführen ließ und ihm schließlich den goldenen Ritterring schenkte. Die ausführliche Erzählung hat neben ihrer erotischen Beziehung, die die homosexuellen Neigungen des Vitellius — anderes wird in seiner Vita nicht erwähnt — neuerlich unter Beweis stellt, vor allem die Aufgabe, als Beispiel für die schrankenlose Willkür des Kaisers zu dienen, der die Regierung „consilio et arbitrio vilissimo cuiusque histrionum et aurigarum administravit et maxime Asiatici liberti" (c. 12 Anfang).

Die erotica sind also im Vitellius stärker betont als im Claudius und Otho und geben einen wenig ansprechenden Wesenszug dieses

---

[18]) Eine Rubrik über Ehefrauen gibt es im Otho nicht, da er nur die Scheinehe mit Poppaea Sabina geführt hat.

[19]) Dazu unten S. 84 ff. Dem geht in der Vita schon die Erzählung voraus, daß einer der Vorfahren durch seine Leidenschaft für eine Freigelassene in Verruf geraten war, weil er sich dabei zu unwürdigen Tätigkeiten herbeiließ (2,4). Vitellius ist also einschlägig vorbelastet. Diese Beziehung muß der von MOUCHOVÁ 60, Anm. 11 beigebrachten hinzugefügt werden, die auf die Beziehung zwischen Vitellius' Vorliebe für ungezügeltes Schmausen und der seines Onkels A. Vitellius hingewiesen hat (7,1 und 13,1—2,2).

[20]) Über die Virtuosität im Schmeicheln, die Vitellius besaß, LUCK, Divus Titus 69.

fast durchgehend negativ gezeichneten Kaisers wieder, dienen zugleich aber auch der Charakterisierung anderer für den Kaiser wesentlicher Eigenschaften, seiner Schmeichelei und seiner Willkür bei der Ausübung der Regierung[21]).

Ebenso bringt die Vespasianvita nur charakterisierende Einzelerwähnungen, die im Einklang zu dem Bild stehen bzw. es bekräftigen, das Sueton auch sonst von diesem Kaiser vermittelt. Seine Ehefrauen werden c. 3 angeführt[22]), zuerst Flavia Domitilla, dann seine Geliebte Caenis, die er nach dem Tode Domitillas wie seine rechtmäßige Frau behandelte. Dies wird mit äußerster Dezenz und ohne den geringsten Tadel erzählt, nichts trübt das positive Bild. So steht es auch im Einklang mit seinem persönlichen Verhalten, wenn er gegen libido und luxuria scharf vorgeht (c. 11). Schließlich berichtet Sueton noch eine weitere Geschichte aus diesem Bereich (c. 22), wonach Vespasian gewiß nicht als Säulenheiliger zu betrachten ist, die ihn aber doch in positivem Licht erscheinen läßt: Einer Frau, die vorgab, vor Liebe zu ihm zu vergehen, schenkte er, nachdem er sie erhört hatte, 400.000 Sesterzen, die er unter dem Titel „Vespasiano adamato" buchen ließ. Sueton erwähnt diese Geschichte jedoch nicht als eroticon, sondern als Beispiel für den Witz und Humor des Kaisers[23]).

Auch in der Titusvita sucht Sueton den Eindruck einer gewissen Integrität zu wahren, ohne daß er hier den Gegensatz zwischen der zweifelhaften Jugendzeit und den integren Regierungsjahren verwischen würde[24]). Das kommt schon in der kurzen Rubrik über die Ehefrauen zum Ausdruck, in der die beiden Ehen und die Trennung von der zweiten Frau erwähnt werden, ohne aber nähere Umstände anzugeben, die wahrscheinlich nur zu Titus' Lasten gehen würden (4,2). Zwar warf man Titus libido vor wegen der Menge von Lustknaben und Beschnittenen, die er um sich hatte (7,1), ebenso seine besondere Liebe zur Königin Berenike. Doch Sueton verschwieg hier, daß Titus mit ihr in den Jahren 75—79 in heimlicher Ehe lebte, obwohl ihm das doch gewiß bekannt war. Gerade der Vergleich mit dem Divus Iulius kann

---

[21]) Seine Schmeichelei zeigen c. 4; 7,3; 8,1; 14,1; 15, seine Willkür und Grausamkeit c. 6; 7,2; 10; 14 (dazu MOUCHOVÁ 47). Die gesamte Vitelliusvita ist im übrigen darauf angelegt, Vitellius als einen kriecherischen Menschen darzustellen, der mit größter Grausamkeit zu wüten beginnt, als er sein Ziel, die höchste Macht im Staat, erreicht hat. Kaum ist seine Lage aber gefährdet, schlägt er wieder in entwürdigende Kriecherei um.

[22]) Vgl. GRAF 15 f.

[23]) Darüber GRAF 103 ff.

[24]) Darüber LUCK, Divus Titus.

zeigen, wie Sueton anderswo die Liebe zu Königinnen betonen kann (unten S. 91 f.). Um so mehr muß die hier bewiesene Zurückhaltung überraschen, die nur damit zu erklären ist, daß alles Negative nach Möglichkeit unterdrückt wird, um ein integres Bild zu geben.

Durch sein Verhalten vor der Thronbesteigung war Titus in den Ruf eines zweiten Nero gekommen; nachher jedoch erwies sich alles als falsch: at illi ea fama pro bono cessit conversaque est in maximas laudes neque vitio ullo reperto et contra virtutibus summis. So schickte er Berenike bei seiner Thronbesteigung sogleich nach Hause[25]). Auch den Verdacht, er habe Beziehungen zu Domitia gehabt, wie das von manchen kolportiert wurde, weist Sueton mit Bestimmtheit zurück (10,2), um auch diesen Makel von Titus zu nehmen. Er führt zwar die abträglichen Gerüchte an, steht ihnen aber nicht kritiklos gegenüber, sondern vermittelt in eingehender Prüfung ein im großen und ganzen integres Bild des Titus.

In allen diesen Viten werden also die Nachrichten über das Liebesleben der Kaiser nicht in einer geschlossenen Rubrik, sondern im Laufe der Biographie als charakterisierende Elemente eingefügt, zumeist zur Illustration anderer Eigenschaften der Kaiser. Hätte sich Sueton sklavisch an ein verpflichtendes Schema gehalten, so hätte er auch das wenige ihm Bekannte in eine Rubrik gepreßt. Vielmehr wird das vorliegende Tatsachenmaterial nach der Darstellungsabsicht differenziert und in den Zusammenhang der Biographie eingefügt.

2. Anders verfährt Sueton im Augustus, Tiberius, Nero und Galba, wo er alle Nachrichten in einer Sammelrubrik zusammenfaßt, die er durch assoziative Gedankenübergänge in den Zusammenhang einfügt. Außerhalb der Rubrik finden sich dagegen keine Erwähnungen aus dem Bereich der erotica.

A u g u s t u s. C. 62 behandelt Sueton die Ehen des Augustus und versucht dabei zu beschönigen, wo es nur irgend ging, was vor allem bei seiner dritten Ehe mit Livia sehr schwer war[26]). So läßt er durch

---

[25]) Der Verfasser der Epitome de Caesaribus (c. 10,6) gibt dafür eine Erklärung: Berenicen ... regredi domum ... praecepit. quo facto quasi signum praetulit mutatae intemperantiae. Davon steht nichts bei Sueton, nur das Factum soll wirken (vgl. LUCK, Divus Titus 67: das „ist der Deutungsversuch eines späteren Zeitalters, das gern an plötzliche Bekehrungen glaubt"). Die Tat ist im übrigen eines der Beispiele für Titus' geschicktes Verhalten der Masse gegenüber (darüber LUCK a. O. 68).

[26]) Vgl. HANSLIK 137 f. Die Sache hat O. SEEL, Römertum und Latinität, 1964, 379 ff. als Beispiel für die Antithetik römischer Art interpretiert. Näheres dazu unten S. 129 f.

deutlich ausgesprochene Wertungen Augustus selbst im günstigen Licht erscheinen. Als Motivierung für die Trennung von Scribonia gibt er an: pertaesus, ut scribit, morum perversitatem eius, die Ehe mit Livia lobt er durch „Liviam Drusillam ... dilexitque et probavit unice ac perseveranter" (62,2).

Von den Ehen und den sich daran anschließenden Ausführungen über seine Kinder, das Familienleben, seine Freunde und Günstlinge geht Sueton assoziativ auf sein Liebesleben über. An den Anfang stellt er die Vorwürfe wegen Homosexualität (c. 68), die aber schon durch den ersten Satz insofern eingeschränkt werden, als sie sich nur auf die Jugend beziehen (*Prima iuventa* variorum dedecorum infamiam subiit), der man ja manches nachzusehen geneigt war. Den Beginn macht der allgemeine und nicht nur erotische Vorwurf des Sextus Pompeius, Augustus sei effeminatus. Darauf folgt der auf eine bestimmte Begebenheit gemünzte konkrete Vorwurf des M. Antonius, er habe sich seine Adoption durch ein stuprum verdient. Der dritte und letzte Vorwurf des L. Antonius fügt dem weitere Details hinzu: Augustus habe sich seine doch schon Caesar hingegebene Unschuld nochmals von Aulus Hirtius mit 300.000 Sesterzen bezahlen lassen und sich außerdem die Schenkel abgesengt, damit das Haar weicher wachse. Gekrönt und abgeschlossen werden diese Vorwürfe durch einen charakterisierenden Vers: Bei einer Theateraufführung wird der Vers „videsne, ut cinaedus orbem digito temperet" unter allgemeiner Zustimmung auf Augustus bezogen.

Darauf folgen seine adulteria, die freilich auch sofort damit entschuldigt werden, daß politische Motive dabei im Spiel waren und nicht Wollust, da er die Anschläge seiner Gegner durch ihre Frauen leichter erfahren konnte (69,1)[27]. Sueton steigert die Intensität dieser Vorwürfe, die alle von M. Antonius stammen und damit völlig als Produkt der politischen Hetze durch seinen späteren Hauptgegner erscheinen, sehr geschickt. Auf seine überhastete Heirat mit Livia folgt die peinliche Affäre mit der Frau eines Konsulars, die er in Anwesenheit ihres Gatten aus dem Speisezimmer ins Schlafgemach geführt und mit geröteten Ohren und zerrauften Haaren zurückgebracht habe. Den dritten Vorwurf bildet die Scheidung von Scribonia, die er verstoßen habe, weil sie ihm gegen-

---

[27]) Vgl. HANSLIK 138 f.: Während Caesar schwer belastet wird, reinigt Sueton Augustus nach Tunlichkeit von diesen Vorwürfen (71,1); Caesars Affären mit verheirateten Frauen werden breit ausgeführt, bei Augustus steht nur ad vitiandas virgines promptior. Gerade das Beispiel des Verhältnisses zu Terentia, der Gattin des Maecenas, das Sueton nicht erwähnt, beweist, daß Sueton beschönigt und das positive Bild nicht zu sehr trüben will. Ähnlich urteilt LUCK, Form 232.

über ihren Unmut über seine paelex, eben Livia geäußert habe. Sueton hat also, um eine konsequente Steigerung zu erreichen, hier die chronologische Reihenfolge verändert — der dritte Vorwurf würde vor dem ersten kommen —, da die Scheidung mehr Grund zum Tadel gibt als die Heirat mit Livia. Schwerer wiegt aber der vierte Vorwurf, daß seine Freunde verheiratete Frauen und erwachsene Jungfrauen nackt begutachten mußten, gleich als ob sie sie bei einem Sklavenhändler für ihn kauften. Letztmögliche Steigerung bietet dann ein Brief des Antonius (69,2): ita valeas, uti tu, hanc epistulam cum leges, non inieris Tertullam aut Terentillam aut Rufillam aut Salviam Titiseniam aut omnes. an refert, ubi et in qua arrigas?

An den Schluß der Rubrik (70,2) ist die bekannte Geschichte von der Zwölf-Götter-Tafel gestellt, die auch am detailreichsten ausgeführt ist und das erotische Motiv in den Versen eines Anonymus nochmals aufnimmt:

> impia dum Phoebi Caesar mendacia ludit,
> dum nova divorum cenat adulteria.

Zugleich aber bildet diese Erzählung mit dem Vorwurf der dort geübten Prasserei und dem charakterisierenden Ausspruch, Caesarem esse plane Apollinem, sed Tortorem (70,2), den Beginn einer neuen Rubrik, die seine angebliche Gier nach kostbarem Hausgerät und seine Vorliebe für das Würfelspiel behandelt. Der Übergang erfolgt assoziativ an die Prasserei bei der Göttertafel.

Von diesen Vorwürfen weist Sueton den der widernatürlichen Unzucht und der Prunkliebe zurück (71,1), bestätigt hingegen aber neuerlich den der Vorliebe für junge Mädchen, ja steigert ihn noch durch den Zusatz, daß sogar seine Frau ihm diese von überallher verschafft habe.

Augustus erscheint also gewiß nicht als völlig integer, aber doch in dieser Sphäre im Verhältnis zu anderen Kaisern zurückhaltender, ohne daß die wirklich gravierenden Vorwürfe, wie seine Vorliebe für junge Mädchen, verschwiegen wurden.

Als Randbemerkung sei angeführt, daß es auf derselben Linie einer taktvollen Beschönigung liegt, wenn Sueton c. 85,2 bemerkt: extat alter (scil. liber ab eo scriptus) aeque modicus epigrammatum, quae fere tempore balinei meditabatur, ohne aber auf die in eroticis schwelgende Art wenigstens eines Teiles dieser Epigramme einzugehen, die doch sehr bekannt waren, wie Martial (11,20) zeigen kann. Dieser verteidigt sich gegen den Vorwurf mangelnder Dezenz in seinen Epigrammen immerhin durch den Hinweis auf eines des Augustus, das er im Rahmen seines Gedichtes zitiert (vgl. 7 ff.):

> Quod futuit Glaphyran Antonius, hanc mihi poenam
> Fulvia constituit, se quoque uti futuam.
> Fulvia ego ut futuam? Quid si me Manius oret,
> pedicem, faciam? Non puto, si sapiam.
> „Aut futue, aut pugnemus", ait. Quid quod mihi vita
> carior est ipsa mentula? Signa canant!

Man halte sich einmal vor Augen, daß diese mit gar nicht so geringem technischen Geschick verfertigten Verse[28]) von Augustus stammen und als solche verbreitet wurden, um ermessen zu können, welche Freizügigkeit einerseits in eroticis gegeben war, andererseits aber, was Sueton verschwiegen hat, um keine Vorwürfe erheben zu müssen, da „aeque modicus" ja ein nur sehr allgemeines Werturteil bildet.

T i b e r i u s. Während Tiberius eine unerbittliche Strenge gegenüber unsittlichen Lebenswandel zeigte (c. 35, wieder aufgenommen 59,1), steht dazu in scharfem Gegensatz, was Sueton über dessen Leben in der Abgeschiedenheit der Insel Capri berichtet (c. 42—45). Diese Ausführungen wachsen organisch aus dem Zusammenhang heraus: Nach dem Tod seiner beiden Söhne Germanicus und Drusus hatte sich Tiberius zuerst nach Kampanien zurückgezogen (c. 39), dann aber nach Capri, weil diese Insel nur an einer Stelle betreten werden konnte (c. 40). Hier kümmerte er sich um die Staatsgeschäfte überhaupt nicht mehr (c. 41). Darauf folgt die Schilderung seines Lebens auf Capri, das ganz anders beschaffen war als sein öffentlich zur Schau getragenes Verhalten. Der Einleitungssatz hebt diesen Gegensatz zwischen öffentlicher und privater Sphäre schon ausdrücklich hervor (42,1): ceterum secreti licentiam nanctus et quasi civitatis oculis remotis, cuncta simul vitia male diu dissimulata tandem profudit[29]). C. 42 behandelt zuerst seine Schwelgerei, doch klingen hier bereits die erotica durch, etwa daß er bei Cestius Gallus, einem libidinosus et prodigus senex, an einem Gastmahl teilnimmt und befiehlt, daß wie üblich nackte Mädchen servieren sollen.

Dann geht Sueton auf die eigentlichen erotica über, in denen wie in der Augustusvita die Vorwürfe der Homosexualität, hier verbunden mit den Eigenschaften eines Voyeurs, vor denen der Frauenliebe stehen.

---

[28]) J. EBERLE hat in seinen „Lateinischen Nächten" (1966) ein beachtenswertes Kapitel diesem Epigramm gewidmet (S. 42 ff.: Ein Epigramm des Augustus), das den historischen Hintergrund der obszönen Geschichte ausleuchtet.

[29]) Die Wahl des Verbums wirkt besonders plastisch. Bei Sueton kommt sonst nur das adjektivisch gebrauchte Partizip vor (DJ 13; Claud. 33,2; Nero 4; Vit. 10,2; Tit. 7,1).

Als Ort für seine geheimen Ausschweifungen dachte er sich ein Zimmer aus, in dem er die sogenannten „Spintrier", eine Schar von Mädchen und Lustknaben, Unzucht treiben ließ, um seine abgestumpften Begierden dadurch aufstacheln zu lassen (43,1). Von diesem einen Zimmer, wo das stattfand, weitet sich nun der Blick (43,2): Er ließ in seinen an vielen Stellen angelegten Schlafzimmern laszive Darstellungen anbringen und die Bücher der Elephantis auflegen, damit niemandem die Liebesrezepte ausgingen. In letzter Steigerung wird die ganze Gegend in das wollüstige Geschehen einbezogen: Tiberius ließ in den Wäldern und Hainen loci Venerii anlegen. So muß Capri als überdimensionales Liebesnest erscheinen: das trägt Tiberius auch den anzüglichen Beinamen Caprineus ein.

Diese drei Vorwürfe, die sozusagen das Lokalkolorit zum Gegenstand haben und in steter Ausweitung die ganze Umgebung in das laszive Treiben einbeziehen, werden vom Folgenden noch übertroffen: Maiore adhuc ac turpiore infamia flagravit, vix ut referri audirive, nedum credi fas sit (44,1)[30]. War Tiberius bisher eher als Voyeur erschienen, der sich mit Wollust umgibt, so treffen die anschließenden Vorwürfe sein eigenes Handeln. Er ließ sich von pueri primae teneritudinis, atque etiam quasi infantes firmiores befriedigen. Seine Lüsternheit war so groß, daß er ein wollüstiges Bild der Atalante einer Summe von einer Million Sesterzen vorzog, was ganz im Gegensatz zu seinem sonstigen Geiz steht (c. 46—47). Den Höhepunkt bildet der Vorwurf, daß nicht einmal sakrale Scheu ihn abhalten konnte, denn er ging soweit, zwei Knaben, die ihm wegen ihrer Schönheit aufgefallen waren, unmittelbar vom Opfer wegzuführen und zu schänden.

Jetzt geht Sueton auf das Verhältnis des Tiberius zu Frauen über (c. 45), bei denen er sich auch von den vornehmsten nicht zurückhielt. Dafür steht jedoch nur ein besonders charakteristisches Beispiel (evidentissime), das Schicksal der Mallonia, die sich ihm widersetzte, deshalb vor Gericht gestellt wurde und sich selbst den Tod gab, als Tiberius sie öffentlich fragte, ob sie sich nun eines besseren besonnen hätte. Aus dem Kontrast dieses Verhaltens einer Lucretia oder Verginia der Kaiserzeit und dem Vorgehen des Tiberius schöpft diese Szene ihre Wertung. Sie kennzeichnet die grenzenlose Willkür des Kaisers ebenso, wie die ganze Rubrik seine Maßlosigkeit in eroticis gezeigt hat. So darf es nicht wundern, wenn in einer Atellane die Worte fallen, hircum vetulum

---

[30]) Über die Gradatio im ganzen Abschnitt vgl. MOUCHOVÁ 86 f.; eine Abschwächung kann ich in „vix ut referri ... fas sit" nicht finden, auch keine nur scheinbare.

capreis naturam ligurire, und alle sie als Anspielung auf Tiberius auffassen. Damit schließt die Rubrik.

Die sachliche Anordnung der Rubrik ist die gleiche wie im Augustus,
auf die Homosexualität folgt die Frauenliebe, doch herrscht in eroticis der
erste Bereich vor. Wie in der Augustusvita trennt Sueton auch hier die
Rubrik der erotica von dem Bericht über die Ehen (c. 7,2—3). Hier muß
er — anders als bei Augustus — das untadelige Verhalten und die
Fähigkeit des Tiberius zu echter Liebe (zu seiner ersten Frau Agrippina)
zugeben. Selbst von Iulia trennt er sich nur schwer (dissedit et aliquanto
gravius). Die Kürze der Nachricht und der weit vorausgenommene Ort
können aber den schlechten Eindruck nicht mildern, den die eben behandelte Rubrik der erotica hinterläßt.

N e r o. Nach der ausführlichen Erörterung von Neros Theaterwahn,
dem hervorstechendsten Fehler dieses Kaisers[31]), geht Sueton c. 26,1 mit
„Petulantiam, libidinem, luxuriam, avaritiam, crudelitatem..." auf
seine anderen vitia über. In der schon im Tiberius beobachteten Technik
klingen erotische Motive in anderem Zusammenhang schon an, so in der
Erzählung seiner Jugendstreiche, da er einmal von einem Mann aus
dem Senatorenstande fast zu Tode geprügelt wurde, weil er sich seiner
Frau genähert hatte (26,2)[32]). Wieder aufgenommen wird das Motiv
im nächsten Abschnitt (c. 27), wo Sueton in neuerlicher Steigerung (27,1
paulatim vero invalescentibus vitiis iocularia et latebras omisit nullaque
dissimulandi cura ad maiora palam erupit) auf Neros Schwelgerei eingeht. Sueton erzählt hier unter anderem, die Freudenmädchen und
Tänzerinnen der ganzen Stadt hätten bei seinen üppigen Gastmählern
aufgewartet (27,2). Das wird noch gesteigert, wenn man im Folgenden
erfährt (27,3), daß bei seinen Fahrten nach Ostia oder am Golf von Bajä
sogar Matronen sich für Bordellwirtinnen hergaben, die ihn zum Anlegen
aufforderten.

Bis hierher hat Sueton die Rubrik auf Neros Schwelgerei konzentriert,
diese allerdings durch die Andeutungen aus der erotischen Sphäre ver-
brämt und damit auf die folgende Rubrik über die erotica (c. 28—29)

---

[31]) Dies ist naturgemäß ein Hauptmotiv der Nerovita; vgl. STEIDLE 87 ff.; MOUCHOVÁ
91 ff. Die Quellen sind diskutiert bei J. LE DRU, Le portrait de Néron chez Tacite
et chez Suétone, Dipl. Et. Sup. Fac. des Lettres Paris 1945; K. HEINZ, Das Bild
Kaiser Neros bei Seneca, Tacitus, Sueton und Cassius Dio, Diss. Bern 1948; zuletzt B. W. WARMINGTON, Nero. Reality and Legend, 1969.

[32]) Tacitus erzählt die Geschichte ann. 13,25 mit dem Zusatz, der Ehemann sei deshalb
von Nero zum Selbstmord gezwungen worden.

vorbereitet und eine assoziative Verbindung geschaffen. Nach den Andeutungen folgen jetzt die konzentrierten Vorwürfe. Schon der erste
Satz zeigt das Scheusal Nero: Neben seinem Verkehr mit freigeborenen
Knaben und verheirateten Frauen vergewaltigte er sogar die Vestalin
Rubria. Die Tatsache, daß er die Freigelassene Acte, mit der er später
gemeinsam bestattet wurde (c. 50), beinahe rechtmäßig geheiratet hätte,
illustriert, wie weit Nero zu gehen bereit war. Aber das wäre immerhin
noch verständlich und normal gewesen, sein Verhältnis zu Sporus aber
ist es nicht mehr. Diesen ließ er entmannen, suchte ihn auf jede Weise
zu einem weiblichen Wesen zu machen und ließ ihn unter Vollzug aller
erforderlichen Hochzeitszeremonien in seinen Palast führen und behandelte ihn wie seine Gattin. Wovon er also bei Acte Abstand genommen hatte, führt er hier durch, was zu dem Witz führte: bene agi
potuisse cum rebus humanis, si Domitius pater talem habuisset uxorem
(28,1; das Folgende 28,2). Diesen Sporus kleidet er wie eine Kaiserin,
führte ihn immer mit sich und küßte ihn wiederholt dabei. Schließlich
führt Sueton noch an, daß Nero sogar nach geschlechtlichem Umgang mit
seiner Mutter Agrippina verlangt habe, was detailliert ausgeführt wird
(28,2).

Die Steigerung ist konsequent durchgeführt: von der allgemein charakterisierenden einleitenden Behauptung, wie sie auch sonst steht (etwa
Cal. 36,1), über die Vergewaltigung einer Vestalin, den beschämenden
Tatbestand, eine Freigelassene rechtmäßig heiraten zu wollen, die tat-
sächliche und entwürdigende Scheinhochzeit mit einem Eunuchen, bis
zum Ungeheuerlichsten, dem Verlangen nach seiner eigenen Mutter.
Darauf weist Sueton später noch einmal hin, mehr zwischen den Zeilen
als expressis verbis (34,3), um diesen tierischen Menschen zu charakterisieren: Nach der Ermordung Agrippinas soll Nero herbeigeeilt sein, ihre
Glieder betastet und teils gelobt, teils getadelt haben. Diese ostentative
Perversität muß man damit zusammensehen, was Sueton c. 29 über das
Verhältnis zwischen Mutter und Sohn berichtet: olim etiam quotiens
lectica cum matre veheretur, libidinatum inceste ac maculis vestis
proditum affirmant. Mit wenigen Strichen und Andeutungen gelingt es
Sueton, dieses Scheusal auf dem Kaiserthron zu charakterisieren.

Sueton hat aber an den Schluß der Reihe noch einen nicht mehr zu
überbietenden Höhepunkt gestellt, die abstoßenden Verfahrensweisen,
wie Nero seinen eigenen Körper preisgab. Er schließt mit einem Ausspruch von Nero selbst ab: ex nonnullis comperi persuasissimum habuisse
eum neminem hominem pudicum aut ulla corporis parte purum esse,
verum plerosque dissimulare vitium et callide optegere. Nero bekräftigt

durch seine eigenen Worte, was Sueton zu Beginn des Kapitels (29) von ihm gesagt hatte: contaminatis paene omnibus membris.

Die im Augustus und Tiberius beobachtete Reihenfolge der Vorwürfe hat Sueton im Nero aufgegeben. Die beiden Bereiche der Homosexualität und Frauenliebe werden miteinander verbunden, um eine konsequente Steigerung bis hin zum Höhepunkt des Abdominalen, das sich bei keinem anderen Kaiser findet, seinem Verhalten als männliche Hure. Wie im Augustus geht Sueton dann assoziativ auf den verwandten Bereich der luxuria über. Anders als bei Tiberius folgt hier die Rubrik über die Ehefrauen (abgesehen von der kurzen Heiratsnotiz 7,2) nach den erotica (35,1—3) und hat den Zweck, Nero auch in diesem Bereich als Scheusal zu zeichnen[33]): rücksichtslos in der „Erwerbung" wie in der Beseitigung. Die Ungeheuerlichkeit der Tat spricht wortgerecht aus dem knappen Stil Suetons: Poppaeam duodecimo die post divortium Octaviae in matrimonium acceptam dilexit unice; et tamen ipsam quoque ictu calcis occidit, quod se ex aurigatione sero reversum gravida et aegra conviciis incesserat.

G a l b a. Nur kurz, aber deutlich abgehoben ist die Rubrik über die erotica in der Galbavita. Sie steht hier am Ende der Vita unter den Ausführungen über die Person des Kaisers, wo sie auf die Bemerkungen über die Schwelgerei des Kaisers folgt (c. 22). Nach einem allgemeinen Einleitungssatz (libidinis in mares pronior et eos non nisi praeduros exoletosque) führt Sueton nur eine Affäre an, um diese Sphäre zu charakterisieren: Icelus habe zu seinen concubini gehört, den er, als er ihm die Nachricht vom Tode Neros überbrachte, öffentlich küßte und beiseiteführte. Diese eindeutige Veranlagung wird durch sein Verhalten nach der Ehe bestätigt (5,1): Nach dem Tod seiner Gattin Lepida ging er nämlich trotz aller Anträge keine Verbindung mehr ein[34]).

In den behandelten Viten des Augustus, Tiberius, Nero und Galba erhalten die Nachrichten über die erotica durch ihre Zusammenstellung in einer Sammelrubrik einen Eigenwert, der sie für das Charakterbild dieser Kaiser bedeutsam erscheinen läßt. Sie werden nicht anderen Charakterisierungslinien untergeordnet und in anderen Rubriken am Rande erwähnt, sondern als Komponente des kaiserlichen Charakters herausgehoben. Der Vergleich dieser Technik mit der zuerst beobachteten

---

[33]) Vgl. Mouchová 28.

[34]) Mouchová 62, Anm. 45 faßt das wohl zu Unrecht nicht als eigene Rubrik auf. Man wird die eine und nur kurze Erwähnung kaum anders auffassen können denn als Einzelerwähnung wie unter Punkt 1: Claudius, Otho . . .

einer bloßen Anführung mehrerer über die Biographie verstreuter Bemerkungen zeigt die Bedeutung dieser Rubrizierung für die Darstellung des ganzen Wesens.

3. In den Viten Domitians, Caesars und Caligulas verbindet Sueton die in den beiden obigen Abschnitten festgestellten Verfahrensweisen in der Behandlung der erotica. Die Rubrik, in der das Liebesleben gesammelt behandelt wird, ist schon durch einige einstimmende Erwähnungen im Zusammenhang vorbereitet bzw. klingt später noch nach.

D o m i t i a n. Schon ganz zu Beginn der Vita (1,1) finden sich die ersten Hinweise auf Domitians wenig sittliche Haltung in frühester Jugend: Clodius Pollio habe einen eigenhändig geschriebenen Brief Domitians aufbewahrt, in dem ihm dieser eine Nacht versprochen hatte. Ja, man behauptete sogar, er sei vom späteren Kaiser Nero mißbraucht worden. Bereits c. 1,3 wird das in der Schilderung seiner schrankenlosen Willkür als Sohn des Kaisers aufgenommen: viele Ehefrauen habe er unzüchtig betastet; Domitia Longina entführte er sogar ihrem Ehemann und nahm sie selbst zur Frau. Ein weiteres Zeugnis dieser tyrannischen Willkür ist die Scheidung von seiner Frau und ihre anschließende Wiederaufnahme. Eine gewisse Neigung zur Laszivität verrät es auch, daß er Frauen in Gladiatorenkämpfen auftreten (4,1) und junge Mädchen in der Rennbahn um die Wette laufen ließ (4,4). In seiner Zensur zeigte er sich im Gegensatz zu seinem persönlichen Verhalten äußerst sittenstreng (8,3—4). Auch eine neue, seiner Veranlagung entsprechende Folterart erfand er, als er aus Senatoren die Namen von Beteiligten an einer Verschwörung herauspressen wollte: novo quaestionis genere distorsit immisso per obscaena igne (10,5).

Den Abschluß der Vita bilden die Ausführungen über die Person des Kaisers. Über das Aussehen, seine Interessen und Eßgewohnheiten kommt Sueton auch zu seiner nimia libido (c. 22), die das Motiv der erotica abrundet. Schon der Einleitungssatz gibt eine eindeutige Charakterisierung: libidinis nimiae, assiduitatem concubitus velut exercitationis genus clinopalen vocabat. Dies steigert Sueton durch die Bemerkung, daß Domitian seine Mätressen selbst zu rasieren und „inter vulgatissimas meretrices" zu schwimmen pflegte. Den Höhepunkt der Reihe bildet die Affäre mit Julia, der Tochter seines Bruders. Zuerst weigert er sich, sie zu heiraten, nach ihrer Verheiratung mit einem anderen Mann ließ er sie entführen; schließlich verschuldet er durch eine Abtreibung sogar ihren Tod. So bilden die Beispiele eine Klimax steigernder Leidenschaftsentfesselung, deren Wirkung auf den Leser durch die

Stellung an den Schluß der Persönlichkeitscharakteristik erhöht wird. Die vorangegangenen Einzeldaten galten mehr dem Lebenslauf als solchem, als der Wesenserfassung.

D i v u s   I u l i u s. Das Motiv der infamia Caesaris wird im Ablauf der Erzählung schon erwähnt[35]), ehe es Sueton in einer geschlossenen Rubrik behandelt (c. 49—52), die er mit dem Schlagwort „Pudicitiae eius famam", das schon den Inhalt des Folgenden angibt, einleitet, wobei die Vorwürfe der Homosexualität wie im Augustus und Tiberius an der Spitze stehen. Zuerst geht Sueton ausführlich auf die Nikomedes-Affäre und die daraus resultierenden Vorwürfe ein (c. 49; sie war schon c. 2 erzählt worden, c. 22,2 wird darauf angespielt). Schon der erste Satz hebt die Bedeutung für Caesars Leben hervor: Pudicitiae eius famam nihil quidem praeter Nicomedis contubernium laesit. In der Form der Praeteritio werden die ersten Anwürfe gegeben. Mit „omitto . . . praetereo . . . missa etiam facio . . ." (49,1—2) werden in steigernder Anordnung zuerst ein die Affäre allgemein umreißender Vers des Calvus (Bithynica quicquid et pedicator Caesaris umquam habuit), dann die schon heftigeren Beschimpfungen Dolabellas (paelicem reginae, spondam interiorem regiae lecticae) und des älteren Curio (stabulum Nicomedis, Bithynicum fornicem) und zuletzt die entwürdigenden Edikte des Bibulus (collegam suum Bithynicam reginam, eique antea regem fuisse cordi, nunc esse regnum)[36]) angeführt. Dann folgt (49,2), nun nicht mehr in Form der Praeteritio, ein Bericht des M. Brutus, der durch seine drastische Komik alle bisherigen Vorwürfe in den Schatten stellt: Ein nicht ganz seiner Sinne mächtiger Mann begrüßt Pompeius als König, Caesar als Königin. Neuerlich gesteigert durch größere Detaillierung und eingehendere Schilderung, von Sueton durch „sed . . . etiam . . ." hervorgehoben, folgt eine Beschuldigung durch C. Memmius: Caesar habe sich in Anwesenheit zahlreicher Leute unter anderen Lustknaben zum Mundschenk des Nicomedes hergegeben[37]). Neue, wieder inhaltlich gesteigerte Details fügt Sueton mit „Cicero vero non contentus . . ." (49,3) an: Cicero habe nicht nur in einigen Briefen die Einzelheiten, wie sich der Abkömmling der Venus hingegeben habe, beschrieben, sondern sogar

---

[35]) Vgl. Verf. 19 f., wo auch der Aufbau der Rubrik angedeutet ist. Über die Bedeutung der infamia im damaligen Leben und über Suetons Stellung vgl. Steidle 58 ff.

[36]) Der zweite Teil des Satzes deutet eine andere Charakterisierungslinie an, Caesars Streben nach der Königsherrschaft; dazu Verf. 13.

[37]) Der Text ist nicht gesichert, der Sinn aber eindeutig.

im Senat zu Caesar gesagt: remove, inquit, istaec, oro te, quando notum est, et quid tibi et quid illi tute dederis. Abgerundet und gekrönt werden die Vorwürfe in der schon bekannten Manier durch jene Spottverse, die die Soldaten bei Caesars Triumph über Gallien sangen:

> Gallias Caesar subegit, Nicomedes Caesarem:
> ecce Caesar nunc triumphat qui subegit Gallias,
> Nicomedes non triumphat qui subegit Caesarem.

Anfang und Ende des Abschnittes markieren also Verse, die Intensität der Vorwürfe ist ständig gesteigert.

Mit „pronum et sumptuosum in libidines fuisse constans opinio est" (50,1) geht Sueton auf einen anderen Sachverhalt über, Caesars Leidenschaft für die Frauen und die dabei bewiesene Verschwendungssucht. Postumia, die Frau des Servius Sulpicius, Lollia, die Frau des Aulus Gabinius, und Tertulla, die Frau des Marcus Crassus, werden ohne näheren Kommentar als Beispiele für „plurimasque et illustres feminas corrupisse" angeführt. Mit „etiam" ist von diesen Mucia, die Gattin des Cn. Pompeius, abgehoben, hier werden auch weitere Details angegeben, die Vorwürfe, die sich Pompeius von den beiden Curiones und anderen anhören mußte, weil er Julia, die Tochter des Mannes, geheiratet habe, dessentwegen er seine Frau verstoßen habe. Deutlich abgesetzt von allen aber ist Servilia, die Mutter des M. Brutus (50,2 sed ante alias dilexit Marci Bruti matrem Serviliam): Nur bei ihr geht Sueton auf die im Einleitungssatz erwähnten verschwenderischen Aufwendungen ein, ein Beispiel und sicherlich das deutlichste für alle anderen. Dem wird noch ein abschließender Höhepunkt hinzugefügt durch das Gerücht, Servilia habe sogar ihre Tochter Tertia an Caesar verkuppelt, worüber Cicero seinen bissigen Spott ausgoß.

Mit „ne provincialibus quidem matrimoniis abstinuisse" (c. 51) geht Sueton in neuerlicher Steigerung und einer „Ausweitung des Horizontes" auf Caesars Verhalten in den Provinzen über, das nicht in Einzelheiten ausgeführt, sondern durch drastische Spottverse seiner Soldaten charakterisiert wird, in denen auch das Motiv der Verschwendungssucht Caesars wieder anklingt:

> Urbani, servate uxores: moechum calvom adducimus.
> aurum in Gallia effutuisti, hic sumpsisti mutuum.

Auf die Frauen in Rom und in den Provinzen folgt als letzter Höhepunkt „dilexit et reginas" (52,1). Kurz erwähnt wird das Verhältnis zu Eunoë, so wie der damit verbundene Aufwand, ehe Sueton mit „sed maxime Cleopatram (sc. dilexit)" auf die Affäre mit der ägyptischen

Königin eingeht. Geschickt versteht er es, in seiner knappen Darstellung zu zeigen, wie Caesar sich immer tiefer in dieses Verhältnis verstrickt. Mit Gastmählern bis zum frühen Morgen beginnt es, mit einer Nilfahrt, die ihn fast bis Äthiopien geführt hätte, wenn seine Soldaten nicht die Gefolgschaft verweigert hätten, und der Einladung nach Rom, bei der sie mit allen Ehrungen überschüttet wurde, geht es weiter und endet schließlich mit der Anerkennung seines mutmaßlichen Sohnes Caesarion. Höhepunkt und Abschluß des ganzen Abschnittes aber bildet der Gesetzentwurf, den der Volkstribun Helvius Cinna hätte beantragen sollen, Caesar dürfe Frauen heiraten, welche und wieviele er wolle, und der Ausspruch des älteren Curio, Caesar sei der Mann aller Frauen und die Frau aller Männer, eine in ihrer gekonnten Pointierung unübertreffbare Steigerung und drastische Zusammenfassung all der Vorwürfe gegen Caesars infamia.

Der Aufbau der Rubrik ist im hohen Maße überlegt und von geradezu psychagogischer Wirkung. An den Anfang ist der gewichtigste Makel, der auf Caesars fama ruhte, die Nikomedes-Affäre gestellt, die im übrigen das einzige repräsentative Beispiel aus dem Bereich der Vorwürfe wegen Homosexualität ist. Dann folgen seine Frauenaffären, inhaltlich gesteigert und räumlich ausgeweitet von den Frauen in Rom über die in den Provinzen bis zu den Königinnen. Den Schluß bilden die zwei ungeheuerlichsten Anwürfe, deren Schwere darin liegt, daß privates Verhalten in die öffentlich-rechtliche Sphäre, in „heilige" Gebiete der res publica übergreift. Der Aufbau der Rubrik ruft nun im Leser den Eindruck eines unersättlichen, alle Grenzen sprengenden Menschen auch in diesem persönlichen Bereich seines Wesens hervor. So hat Sueton die Gestaltung dieser Rubrik der Darstellungsabsicht der ganzen Caesarvita untergeordnet.

Die Rubrik ist durch assoziative Gedankenübergänge in den unmittelbaren Zusammenhang eingefügt. Sie folgt auf die Erzählung von der Bestrafung eines Freigelassenen wegen Ehebruchs mit der Gattin eines römischen Ritters; Bemerkungen über Essen und Trinken schließen sich an[38]). Auch darin kommen Caesars Verschwendungssucht und Aufwand[39]) zum Ausdruck, die in der Rubrik über die erotica mehrmals angeklungen waren. Zugleich ist die Rubrik durch die vorangehenden Erwähnungen

---

[38]) Darauf hat STEIDLE 54 verwiesen, auch auf den gleichen assoziativen Übergang in Xen. Mem. 1,3,5 ff.; Plut. Alex. 21 ff. und in der Ethnographie. Über die Antithetik im moralischen Verhalten Caesars vgl. VERF. 20 f.

[39]) Über dieses Motiv VERF. 18. Die Caesarvita hat im übrigen keine eigene Rubrik über die Ehefrauen; diese werden an ihrem chronologisch richtigen Platz erwähnt.

vorbereitet und wird erst in der Todesschilderung abgeschlossen, in der Caesars Ausruf „καὶ σύ, τέκνον" an sein Verhältnis mit Servilia erinnert[40]).

C a l i g u l a. Den reichsten Gebrauch der erotica hat Sueton in der Caligulavita gemacht, in der er den Kaiser als wahres Monstrum auch in diesem Betrachte erweist. Die erste Erwähnung des Motivs findet sich c. 11: Caligula sucht nachts, mit Perücke und langem Mantel verkleidet, üble Kneipen und Stätten der Unzucht auf. Nach dem Tod seiner Gattin Iunia verführte er Ennia Naevia, die Frau des Präfekten der Prätorianerkohorten, zum Ehebruch (12,2), der er schriftlich und durch Eid die Heirat versprach. Über sie gewann er ihren Gatten Macro und konnte Tiberius Gift geben, wobei Sueton nicht versäumt, kritisch zu betonen, daß es sich um ein Gerücht handelt (ut quidam opinantur), aber Caligula konnte eben so etwas leicht zugetraut werden. Im Gegensatz zu seinen heimlichen Lastern steht seine öffentlich zur Schau getragene Haltung (16,1): Tiberius' „Spintrier" will er im Meer ersäufen lassen, doch schließlich verbannt er sie nur, auf vielfache Bitten hin. Ein erotischer Zug ist auch c. 22,4 angedeutet, wenn im Bericht über Caligulas Verhalten den Göttern gegenüber erwähnt wird, daß er den Mond „assidue in amplexus atque concubitum" einlud.

Offenbar nur der stärkeren Wirkung halber verteilt Sueton die erotica auf zwei Sammelrubriken: c. 24/25 und 36. Die erste schließt an den Bericht über sein Verhalten gegenüber den Verwandten, das Verhältnis zu seinen Schwestern und dann seine Ehen an. Die zweite behandelt im Rahmen der Charakterschilderung seine sonstigen sexuellen Ausschweifungen. Zunächst zur ersten Rubrik. Cum omnibus sororibus suis consuetudinem stupri fecit (24,1) leitet die Rubrik ein. Bei Gastmählern ließ er seine Schwestern neben sich liegen, Drusilla soll er sogar noch als praetextatus geschändet haben. Später verheiratete er sie mit einem Konsular, entführte sie aber wieder und „in modum iustae uxoris propalam habuit". Nach ihrem Tod gab es alle Zeichen der Landestrauer (24,2). Abgerundet wird das Bild durch das Verhältnis zu den anderen Schwestern (24,3), die er allerdings weniger liebte, ja sogar wegen Ehebruchs und Mitwisserschaft um eine Verschwörung gegen ihn verurteilen ließ, worin wieder das Motiv seiner grenzenlosen Grausamkeit durchklingt[41]). Daran schließt sich nahtlos die Rubrik über die Ehe-

---

[40]) Vgl. VERF. 19 und unten den Abschnitt über die ultima verba S. 95 ff.
[41]) Der Komplex der saevitia und crudelitas in den Viten ist behandelt bei MOUCHOVÁ 43 ff.

frauen, die mit dem charakteristischen Einleitungssatz beginnt (25,1):
Matrimonia contraxerit turpius an dimiserit an tenuerit, non est facile
discernere. Seine Ehen mit Livia Crestilla und Lollia Paulina können
diesen Satz schon eindringlich veranschaulichen. Dann folgt die Ehe mit
Caesonia: Caesoniam neque facie insigni neque aetate integra matremque
iam ex alio viro trium filiarum, sed luxuriae ac lasciviae perditae, et
ardentius et constantius amavit. Nichts kann den Charakter Caligulas
besser veranschaulichen als die Tatsache, daß er eine solche Frau lieb-
gewinnen konnte[42]). Auch hier klingt am Schluß das Motiv seiner
Grausamkeit durch. Daß die aus dieser Verbindung entsprossene Julia
Drusilla sein Fleisch und Blut war, dafür gaben ihm deren Ungezogen-
heit und Grausamkeit den besten Beweis.

Die zweite Rubrik — in c. 33 war als Verbindungsstück sein Ausspruch gestanden (tam bona cervix simul ac iussero demetur), den er
tat, wenn er seiner Frau oder einer Geliebten den Hals küßte — beginnt
Sueton unter dem Stichwort „Pudicitiae neque suae neque alienae
pepercit".[43]) Den Anfang bilden wieder Vorwürfe aus dem Bereich der
Homosexualität (36,1): Mit mehreren Männern trieb er ein commercium
mutui stupri; Valerius Catullus, ein junger Mann aus konsularischer
Familie, hatte sogar seine Schändung durch Caligula und daß „latera sibi
contubernio eius defessa" seien, laut hinausgeschrien. Die Erinnerung
an die schon erwähnten Inzeste mit seinen Schwestern und an sein Verhältnis zur Prostituierten Pyrallis leitet Sueton in letzter Steigerung
über zu „non temere ulla inlustriore femina abstinuit" (36,1; das Folgende 36,2). Diese lud er mit ihren Männern zum Essen; die ihm gefielen,
führte er weg und lobte danach öffentlich ihre Vorzüge bzw. tadelte ihre
Mängel. Danach geht Sueton auf Caligulas üppigen Aufwand über.

Damit hat Sueton die erotica in der Caligulavita noch nicht zum Abschluß gebracht, vielmehr erwähnt er sie noch mehrmals, häufiger als in
jeder anderen Vita. Denn auf derselben Linie liegt es, wenn in dem Abschnitt über die Geldbeschaffung (41,1) erwähnt wird, Caligula habe in
seinem eigenen Palast ein Bordell eingerichtet, in dem er verheiratete
Frauen und freigeborene Knaben zur Unzucht zwang. Sogar als Venus
kostümierte er sich (c. 52), den Pantomimen Mnester pflegte er sogar
öffentlich im Theater zu küssen (55,1). Groben sexuellen Spott treibt
er schließlich unmittelbar vor seinem Tod mit dem schon betagten

---

[42]) Darauf hat MOUCHOVÁ 29 hingewiesen.
[43]) Vgl. STEIDLE 81, der feststellt, daß in der Zusammenstellung von c. 35 mit dem
Beginn von c. 36 eine geschickte Charakteristik durch den Kontrast erzielt wird.

Cassius Chaerea (56,2). So wird diese bedeutende Charakterisierungslinie wie im Divus Iulius erst in der Darstellung seines Todes abgeschlossen.

3. Die Funktion der Ultima Verba

Wie überhaupt direkte Aussprüche einzelne Personen charakterisieren und sie vor dem Leser lebendig werden lassen[1]), so nehmen unter ihnen die ultima verba einen besonders wichtigen Platz ein[2]). Dies hat seinen Grund darin, daß die Mit- und Nachwelt einen Menschen nach seinen letzten Worten und der darin bewiesenen Haltung[3]) beurteilt[4]), da der Sterbende, wollte er positiv bewertet werden, sich bemühen mußte, seiner constantia im Augenblick des Todes einen hörbaren Ausdruck zu verleihen. Kein Wunder also, daß Sueton die ultima verba mit besonderer Sorgfalt berichtet und sie in die Todesdarstellung einfügt, da sich mit ihnen die Einheit eines Lebensbildes eindrucksvoll abschließen läßt. Gewiß waren diese ultima verba durch die Überlieferung vorgegeben, doch inwieweit sie im Ablauf der Vita vorbereitet und wie sie in die Gesamtheit des jeweiligen Charakterbildes eingefügt sind, oblag allein der Darstellungskunst der Biographen.

Im D i v u s   I u l i u s berichtet Sueton zwei Ausrufe, die Caesar während seiner Ermordung von sich gegeben haben soll[5]). Der erste (82,1 ista quidem vis est) bildet den dramatischen, ungefähr in der Mitte der Todesszene stehenden Höhepunkt der Darstellung. Bis zu diesem Ausruf ist Caesar trotz dreimaliger Warnung selbstsicher und

---

[1]) Über Apophthegmen als Höhepunkt und als Abrundung eines Abschnittes vgl. STEIDLE 16, 27, 80, 92; über ihre charakterisierende Funktion v. a. 97 f. Zur Caesarvita vgl. auch W. MÜLLER, Die Zitierweise Suetons anhand des Divus Iulius, SO 47, 1972, 95 ff.

[2]) Dies betont mit Recht MOUCHOVÁ 52, die eine Übereinstimmung mit dem Grundton jeder Charakteristik eines Kaisers zwar feststellt, das Wie dieser Übereinstimmung aber nicht aufzeigt. Für die Caesarvita vgl. VERF. 19, Anm. 44 und 20, Anm. 45.

[3]) Hier hat das Ideal eines stoischen Heldentodes beispielhaft gewirkt, wie ihn Cato Uticensis vollzogen hatte. Vgl. dazu den Abschnitt über Otho S. 151 ff.

[4]) Vgl. dazu W. SCHMIDT, De ultimis morientium verbis, Diss. Marburg 1914; O. WEINREICH, Senecas Apocolocynthosis. Die Satire auf Tod, Himmel- und Höllenfahrt des Kaisers Claudius. Einführung, Analyse und Untersuchungen, Übersetzung, 1923, 55 f.; K. SAUER, Untersuchungen zur Darstellung des Todes in der griechisch-römischen Geschichtsschreibung, Diss. Frankfurt 1930, 14 und Anm. 4; P. SCHUNCK, Studien zur Darstellung des Endes von Galba, Otho und Vitellius in den Historien des Tacitus, SO 39, 1964, 53 f., besonders 54.

[5]) Vgl. dazu VERF. 15 f.

ahnungslos. Als ihm aber Cimber an den Schultern ergreift, wird ihm plötzlich seine Gefährdung in aller Schärfe bewußt: Mit diesem Ausruf setzt seine verzweifelte Gegenwehr ein, bis er schließlich mit einer tragischen Geste — er zieht sich die Toga über Kopf und Unterleib[6]) — resigniert. Daß dieser Ausruf nur bei Sueton steht, während ihn die Parallelüberlieferung nicht bringt, zeigt die bewußte Gestaltung. Durch seine Wiedergabe verleiht Sueton der Todesdarstellung noch mehr als den dramatischen Höhepunkt. Caesar hatte in seinem Leben immer wieder dazu gegriffen, mit Gewalt seine Vorhaben durchzusetzen. Daher seine Beteiligung an der ersten Catilinarischen Verschwörung, wie auch an der zweiten — Sueton läßt in seiner Darstellung keinen Zweifel darüber aufkommen, daß Caesar beteiligt war —, seine immer wieder zum Ausdruck kommende Vorliebe für Terror[7]) und Gewaltmaßnahmen. Derselben Gewalt, die er einst gesät hatte, fällt er nun selbst zum Opfer.

Wenig später (82,1) folgt der zweite und bekanntere Ausspruch. Caesar wird von 23 Stichen getroffen, ohne außer beim ersten auch nur einen Laut von sich zu geben: etsi tradiderunt quidam Marco Bruto irruenti dixisse: καὶ σύ, τέκνον. Mit diesem Ausruf wird[8]) — durch die Erinnerung an sein Verhältnis zur Mutter des Brutus — das Motiv der infamia Caesaris, einer während der ganzen Vita immer wieder berührten Charakterisierungslinie in der Todesschilderung abgeschlossen. Zugleich drückt sich darin wohl auch eine schmerzliche Resignation aus: sieht doch Caesar sich von dem Menschen verlassen, ja ihn als Feind gegenüberstehen, dem er am ehesten vertrauen zu können glaubte. Daß man diesen Satz immer aufs neue weitergab, mag vielleicht — dies kann freilich nur eine Vermutung bleiben — neben dem Interesse für solche Details seinen Grund darin haben, daß Mit- und Nachwelt in ihm ein Symptom für Caesars Wunsch nach einem leiblichen Sohn sahen, der ihm ja, wenn man von Caesarion absehen will, versagt geblieben war.

Von ganz anderer Art sind die zwei Aussprüche, die Sueton aus den letzten Stunden des A u g u s t u s berichtet (99,1). Augustus stirbt einen sanften Tod, wie er ihn sich immer gewünscht hatte (99,1 sortitus exitum facilem et qualem semper optaverat). Schon in seinen letzten Wochen hatte er die Wesenszüge eines divus gezeigt, wozu seine hilaritas gehört: der sonst so ernste Mann scherzt (98,4 cachinnum sustulit atque in iocos effusus est)[9]). Diese Haltung verläßt ihn auch in seinen letzten Stunden

---

[6]) Vgl. dazu Verf. 17 f.

[7]) C. 10; 20,3 ff. Dazu Steidle 32.

[8]) Verf. 19 f.; vgl. auch den Abschnitt über die erotica S. 73 ff.

[9]) Darauf weist Hanslik 143 hin.

nicht. Zuerst fragt er seine Freunde, ecquid iis videretur mimum vitae commode transegisse; dazu fügt er die Verse:

ἐπεὶ δὲ πάνυ καλῶς πέπαισται, δότε κρότον
καὶ πάντες ἡμᾶς μετὰ χαρᾶς προπέμψατε.

Daraus spricht, wie immer man die Worte deuten mag, des Augustus skeptische Überlegenheit gegenüber menschlichem Tun und Lassen, seine vornehme Distanz und sein bewußtes Spiel mit der Begrenztheit des menschlichen Lebens[10]).

Dann aber schickt Augustus alle fort, küßt seine Gattin ein letztes Mal und stirbt mit den Worten: Livia, nostri coniugii memor vive, ac vale! Diese Ehe hatte, allen merkwürdigen Umständen zum Trotz, unter denen sie geschlossen worden war, über ein halbes Jahrhundert (38 v. Chr. — 14 n. Chr.) in seltener Eintracht (62,2 Liviam Drusillam .. .. dilexitque et probavit unice ac perseveranter) gedauert. Es könnte keine charakteristischeren ultima verba für Augustus geben, der sich so sehr um die Integrität seiner Familie bemüht hatte, um dadurch beispielhaft zu sein für seine Bemühungen um die renovatio moris maiorum, auch vor allem im Bezug auf die Ehe[11]). So erfüllen die ultima verba in der Augustusvita zwei Funktionen. Der erste Ausspruch zeigt innere Ruhe und constantia angesichts des Todes, eine Haltung, die ein seit Actium vorbildlich geführtes Leben[12]) ebenso vorbildlich zu Ende bringt, der letzte Satz schließt einen wesentlichen Bestandteil seiner politischen Konzeption ab; daß Augustus gerade daran rührt, beweist, daß ihm von allen seinen Bemühungen diese am meisten am Herzen gelegen war.

Die Todesdarstellung C a l i g u l a s (c. 56—58) läßt Sueton in einem Ausruf gipfeln, der für den unberechenbaren, diabolischen Charakter dieses Scheusals auf dem Kaiserthron charakteristisch ist, der

---

[10]) Vgl. dazu O. Crusius, Ultima vox Augusti (Suet. II 99), Phil. 73, 1914, 320; Crusius schreibt die Verse einem Mimus zu. Das Wesentliche hat O. Seel, Römertum und Latinität, 1964, 255, gesagt: „Das Gemeinte kann eigentlich wenigstens insoweit nicht zweifelhaft sein, als hier ein Mensch, nichts als ein Mensch, aus dem Nebel und Nimbus seiner weihrauchumwölkten Erlauchtheit im letzten Stadium ausbricht und, ernüchtert und ernüchternd, nichts mehr übrig behält als das, was jedem Menschen am Ende bleibt: das Bewußtsein, daß das Stück aus ist, und daß es nachher nichts mehr zu agieren gibt".
[11]) Zum Augustusbild vgl. Hanslik, bes. 137 f. für das hier Gesagte. Über das Familienleben bzw. die Bemühungen des Augustus berichtet Sueton c. 63 ff., über die Sittengesetzgebung c. 34.
[12]) Diesen Wendepunkt in der Charakterisierung hat Hanslik a. O. herausgearbeitet.

immer anders reagiert, als man es von ihm erwartet[13]). Als die Verschwörer schon auf Caligula eingedrungen sind und ihm einige Hiebe
versetzt haben, schreit er, sich unter Schmerzen am Boden windend:
se vivere (58,3), ehe er durch dreißig Wunden getötet wird. Zum letzten
Mal bäumt sich in diesem höhnischen Ruf das Monstrum Caligula auf
und zeigt seine Unberechenbarkeit, indem er eine standhafte Haltung
vor dem Tod, die man von einem Kaiser hätte erwarten können, in einen
Hohnschrei pervertiert.

Ebenso charakteristisch aber ist es für T i b e r i u s, daß von ihm als
dem Schweigsamen, Zurückgezogenen, sich ständig Verstellenden und Lau-
ernden kein letztes Wort überliefert ist. Sueton läßt aber an die Stelle der
ultima verba eine ebenso kennzeichnende Ersatzhandlung treten, eine
Geste, die jene verschlagene Schweigsamkeit charakterisiert, die Tiberius
auch noch in seiner Todesstunde bewahrt (73,2): Tiberius habe sich
seinen Ring vom Finger gezogen und ihn einige Zeit in der Hand gehalten, als wollte er ihn jemandem geben; doch schließlich habe er ihn
wieder angesteckt und sei mit geballter Hand dagelegen. Auch vor
seinem Tod konnte er sich also nicht zu Offenheit und Klarheit durch-
ringen, es siegt seine Verschlossenheit über den momentanen Gedanken,
jemandem seinen Ring und damit auch zugleich seine Herrschaft zu übergeben[14]).

Daß von C l a u d i u s keine letzten Worte im eigentlichen Sinn
überliefert sind, ist nicht verwunderlich, da er ohne Zeugen durch Gift
starb (c. 44), abgesehen davon, daß er nach der einen Version, die Sueton
von seinem Tod berichtet, gar nicht dazu fähig war, da er durch das Gift
die Sprache verlor und erst gegen Morgen nach einer Nacht voll furcht-
barer Schmerzen starb (44,3). Wohl aber hat er in Vorahnung des Todes
mehrfach nach der letzten Gerichtssitzung geäußert: accessisse ad finem
mortalitatis. Damit schließt die Vita, vielleicht wirkungsvoller als alle
anderen: in der ihm liebsten Umgebung, vor Gericht, bricht plötzlich
aus dem kranken Hirn eine wahre Erkenntnis.

---

[13]) Zur Caligulacharakteristik vgl. STEIDLE 68 ff.; J. LUCAS, Un empereur psychopathe.
Contribution à la psychologie du Caligula de Suétone, L'AntClass 36, 1967, 159 ff.
MOUCHOVÁ 52 hat diesen Ausspruch in ihrer Zusammenstellung übersehen.

[14]) Erst in der Caligulavita folgt die Ergänzung zu dieser Episode (12,2): Caligula
habe dem noch atmenden Tiberius den Ring vom Finger ziehen lassen; quoniam
suspicionem retinentis dabat, pulvinum iussit inici atque etiam fauces manu sua
oppressit. Für die Tiberiusvita ist die atrocitas facinoris unwesentlich, wohl aber
kann sie Caligulas Grausamkeit illustrieren, weshalb Sueton die Episode erst hier
erwähnt.

Bei D o m i t i a n liegen die Verhältnisse ähnlich (c. 16—17): Zunächst gibt es über die Art, wie er ermordet wurde, verschiedene Versionen, außerdem war er mit seinen Mördern allein in einem Zimmer,
der Mord ging also nicht so öffentlich vonstatten wie bei Caesar und
Caligula[15]). Die letzten Worte, die Sueton von Domitian berichtet,
enthalten dagegen eine Vorahnung seines Todes und gehören in einen
anderen Zusammenhang[16]).

Die ganze Todesdarstellung N e r o s ist von seinen verschiedenen
Aussprüchen durchzogen[17]), die teils seine völlige Fehleinschätzung der
Lage und grenzenlose Zuversicht, teils seine dazwischen immer wieder
durchbrechende unwürdige Verzweiflung, die jede Haltung vermissen
läßt, charakterisieren (40,2; 40,3; 41,1; 41,2; 42,1; 42,2; 43,2; 47,2;
47,3; 48,2; 48,3; 49,1; 49,2; 49,3). Am Ende dieser Reihe stehen zwei,
die in ihrer übertriebenen Pathetik nochmals den Schauspieler Nero
und damit das wichtigste Motiv der Vita[18]) in aller Eindringlichkeit dem
Leser vor Augen stellen. Als Nero in seinem Unterschlupf die Reiter
hört, die ausgeschickt waren, um ihn lebend zu fangen, zitiert er in
pathetischer Selbstbemitleidung, die ihn während der gesamten Darstellung seines Todes kennzeichnet, einen Homervers (Il. 10, 535:
ὕπνων μ' ὠκυπόδων ἀμφὶ κτύπος οὔατα βάλλει: 49,3). Nero will gefaßt erscheinen, er bemüht sich, jene constantia zu bewahren, die ein
Merkmal stoischer Haltung ist, doch aus diesem Verszitat spricht nur die
schlotternde Angst, die ihn schon davor hat zurückschrecken lassen, sich
selbst zu töten und sich damit dieser unwürdigen Lage zu entziehen (47,3;
49,2—3).

Dem Centurio, der Hilfe nur vortäuscht, als Nero sich mit Hilfe
des Epaphroditus den Dolch schon in die Brust gestochen hat, ruft er zu:
sero et haec est fides (49,4). Auch in der Todesstunde bricht in Nero das
falsche Pathos des Schauspielers, die brüchige und hohle Geste eines
Menschen durch, der sich und der Welt etwas vorspielen wollte, ohne
dazu fähig zu sein. Der Vergleich mit der überlegenen Urbanität der
ultima verba des Augustus drängt sich hier beim letzten Vertreter des
iulisch-claudischen Kaiserhauses geradezu auf. Was dort vornehm
distanzierte Lebenshaltung und bescheidene Reduzierung auf das dem

---

[15]) Die Todesschilderungen sind analysiert bei MOUCHOVÁ 52 ff.

[16]) Darüber vgl. den Abschnitt über die Vorzeichen S. 24 ff.

[17]) Vgl. S. 134 f. MOUCHOVÁ 55 ff. Zur Nerocharakteristik oben S. 86, Anm. 31;
E. CIZEK, Sur la composition des Vitae Caesarum de Suétone, StudClass 3, 1961,
1 ff., bes. 2 ff.

[18]) Dazu STEIDLE a. O.; R. M. FRAZER, Nero the artist-criminal, CJ 62, 1966, 17 ff.

Menschen gesetzte Maß war, ist hier aufdringliche Schauspielergebärde, die noch dazu auf einem Irrtum beruht.

G a l b a s ultima verba sind in ihrer ganzen Hilflosigkeit ein letzter Ausdruck für seine teils unentschlossene, teils wenig einheitliche und konsequente Haltung (20,1)[19]. Einige berichten, er habe sich — da er wie bei seinem eigenen Putsch die Lage gar nicht überblickte — an die Soldaten mit den Worten gewendet: quid agitis commilitones? ego vester sum et vos mei! Er verspricht sogar ein Donativum, was im Gegensatz zu seiner bisherigen Knausrigkeit steht[20]) und ebenso ein Zeichen seines Bemühens ist, die Soldaten doch noch für sich einzunehmen, obwohl ihn diese nach seiner Machtergreifung nie als einen der ihren angesehen hatten, sondern ihm mit größter Erbitterung gegenübergestanden waren (vgl. c. 16). Ganz anders, aber eher hilflos als herrisch, erscheint sein Versuch eines standhaft ertragenen Todes, den er nach anderen Berichten gemacht haben soll. Er habe den Mördern seinen Hals hingehalten und gerufen, ut hoc agerent ac ferirent, quando ita videretur[21]).

Dagegen zeigen die letzten Sätze O t h o s dessen unerschütterliche Haltung im Angesicht des selbstgewählten Todes, zu dem ihn bei Sueton niemand zwingt[22]. Sie fügen sich wirkungsvoll in die Darstellung dieses einem stoischen Heldentode nachvollzogenen Selbstmordes ein. Zunächst sagt er, der sich im Gegensatz zu Galba immer für die Soldaten eingesetzt hat[23]), zu seiner Umgebung (10,1): non amplius se in periculum

---

[19]) Seine Provinz verwaltete er varie et inaequabiliter (9,1); nach anfänglichen Erfolgen zeigt er sich sofort wieder verzweifelt: accessit ad tanta discrimina mors Vindicis, qua maxime consternatus destitutoque similis non multum afuit quin vitae renuntiaret (11,1). Beim Putsch erweist er sich in seinem Verhalten als völlig unsicher (19). Nicht zustimmen kann ich daher Mouchová 52, die den Inhalt der beiden Aussprüche für Galbas Charakteristik nicht für eindeutig hält. Wenn man sie zusammensieht, sind sie in ihrer Widersprüchlichkeit dem Darstellungszweck durchaus angemessen.

[20]) 6,3 teilt er keine Belohnungen an die Soldaten aus: 12,1 wird der Ruf seiner avaritia näher ausgeführt; 14,2 taucht das Motiv in parcior wieder auf, 15,1 bringt weitere Beispiele; 16,1 zeigt nochmals seine Knausrigkeit gegenüber dem Heer.

[21]) Über Galbas Tod bei Tacitus ausführlich Schunck a. O. 44 ff.; für Sueton vgl. Mouchová 54 f. Tac. hist. 1,41,2 differiert im ersten Ausspruch ganz, im zweiten ist entsprechend der taciteïschen Charakterisierungstendenz der Akzent verlagert: agerent ac ferirent, si ita e re publica videretur (ebenso Plut. Galba 17 ὁρᾶτε εἰ τοῦτο τῷ δήμῳ Ῥωμαίων ἄμεινόν ἐστιν). Bei Tacitus dienen diese Aussprüche viel stärker dazu, die hemmungslose Meute als Galba selbst zu charakterisieren, wie der unmittelbar folgende Satz zeigt: non interfuit occidentium ... quid diceret.

[22]) Vgl. dazu unten S. 129 f.

[23]) Genauer unten S. 125 f.

talis tamque bene meritos coniecturum. Als während seiner Vorbereitungen zum Tode ein Tumult entsteht, spricht er in äußerster Gefaßtheit (11,1): adiciamus vitae et hanc noctem, um dem Aufruhr Ein-
halt zu gebieten und allen, die es wünschen, Audienz zu geben[24]). So
betonen die ultima verba wirkungsvoll die Ruhe und constantia Othos
angesichts des Freitodes, zugleich aber runden sie auch das Bild dieses
Kaisers ab, der mit und für die Soldaten regiert hat.

Von V i t e l l i u s dagegen berichtet Sueton zwar ausdrücklich
keine ultima verba, aber auch hier tritt wie in der Tiberiusvita eine
charakterisierende Ersatzhandlung ein. Vitellius hatte sich in der Kammer
des Pförtners versteckt, wo ihn aber die feindlichen Soldaten aufstöbern;
zuerst versucht er sich zu verstellen, wird aber erkannt. Da beginnt
Vitellius um sein nacktes Leben zu jammern, auch der Kerker ist ihm
lieber als der Tod. Mit diesem unwürdigen Verhalten, das jede Fassung
vermissen läßt, tritt er in schärfsten Gegensatz zu dem Othos, einen
Gegensatz, den der Leser auch so empfinden soll, wenn er diese Vita
vor dem Hintergrund der vorausgehenden liest.

Zwei Aussprüche unmittelbar vor seinem Tod runden das Charakterbild V e s p a s i a n s ab. Der eine (23,4 vae, puto deus fio) gibt ein
letztes Beispiel für Vespasians Witz und Humor, die ihn auch in der
Todesstunde nicht verlassen[25]). Das Dictum ist ein Ausdruck seiner
bäuerlich-urwüchsigen Art, des acetum Italicum, das sich voll selbst-
ironischer Drastik auch über das Feierlichste hinwegzusetzen vermag,
ohne aber in diesem Lächeln auch den Ernst preiszugeben[26]), es zeigt
nicht so sehr vornehme Distanziertheit und Überlegenheit wie das

---

[24]) Über die Bedeutung der zu einem solchen Tod dazugehörenden ostentatio SCHUNCK
a. O. 67 ff.

[25]) Vgl. dazu D. FISHWICK, Vae puto deus fio, CQ 15, 1965, 155 ff., der im Ausruf
nicht „a boorish jeer at the fatuous ritual of apotheosis" sehen will, sondern
„rather the ironic testament of a bard-hearded administrator who realized that his
eternal reward was to be posthumously 'hoist with his own petard'". Vgl. auch
GRAF a. O. 107: „der berechtigte Stolz des Kaisers, das Vertrauen auf die Anerkennung seiner Werke" mit einer zu wenig starken Betonung der Selbstironie.
Schon allein wegen des sprachlichen Anklangs muß hier das Non-plus-ultra eines
„letzten" Wortes verglichen werden, das Claudius in Senecas Apocolocyntosis von
sich gibt (4,2): vae me, puto, concacavi me, wozu Seneca noch setzt: quod an
fecerit, nescio, omnia certe concacavit. Der übersteigerte Gebrauch in der bisherigen
Satire vermag zu illustrieren, welche charakterisierende Funktion diesen ultima
verba zukam.

[26]) Vgl auch O. SEEL, Römertum und Latinität, 1964, 260, mit der sächsischen Wiedergabe durch A. KLOTZ („Ei verflucht, ich glaub', ich wer' 'n Gott"), in der der Zu-
sammenprall von Pathos und Banalität besonders fühlbar wird.

Dictum des Augustus, sondern packt kräftiger zu. Sueton bringt diesen Ausspruch auch nicht in der Darstellung des Todes, sondern in der Rubrik über die curiositas des Kaisers, leitet aber damit zugleich geschickt auf den Tod über[27]), wo sich der zweite Ausspruch findet, der den Eindruck, den man aus Suetons Vespasianvita gewinnt, nur noch verstärken kann (c. 24). Als Vespasian auf seinem Bett liegend Audienz gibt und sein Zustand sich plötzlich verschlimmert, versucht er sich mit den Worten „imperatorem stantem mori oportere" aufzurichten; gestützt von den Leuten, die ihm aufhelfen wollen, stirbt er. Der Soldat Vespasian, der alle Eigenschaften eines guten Feldherrn in sich vereinigt[28]), will aufrecht sterben, gerade so, wie er sein Leben lang als Soldat und Feldherr gekämpft hat.

Der viel zu früh vom Tod hinweggeraffte T i t u s dagegen kann nur zu einer wehmütigen Klage finden, ohne aber dabei die erforderliche Fassung vermissen zu lassen (10,1): eripi sibi vitam inmerenti, neque enim extare ullum suum factum paenitendum excepto dum taxat uno. Sueton hat sich in seiner Titusvita bemüht, trotz des schlechten Rufes, der auf Titus' Jugend lastete und den er gar nicht zu verschleiern sucht, das Bild eines in seiner Regierungszeit integren Kaisers zu vermitteln[29]). Der letzte Ausspruch bestätigt diesen Eindruck, da er in seiner Ambivalenz auf beide Seiten in Titus' Leben Bezug nimmt und mit dem Zugeständnis einer Tat, die Titus zu bereuen habe, auch auf diesen schlechten Ruf hinweist. Bleibt es auch ganz im Unklaren, was Titus mit dieser Tat konkret gemeint hat, so ist doch der Bezug auf ein Ereignis seiner Jugend wahrscheinlich. Daß der Ausspruch in seiner Bezogenheit so wenig konkretisiert ist, kommt Suetons Darstellungsabsicht nur entgegen.

Alle diese ultima verba, die Sueton berichtet, bringen also Charakterisierungslinien der ganzen Vita zum Abschluß. Gesprochen im Augenblick des Todes, in einem Moment, auf den sich alle Aufmerksamkeit richtet und nach dem man das ganze Leben beurteilte, wirken sie um so nachdrücklicher. Waren keine ultima verba überliefert, so läßt Sueton nach Möglichkeit an ihre Stelle eine Ersatzhandlung (wie im Tiberius und Vitellius), mit derselben charakterisierenden Funktion treten.

---

[27]) Darauf weist schon LEO 8 f. hin.

[28]) Dies hat GRAF in seiner wertvollen Untersuchung herausgearbeitet (s. Einl. Anm. 33), weshalb es nicht wiederholt zu werden braucht.

[29]) Die Widersprüche hat LUCK, Divus Titus aufgezeigt; vgl. auch im Abschnitt über die erotica S. 73 f.

Außerdem verstärken sie die Dramatik der Todesszenen: Der Gegensatz zwischen dem eben noch redenden und darauf zu ewigem Schweigen verurteilten Kaiser wird unmittelbar fühlbar. Zugleich kann der Blick auf Tacitus lehren, daß die Geschichtsschreibung viel weniger Wert auf eine Wiedergabe der ultima verba legt, da es ihr nicht im selben Maß wie der Biographie um ein vollständiges Charakterbild geht[30]). So ist es bezeichnend, daß an die Stelle eines prägnanten Ausspruchs im Otho (10,1) in der rhetorischen Geschichtsschreibung des Tacitus eine ganze Rede tritt (hist. 2,47), die zwar die gleiche, aber eben rhetorisierte Charakterisierungsfunktion hat und eine ganz andere Wirkung erzielt als das ineffabile des knappen Dictums. Beim Tod des Augustus verschweigt Tacitus die ultima verba überhaupt. Jedenfalls verdiente die topische Verwendung der ultima verba in der griechischen und römischen Biographie hinsichtlich ihrer Funktion eine genauere Untersuchung[31]).

---

[30]) Bei Tacitus dringen schon in viel stärkerem Maße biographische Elemente ein (SCHUNCK a. O. 56 f.).

[31]) SAUER a. O. (Anm. 4) hat einen wichtigen Hinweis auf den Unterschied zwischen den Griechen und Römern gegeben: Die Griechen wenden sich in ihren letzten Worten eher dem Allgemeinen zu, während die Römer im Rahmen ihrer persönlichen Individualität bleiben. Dies findet sich in den bei Sueton vorliegenden ultima verba und in ihrer Verwendung durch ihn bestätigt.

III. DER AUFBAU DER OTHOVITA

Neben der Untersuchung einzelner, sachlich zusammengehöriger und stabiler Bestandteile, wird es immer eine wichtige Aufgabe der Suetonforschung bleiben, die einzelnen Kaiserviten für sich allein zu analysieren, um Suetons Art der Charakterisierung und der Vermittlung eines Persönlichkeitsbildes besser würdigen zu können. Für einzelne Viten ist in diesem Belang schon viel geschehen, wenn auch mit teilweise auseinandergehenden Schlußfolgerungen[1]).

Da diese Aufgabe für eine Gesamtbeurteilung der biographischen Technik Suetons bedeutsam ist, sei als Beispiel dafür, wie Sueton das Charakterbild eines Kaisers vermittelt, die Othovita vorgelegt, zumal diese in der Forschung noch keine ausführliche Behandlung gefunden hat und die Frage unbeantwortet ist, inwieweit es Sueton in ihr gelungen ist, ein geschlossenes Persönlichkeitsbild dieses Kaisers entstehen zu lassen[2]). Dabei soll es nicht um Quellenkritik bzw. -rekonstruktion

---

[1]) Steidle 13 ff. hat die Caesarvita genau analysiert, die Viten des Caligula, Claudius, Nero, Galba, Vitellius, Vespasian, Titus und Domitian werden weniger eingehend erörtert. Mouchová 79 ff. behandelt die Tiberius-, Nero- und Domitianvita. Einzelne Viten sind untersucht bei Verf., Caesars Tod (Sueton, Divus Iulius 81,4—82,3). Aspekte zur Darstellungskunst und zum Caesarbild Suetons, Gym. 77, 1970, 5 ff.; R. Hanslik, Die Augustusvita Suetons, WS 67, 1954, 99 ff.; G. Luck, Die Form der suetonischen Biographie und die frühen Kaiserviten, mullus (Fs. Klauser), JbAC Ergbd. 1, 1964, 230 ff. (Augustusvita); E. Cizek, Sur la composition des Vitae Caesarum de Suétone, StudClass 3, 1961, 355 ff. (Caligula- und Nerovita); H. R. Graf, Kaiser Vespasian. Untersuchungen zu Suetons Vita Divi Vespasiani, 1937; G. Luck, Über Suetons Divus Titus, RhM 107, 1964, 64 ff. Zu negativen Ergebnissen kommen bei Einzeluntersuchungen: E. Haenisch, Die Caesar-Biographie Suetons, Diss. Münster 1937; E. Paratore, Claude et Néron chez Suétone, RCCM 1, 1959, 326 ff.

[2]) Eine andere Absicht, die sich aus der Themastellung seines Buches ergibt, verfolgt F. della Corte, Suetonio eques Romanus, 1958 (2. Aufl. 1967), 115 ff., in seiner Analyse einiger Stellen aus der Othovita. Er vergleicht sie mit den Parallelstellen aus den Historien des Tacitus und zeigt daran, daß Otho im ganzen bei Sueton günstiger beurteilt wird als bei Tacitus. Die Gründe liegen nach della Corte in der Zugehörigkeit Suetons zum Ritterstand und in der sich daraus ergebenden per-

gehen, da sich hieraus keine Rückschlüsse auf die Darstellungsart bei Sueton ergeben würden³). Doch kann der Vergleich mit der Parallelüberlieferung, im vorliegenden Fall vor allem mit Tacitus, daneben aber auch mit Plutarch und Cassius Dio ein klares Bild von den Absichten Suetons und seiner Eigenart geben⁴). Welches Charakterbild Tacitus und Plutarch von Otho entworfen und wie sie es vermittelt haben, ist in den für die Darstellungskunst des Tacitus grundlegend

sönlichen Einstellung, die durch die Beziehungen von Suetons Vater als Offizier des othonischen Heeres zu den Soldaten, die Otho zur Macht verholfen und ihn als ihren Kaiser betrachtet hatten, unterstützt wurden. Doch behandelt DELLA CORTE nicht die Darstellungsart der ganzen Vita. B. MOUCHOVÁ, Ausgewählte Parallelen aus der Lebensbeschreibung Kaiser Othos bei Sueton und den Historien des Tacitus, Listy Filologické 89, 1966, 257 ff., behandelt einige Stellen, die DELLA CORTE unberücksichtigt ließ.

³) Mit berechtigter Skepsis äußert sich FUNAIOLI RE 617, der die Unmöglichkeit betont, die Verwicklung der Quellen und die Wichtigkeit einzelner Haupt- und Nebenquellen festzustellen. Einiges aus der umfangreichen Literatur zur Quellenfrage sei hier zusammengestellt. Die Quellenlage hat schon MOMMSEN, Cornelius Tacitus und Cluvius Rufus, Hermes 4, 1870, 295 ff. (= Gesammelte Schriften VII, 1909, 224 ff.) erhellt, allerdings kommt Cluvius Rufus als gemeinsame Quelle nicht in Frage, da seine Historien doch wohl mit Nero endeten (vgl. PH. FABIA, Les sources de Tacite dans les Histoires et les Annales, 1893; SCHANZ-HOSIUS II, 647 f.; C. QUESTA, Studi sulla fonti degli Annales di Tacito, 1964, 95 ff. und 146 ff.); weiters F. R. B. GODOLPHIN, The source of Plutarch's thesis in the lives of Galba and Otho, AJPh 56, 1935, 324 ff. Aus all dem, vor allem aber aus den jüngsten Untersuchungen von S. B. TOWNEND (The Sources of the Greek in Suetonius, Hermes 88, 1960, 98 ff.; Traces in Dio Cassius of Cluvius, Aufidius and Pliny, Hermes 89, 1961, 227 ff.; Some Rhetorical Battle-Pictures, in Dio, Hermes 92, 1964, 467 ff.; Verginius and Vindex, AJPh 85, 1964, 337 ff.) ergibt sich gegen E. GROAG (Fleckeisens Jb., Suppl. 23, 1897, 711 ff.) und R. SYME (Tacitus, 1958), daß Plinius d. Ä. eine Hauptquelle war; wo Exzesse und Klatsch über Hauptpersonen berichtet werden, wurde auch Cluvius Rufus benützt. Vgl. außerdem noch P. AMANN, Der künstlerische Aufbau von Tacitus' Historien 1,12—2,51 (Kaiser Otho), Diss. Bern-Zürich 1931; GRAF a. O. Register s. v. Plinius; H. DREXLER, Zur Geschichte Kaiser Othos bei Tacitus und Plutarch, Klio 37, 1959, 153 ff. (zitiert Drexler, Otho); R. SYME, a. O. I, 271 ff. und 297 ff. Aus der historischen Literatur zu Otho sei angeführt: NAGL RE s. v. 2035 ff.; P. ZANCAN, La crisi del principato nell' anno 69, 1939; G. CORRADI, Othone, Vitellio, 1941.

⁴) Von grundsätzlicher Wichtigkeit ist die Feststellung E. KOESTERMANNS, Das Charakterbild Galbas bei Tacitus, Navicula Chilonensis, Fs. Jacoby, 1956, 191 ff. (= Tacitus. Wege der Forschung 97, hrsg. v. V. Pöschl, 1969, 413 ff., danach zitiert), 429: „Plutarch, Sueton und Tacitus haben also wie das übrige historiographische Material auch die Bausteine der Personendarstellung gemeinsam, die historischen Tatsachen haben hier ihren ‚unmittelbaren Niederschlag' gefunden", was sie aber daraus machen, bleibt ihrer Darstellungskunst überlassen und ergibt ihre persönliche Eigenart.

wichtigen Arbeiten von Heubner und Klingner hinlänglich erörtert worden[5]). Sueton wurde dabei aber immer nur am Rande oder überhaupt nicht gestreift. Diese Blickrichtung dürfte nicht wenig dazu beigetragen haben, daß man Suetons Eigenart so sehr ungünstig oder geradezu falsch beurteilte, weil man dabei dem einen das Maß des anderen anlegte, ohne zu berücksichtigen, daß es ihm gar nicht adäquat war. Daher soll hier der umgekehrte Weg gegangen werden: Von Sueton ausgehend ist der Blick auf die Parallelüberlieferung nur insoferne von Belang, als er Suetons Eigenart in der Charakterisierung Othos verdeutlichen kann. Denn das Vorhandensein oder Fehlen eines Faktums, das Mehr oder Weniger der Betonung, oder schließlich sogar eine völlige Umgewichtung bzw. Veränderung einer Nachricht, können die eigenen Intentionen erst klarstellen.

Die Viten der Kaiser des Dreikaiserjahres sind naturgemäß sehr kurz, da infolge der kurzen Regierungszeit nur wenig zu berichten war. Um so leichter aber konnte ein sich über die ganze Vita spannender gedanklicher Bogen im Leser bewußt gehalten werden, wie ihn selbst die lange Augustusvita zeigt[6]). Zudem haben diese Viten trotz einer noch immer vorhandenen Rubrizierung eine freiere Form, weil das Leben dieser Kaiser vom Augenblick ihres Regierungsantrittes eine Richtung auf den Tod hatte, von der nicht abzulenken war[7]).

---

[5]) H. Heubner, Studien zur Darstellungskunst des Tacitus (Hist. I,12—II,51), 1935; F. Klingner, Die Geschichte Kaiser Othos bei Tacitus, Ber. Sächs. Ak. Leipzig, Phil.-hist. Kl. 92/1, 1940 (= Studien zur griechischen und römischen Literatur, 1964, 605 ff., danach zitiert). H. Drexler a. O. (s. Anm. 2) reduziert in seiner Kritik an Klingner alles auf die Ebene der faktischen Wahrheit und kommt dadurch zum Schluß, daß Tacitus' Geschichtsauffassung der Geschichtsschreibung nicht angemessen sei. Für weitere Literatur zur Darstellungskunst des Tacitus sei auf die Literaturberichte von R. Hanslik verwiesen (Anzeiger f. d. Alt. wiss. 13, 1960, 65 ff. und 20, 1967, 1 ff.).

[6]) Dies hat R. Hanslik a. O. erwiesen. Von einer Ausarbeitung mit weniger Sorgfalt, wie Clason a. O. 104 über die Viten des Dreikaiserjahres urteilt, kann keine Rede sein.

[7]) Nach Leo 7; über die Nachwirkung diese Form in der Historia Augustua a. O. 293 ff. Gegen Haenisch 72, der meint, an die Stelle einer schematischen Einteilung in feste species trete hier eine durchlaufend chronologische Erzählung, Steidle 105 f. über Galba und Vitellius. Doch auch in der Othovita finden sich klar abgegrenzte Rubriken, die von der chronologischen Erzählung getrennt sind, wenn sie auch naturgemäß sehr kurz gehalten sind: c. 1 Vorfahren, c. 7,1 Regierungstätigkeit (7,2 greift zeitlich wieder auf den Anfang zurück), c. 12,1 corpus aut habitus. Freilich, von einer schematischen Einteilung ist hier nichts zu spüren, alles ist einer Absicht untergeordnet, wie bei der letzten Rubrik über corpus aut habitus be-

Das erste Wort der Othovita gibt in der für Sueton charakteristischen Weise den Inhalt des Abschnittes an: Maiores Othonis ... (1,1). Diese Rubrik über die Ahnen des Kaisers, die sich in jeder Vita am Beginn findet[8]), läßt alles Kommende vor dem Hintergrund der Ahnen sehen, zumal der exemplarische, verpflichtende Charakter der römischen Familientradition wohl zu beachten ist. Wenn sich also in allen Viten Suetons Rubriken über die Vorfahren finden, so ist das nicht einer wahllosen Sammelwut zuzuschreiben, sondern entspricht römischer Art, nach der die Persönlichkeit jeweils als letztes Glied einer Kette von Ahnen gesehen wurde[9]): Ein Anspruch, dem Sueton gerecht werden mußte und mit dem der Biograph durch seine Ausführlichkeit im Gegensatz zum Historiographen steht[10]). Außerdem läßt sich in den einzelnen Viten eine Übereinstimmung oder ein Unterschied zwischen den einzelnen Kaisern und ihren Vorfahren herstellen, was nicht ohne Belang für das jeweilige Charakterbild ist. Das will auch in der Othovita beachtet werden[11]).

Sueton berichtet, daß die Vorfahren Othos aus einer alten und geehrten Familie aus Ferentium stammen, die sich von etrurischem Adel herleite. Erst auf den Großvater geht er näher ein, der von einem römischen Ritter, aber „matre humili incertum an ingenua" abstammte

---

sonders deutlich zu sehen sein wird (unten S. 141). Eine Entwicklung von geringerer zu größerer Freiheit in der Handhabung des Schemas nimmt LEO 7 an, doch haben gerade in den Viten des Dreikaiserjahres sicherlich die Erfordernisse des Stoffes die entscheidende Rolle gespielt.

[8]) Die Rubrik über die Abstammung des Kaisers behandelt ausführlich MOUCHOVÁ 18 ff.

[9]) Vgl. STEIDLE 91, der darauf hinweist, daß sich in der griechischen Biographie diese Bemerkungen nirgends in solcher Ausführlichkeit finden. Diese römische Eigenart findet nicht zuletzt in der Bestattungspraxis mit dem Aufzug der Masken aller Ahnen ihren beredtesten Ausdruck, in der die Ahnen „magische Gegenwart" (SEEL, Römertum, 264) waren.

[10]) Tacitus etwa ist bei Otho denkbar knapp in seinen Angaben (hist. 2,50,1): Origo illi e municipio Ferentio, pater consularis, avus praetorius, danach der Satz über die Abstammung mütterlicherseits, das ist alles. Natürlich heben auch die römischen Historiker trotzdem die Herkunft gerne hervor (STEIDLE 91, Anm. 2); der Unterschied liegt hier eben in der Ausführlichkeit.

[11]) Sueton selbst hat das in der Nerovita (1,2) betont: pluris e familia cognosci referre arbitror, quo facilius appareat ita degenerasse a suorum virtutibus Nero, ut tamen vitia cuiusque quasi tradita et ingenita ret[t]ulerit. Im selben Maß gilt das für alle anderen Viten und wurde auch schon in der Forschung berücksichtigt. STEIDLE 91 und F. DELLA CORTE a. O. 123 haben auf den Zusammenhang des Charakters von Tiberius mit seinen Vorfahren hingewiesen, STEIDLE a. O. auch bei Nero, DELLA CORTE 181 f. bei Galba, MOUCHOVÁ 60, Anm. 11 bei Vitellius, GRAF a. O. 10 bei Vespasian, HANSLIK 102 bei Augustus. Vgl. zum Grundsätzlichen MOUCHOVÁ 19.

und nur bis zur Praetur kam. Eine gewisse Widersprüchlichkeit in
diesen sehr knappen Angaben ist festzuhalten. Fällt doch gleich zu
Beginn auf Otho, durch die etwas abschätzige Bezeichnung seiner Ahnin,
das Dunkel einer nicht ganz vollbürtigen Adelsabstammung. Daß
Sueton diesen Eindruck im Leser hervorrufen will, erweist die Angabe
des Tacitus über Othos Herkunft mütterlicherseits, die viel dezenter und
ohne den Vorwurf der Ingenuität ist: maternum genus impar nec
indecorum[12]). Bei Sueton dagegen bleibt der Makel durch nichts ge-
mildert in seiner ganzen Härte aufrecht, mit all den Konsequenzen, die
sich für den Nachkommen daraus ergeben. Damit mag Sueton schon
leise auf jene Antinomie deuten, die sich im Leben Othos zeigen wird.

Mit großer Ausführlichkeit geht Sueton dann auf den Vater Othos
ein (1,2—3), dessen Mutter von untadeliger Herkunft war: materno
genere praeclaro multarumque et magnarum propinquitatium, was den
auf dem Großvater liegenden Makel zum Teil wieder aufhebt und jene
Haltung begründet, die Othos Vater in seinem Leben zeigte. Bemerkenswert an diesem Abschnitt ist das Bemühen Suetons, die Beziehungen
Othos zu den Kaisern der iulisch-claudischen Dynastie herauszustreichen[13]). Die Kaiser des Dreikaiserjahres waren ja nicht mehr durch ihre
Geburt legitimiert, sie mußten ihre Berufung auf andere Weise begründen. Zugleich aber, und dies wird für die Beurteilung Othos durch Sueton
in anderem Betrachte noch bedeutsam werden, wird ein ständiger Vergleich mit diesen Kaisern angeregt: Otho soll nicht für sich allein gesehen
werden, sondern immer in Beziehung auf die Kaiser, die ihm vorangegangen waren. So betont Sueton, daß Othos Vater ein besonderer
Liebling des Tiberius war und ihm so sehr ähnelte, daß man ihn für
seinen Sohn hielt. Durch die Aufdeckung des Anschlags eines römischen
Ritters gegen Claudius wird er vom Senat mit einer sehr seltenen Ehre
bedacht, dem Aufstellen seiner Statue im Palatium. Claudius aber nahm
ihn deshalb unter die Patrizier auf und lobte ihn mit den Worten: vir,
quo meliores liberos habere ne opto quidem. Damit ist gleichsam eine
Identifikation zwischen der Familie Othos und der Kaiserfamilie erreicht, indem Othos Vater über Claudius' eigene Kinder gehoben wird.

---

[12]) Auf die knappe Darstellung der Ahnen in der Othovita weist MOUCHOVÁ 20 hin:
Um so bedeutsamer aber wird das, was Sueton berichtet, da er eben offenbar nur
das für sein Charakterbild Wichtige ausgeschrieben hat.

[13]) GRAF a. O. 4 meint mit Recht, daß Otho (wie Galba) die Tendenz verfolge, sein
Geschlecht mit der progenies Caesarum zu verbinden; sicherlich war dieses Bemühen historisch, trotzdem ist es für die Charakterisierungsabsicht Suetons bezeichnend, wenn er dieses Motiv in solchem Ausmaß herausarbeitet.

Bemerkenswert eingehend behandelt Sueton die Amtsführung des Vaters. Dieser verwaltete seine Ämter in der Stadt, das Prokonsulat in Africa und seine außerordentlichen Militärkommandos severissime; er wagte es sogar, einige Soldaten mit dem Tode zu bestrafen, obwohl Claudius sie vorher belohnt und befördert hatte[14]). Quo facto sicut *gloriam* auxit, ita gratiam minuit; seinen Einfluß aber gewann er rasch durch die erwähnte Aufdeckung des Anschlages gegen Claudius wieder.

In dem Abschnitt über Othos Vater ersteht das Bild eines untadeligen Mannes, der durch sein Verhalten große gloria erreicht hat und alles tut, um in guter und loyaler Beziehung zum Kaiserhaus zu stehen. Seine unbedingte rechtliche Haltung aber zwingt ihn, gegen die Insubordination der Soldaten einzuschreiten, obwohl ihm klar sein muß, daß das gegen den Willen des Kaisers geschehe. Sein Verhältnis zum Kaiserhaus ist damit nicht als das eines Kriechers charakterisiert, sondern es ist die Loyalität eines Mannes, der um der Sache willen dem Kaiser dient. Mit wenigen Strichen ist es Sueton gelungen, allein durch die Fakten ein lebensvolles Charakterbild von Othos Vater zu zeichnen.

Abgeschlossen wird die Rubrik über Othos Vorfahren durch eine Bemerkung über die Mutter und die Geschwister. Daß diese sehr kurz und allgemein gehalten ist, mag seinen Grund im Fehlen einer genaueren Nachricht haben[15]). Trotzdem bietet sich aber Sueton nochmals die Gelegenheit, die Beziehungen zur Kaiserfamilie hervorzuheben. Die Schwester Othos — den Namen kennt Sueton offenbar nicht, sonst hätte er ihn bei seiner sonstigen Genauigkeit in solchen Angaben sicher angeführt — wird in noch nicht heiratsfähigem Alter mit Drusus, dem Sohn des Germanicus, verlobt. Othos Familie ist dadurch als der Kaiserfamilie völlig ebenbürtig erwiesen, und dies ist auch der Gesamteindruck, den wir aus der Einleitungsrubrik gewinnen. Daß ein Mitglied dieser Familie Kaiser wurde, kann danach nicht mehr verwunderlich erscheinen.

Mit „Otho imperator" (2,1) geht Sueton auf den Kaiser selbst über. Doch auf die Angabe von Geburtstag und -jahr folgt sofort der erste Tadel: a prima adulescentia prodigus ac procax, wodurch Otho in Gegensatz zur Verhaltensweise seines Vaters gestellt wird. Diesen durch das Urteil gegebenen Gegensatz verstärkt Sueton auch noch dadurch, daß er die Prügel erwähnt, die Otho von seinem Vater für sein Ver-

---

[14]) Die Soldaten hatten sich von ihren Vorgesetzten zu einer Revolte gegen Claudius verleiten lassen: Nach deren Niederschlagung ermordeten sie — wie aus Reue — ihre Vorgesetzten.

[15]) So MOUCHOVÁ 24.

halten bezog. Zwei Beispiele für Othos ausgelassenes Treiben werden
angeführt: Er pflegte nachts schwächliche und betrunkene Leute auf
seinem ausgebreiteten Mantel in die Höhe zu schleudern (2,1); nach dem
Tod seines Vaters machte er einer alten, schon ziemlich verlebten kaiserlichen Freigelassenen den Hof[16]) und täuschte ihr sogar Liebe vor, quo
efficacius coleret. Durch sie gewann er Zugang zu Nero (2,2)! Die Folge
seiner Verhaltensweise ist nun: facile summum inter amicos locum tenuit
congruentia morum, ut vero quidam tradunt, et *consuetudine stupri*[17]).
Durch diese starke Betonung der congruentia morum ist von vornherein
klar, daß Otho vor dem Hintergrund der Nerocharakteristik zu sehen
ist. In seinen Verhaltensweisen zeigt er sich auch ganz als ein zweiter
Nero.

Auch dieser hatte von allem Anfang an das Stigma getragen, Claudius
und Caligula zugleich zu sein (Nero 6,2 und 7,1: dazu oben S. 56 f.), wie
jetzt Otho als zweiter Nero abgestempelt ist. Auch er hatte in seiner
Jugend Ähnliches wie Otho getan: redeuntis a cena verberare ac re-
pugnantes vulnerare cloacisque demergere assuerat (26,1). Durch die
Wahl gerade dieses Beispieles aus den jugendlichen Schandtaten Othos
läßt Sueton die Übereinstimmung mit Nero besonders augenscheinlich
werden. Schließlich war auch Nero prodigus, was Sueton in steigernder
Aufzählung bis zum Bau des Goldenen Hauses erzählt (30,1—31,2), und
gerade das wird für Otho noch bedeutsam werden (unten S. 123). Über
Neros Liebesleben berichtet Sueton eine Menge Widerwärtiges (28—29;
dazu oben S. 86 ff.). Dies alles, die ganze Abscheulichkeit von Neros
Charakter, muß aber mitgesehen werden, wenn man Suetons Otho be-
urteilen will. Erst im Strahlungsbereich dieser congruentia morum erhält
Othos Bild seine vollen Farben.

Dazu noch dies: Othos Vater hatte durch seine Rechtlichkeit und sein
tadelloses Verhalten die Beziehung zum Kaiser hergestellt. Otho dagegen
ist Neros Intimus durch sein Lotterleben geworden. Auch dieser Kontrast
zwischen Vater und Sohn, handgreiflich in den Prügeln ausgedrückt,
muß bei der Beurteilung von Suetons Othobild mitbeachtet werden.

Nun war die Tatsache einer Beziehung Othos zu Nero in der Tradition vorgegeben, doch der Blick auf die Parallelüberlieferung kann

---

[16]) Es wird wohl Acte gewesen sein (NAGL RE 2038), eine andere hätte ihm keinen
    Zugang zu Nero verschaffen können.
[17]) Tac. Hist. 1,13,3 charakterisiert Otho ähnlich: namque Otho pueritiam incuriose,
    adulescentiam petulanter egerat, gratus Neroni aemulatione luxus, doch liegt hier
    das Hauptgewicht auf der Kriecherei Othos; die konsequente Steigerung auf die
    congruentia morum hin und die Lebendigkeit, die Sueton durch die charakteri-
    sierenden Beispiele erzielt, fehlt.

zeigen, was Sueton daraus gemacht hat. Auch bei Tacitus ist diese Beziehung zu Nero hergestellt[18]). Galbas Ablehnung der Adoption Othos wird damit begründet (1,13,2): Die Anhänger Neros sympathisieren mit ihm (1,13,4), Othos Umgebung stellt ihm Neros Herrschaftsart als Wunschbild dar (1,22,1), auch Otho zeigt einen Hang zur libido und luxuria (1,13,2; 1,30,1). Aber bei Tacitus wird diese Beziehung gleichsam von außen, von den alten Anhängern Neros, von Othos unmittelbarer Umgebung und von den Soldaten an Otho herangetragen, die in ihm die Ähnlichkeit mit Nero sehen (1,13,4 prona in eum aula Neronis ut similem) und ihn auf diese Linie festlegen, während das bei Sueton in das persönliche Verhalten Othos verlegt ist. Von seiner Umgebung und ihrem Urteil ist da keine Rede, so daß wir von allem Anfang an den Eindruck einer tatsächlichen congruentia morum erhalten, die schließlich in der consuetudo mutui stupri ihren konsequenten Ausdruck findet; eine Tatsache, die Tacitus nicht bringt (er nennt ihn nur einmal — 1,13,3 — einen conscius libidinum). Was bei Tacitus zu einer Analyse der Stimmung jener Schichten wird, die die Kaiser machten und in Otho Neros Zeiten wieder heraufkommen sahen, ist bei Sueton auf Nero und Otho persönlich und ihre Verhaltensweisen reduziert, woraus er auf eine völlige Übereinstimmung zwischen beiden schließt (2,2 congruentia morum), während Tacitus nur von einer Ähnlichkeit spricht (1,13,4 ut similem). Entscheidend für die Beurteilung Suetons ist, daß Othos Bild von vornherein auf Grund dieser Übereinstimmung auf das eines zweiten Neros festgelegt ist; alle kommenden Ereignisse sind also mit dieser Hypothek belastet.

Als Beweis für Othos Einfluß, den er bei Nero als bester aller amici hatte, erzählt Sueton (2,2), daß Otho es sich leisten konnte, einen wegen Erpressung verurteilten Konsular, noch ehe er dessen Rehabilitierung erreicht hatte, wieder in den Senat einzuführen, womit er sich ein Recht

---

[18]) Vgl. KOESTERMANN a. O. 428. Auch bei Plutarch findet sich die Beziehung: Galba 19 ist er ein guter Freund und Kamerad und am Ende der Othovita (18,3) sagt er in der Zusammenfassung: βιώσας ... οὐδὲν ἐπιεικέστερον Νέρωνος; keinesfalls aber ist es bei ihm ein tragendes Motiv. Vgl. auch KLINGNER 611 f. über Tacitus: Otho gehört dem Kreis Neros an, „für den die Würde des Senats und der res publica im alten Sinne nichts bedeutet und der einen großen Teil des alten republikanischen Adels ausgemordet hatte", während Galba noch das alte Rom vertritt; daher schauen die ehemaligen Neronianer auf Otho. Oberflächlich ist das Urteil FR. KROHNS, Personendarstellung bei Tacitus, Diss. Leipzig 1934, 30: „Einzelnes stimmt mit Tacitus überein. So wird z. B. die geistige Verwandtschaft mit Nero erwähnt". Daß diese Verwandtschaft aber ein tragendes Motiv der Othovita ist, übersieht KROHN völlig.

herausnahm, das sonst nur dem Kaiser zustand. Omnium autem con-
siliorum secretorumque particeps (3,1) ist das Ergebnis dieses Einflusses
und leitet zum folgenden über, den Beispielen dafür, in welchem Maße
Otho an den Plänen Neros teilhatte. Er war nach Sueton an der Ermordung Agrippinas insofern beteiligt, als er das Gastmahl am Vor-
abend ihrer Ermordung gab. Das ist nun historisch unrichtig, da sich aus
Tacitus (ann. 13,46,3) ergibt, daß Otho schon im Jahre 58 nach Lusitanien entsendet worden war, also an der Ermordung Agrippinas im
Jahre 59 nicht mitgewirkt haben kann[19]). Auf bewußte Tatsachen-
fälschung zu schließen, ist zwar allemal schwer, vielleicht liegt auch nur
eine schlampige Übernahme aus der Quelle vor[20]), beides aber lag für
Sueton dann nahe, wenn es darum ging, die innige Beziehung zwischen
Nero und Otho zu betonen. Womit aber konnte er das besser belegen
als durch eine Teilnahme Othos an Neros gräßlichster Untat? Bei un-
befangener Lektüre der Othovita, ohne Rücksicht auf die historische
Wahrheit, entsteht der Eindruck, die Übereinstimmung zwischen den
beiden sei so weit gegangen, daß Otho auch beim Muttermord Neros
seine Hilfe nicht versagte. So scheint doch die Annahme näherzuliegen,
daß Sueton wider besseres Wissen von seiner Quelle abgewichen ist, weil
er dadurch die Teilnahme am Muttermord als konsequente Folge der
congruentia morum und zugleich als ihren Höhepunkt zeichnen konnte.

Die Absicht Suetons, diese Beziehung immer klarer werden zu lassen,
zeigt sich auch an der Art, wie er das zweite Beispiel erzählt (2,2—3).
Otho schloß mit Poppaea Sabina, der Geliebten Neros, nachdem sie
ihrem Ehemann entführt worden war, eine Scheinehe, um sie in sein
Haus aufzunehmen. Diese Version findet sich auch bei Cassius Dio
61,11,2 und Plutarch Galba 19, wobei sie aber nicht dieselbe Funktion
wie bei Sueton haben kann, da sie nicht in der Otho-, sondern in der
Galbavita steht, also nicht im selben Maße wie bei Sueton in das Gesamtbild des Kaisers eingefügt wird. Bei Tacitus (hist. 1,13,3) steht dagegen
von einer Scheinehe nichts: Dort übergibt Nero seine Geliebte Otho als
seinem conscius libidinum, bis er sich von Octavia getrennt habe[21]). Eine

---

[19]) Vgl. NAGL RE 2039.

[20]) Das vermutet NAUMANN a. O. 19. Andererseits betont HANSLIK 113 f. mit Recht,
daß Sueton bei solchen Verschiebungen der historischen Tatsachen immer wußte,
was er tat (Beispiele aus der Augustusvita 113 ff.).

[21]) R. SYME a. O. I, 290 nimmt Übereinstimmung von Sueton, Plutarch, Cassius Dio
und Tacitus an, bei Tacitus ist jedoch von einer Scheinehe ausdrücklich nichts gesagt, nur von einem Anvertrauen: Poppaeam Sabinam, principale scortum, ut apud
conscium libidinum *deposuerat,* donec Octaviam uxorem amoliretur.

ganz andere Version gibt Tacitus selbst in den Annalen (13,45—46). Nach einer eindrucksvollen Charakteristik Poppaeas, die an Sallusts Sempronia orientiert ist[22]), berichtet er, Poppaea habe sich von ihrem Mann getrennt und Otho geheiratet. Dieser lobte ihre Vorzüge vor Nero, weil er meinte, die gemeinsame Frau würde sie noch stärker aneinanderbinden. Nero versuchte darauf, Poppaea für sich zu gewinnen, und entfernte den unbequemen Nebenbuhler. Hier ist wohl der Schluß vom Einfachen und evident Folgerichtigen auf das historisch Wahrscheinliche angängig. Letzterer Version, mit der Tacitus seine eigene frühere korrigiert, kommt daher die größere Wahrscheinlichkeit zu, während alles andere eine Ausgestaltung der Begebenheit mit skandalösen Details ist, die dem Zeitgeschmack entsprechen[23]). Nun ist es aber für Suetons Intention in der Othovita bezeichnend, daß er gerade die am meisten ausgestaltete und wohl unwahrscheinlichste Version übernommen hat. Die Mitbeteiligung Othos an den Untaten Neros, das enge Verhältnis zu Nero geht so weit, daß dieser ihm sogar in solchem Maße vertraut, daß er ihm seine Geliebte nicht bloß wie bei Tacitus zu treuen Händen übergibt, bis er sie selbst heiraten kann, sondern ihn sogar eine Scheinehe eingehen läßt.

Otho aber verhält sich ganz anders, als Nero es von ihm erwartet. Seine libido bzw. procacitas geht mit ihm durch, er verführt Poppaea

---

[22]) Dazu SYME a. O. I, 316 f. und 353; E. KOESTERMANN, Kommentar zu den Annalen, III (1967), 324 ff. Die bei aller Verschiedenheit gegebene Gemeinsamkeit ist nicht so sehr eine Sache der Nachahmung, vielmehr tritt hier als gemeinsame Basis das Römische zutage. Vgl. zu einem ähnlichen Problem SEEL, Römertum, 252, Anm. 8: „die Art zu sehen ist zugleich die Art des eigenen Seins, und dieses ist nicht abseitig und exzeptionell, sondern durchaus römisch. Individuelles kommt gewiß hinzu, weder die Menschen noch die Künstler sind auswechselbar und oder auch nur verwechselbar, aber die Gemeinsamkeit von Basis und Fundament ist in Rom breiter und fester als man leichthin annimmt". Einerseits hatte Sallust mit seiner Sempronia einen ein für allemal exemplarischen Typus geschaffen, andererseits gab es ihn in der römischen Lebenswirklichkeit sicherlich öfters, so daß ihn Tacitus in Poppaea wiederfand. Zur Sempronia vgl. K. VRETSKA, Bemerkungen zum Bau der Charakteristik bei Sallust, SO 31, 1955, 105 ff.; A. PASTORINO, La Sempronia della Congiura di Catilina, GIF 3, 1950, 358 ff.; W. FAUTH, Ein römisches Frauenporträt bei Sallust (Coniuratio Catilinae 25), AU 5,5 (1962), 34 ff.; O. SEEL a. O. 394.

[23]) So SYME a. O. I, 290; vgl. außerdem I, 181, Anm. 1 („he was later able to correct his error, silently"); KOESTERMANN a. O. 326, der ebenfalls eine stillschweigende Berichtigung auf Grund besserer Kenntnis der Zusammenhänge annimmt. Dagegen bevorzugt O. SCHÖNBERGER, Ein Quellenproblem bei Tacitus und Lucans Deklamationen über Octavius Sagitta, Historia 12, 1963, 500 ff., die Historienversion.

und will sie nicht mehr herausgeben, Neros Leute und diesen selbst läßt er von der Türe zurückweisen. Darauf trennt Nero die Ehe und entfernt Otho per causam legationis nach Lusitanien[24]. Weiter wollte er nicht gehen, ne poena acrior mimum omnem divulgaret, was aber sehr bald durch einen Hohnvers geschah:

> cur Otho mentito sit, quaeritis, exul honore?
> uxoris moechus coeperat esse suae.

Damit ist zugleich die äußere Trennung von Nero vollzogen; bis zum Sturz Neros bleibt Otho als Statthalter in Lusitanien.

Nur mit einem kurzen Satz geht Sueton auf die Provinzverwaltung ein: Provinciam administravit per decem annos, moderatione atque abstinentia singulari; doch verblüfft dieser Satz genug durch den betont ans Ende gesetzten Zusatz — nach allem, was Sueton bisher über Otho berichtet hat[25]. Er verwaltet somit die Provinz so, wie es einst sein Vater getan hatte (1,2). Für Sueton ist dies echte Haltung nach dem exemplum patris; denn es fällt nicht die geringste Andeutung von einer Verstellung — um kein weiteres Aufsehen zu erregen —, wie das bei Plutarch (Galba 20) durchklingt: καὶ παρέσκεν ἑαυτὸν οὐκ ἄχαριν οὐδὲ ἐπαχθῆ τοῖς ὑπηκόοις εἰδὼς φυγῆς ὑποκόρισμα καὶ παρακάλυμμα τὴν ἀρχὴν αὐτῷ δεδομένην. Sueton wußte wohl von der Möglichkeit eines solchen Verhaltens: Hat er es doch bei Galba ausführlich geschildert (9,1) und damit einen Wesenszug Galbas festgehalten[26]. Bei Otho dagegen handelt es sich offenbar um ein ehrliches Verhalten, das immerhin zehn Jahre währte. Den Eindruck verstärkt die Endstellung der Ablative und der Adjektiva. Diese neue positive Seite an Otho kommt allein deshalb nicht ganz unerwartet, weil sich sein Vater in der Ämterführung ebenso verhalten hatte. Sueton stellt die beiden Seiten ohne Ausgleich, ohne er-

---

[24] Von Senecas Verwendung für Otho, der durch die Affäre in Lebensgefahr war, wie Plutarch Galba 19 f. berichtet, weiß Sueton nichts. Otho hatte es im übrigen nur zum Quaestor gebracht, Militärdienst hat er nicht geleistet (vgl. NAGL RE 2038). Seine Mitgliedschaft bei den Arvalen erwähnt Sueton ebenfalls nicht. Diese Selektion der Fakten vermag erneut zu zeigen, wie sehr Sueton bemüht ist, alles auf die Hauptakteure zu reduzieren und trotz aller Tatsachenliebe, nur das Hauptgeschehen herauszuarbeiten.

[25] Tacitus sagt hist. 1,13,4 nur comiter administrata provincia, betonter ann. 13,46,3: integre sancteque egit.

[26] Über diesen Wechsel Galbas vgl. KOESTERMANN a. O. 423. Auch bei Vitellius hebt Sueton eine unterschiedliche Verwaltung seiner Ämter hervor (c. 5): curamque operum publicorum administravit et voluntate dispari et existimatione.

klärende Worte nebeneinander; der Leser soll spüren, daß im Wesen Othos zwei gegensätzliche Möglichkeiten latent angelegt sind, die je und je ans Licht treten können. Nur aus dieser Antithetik kann man die kommenden Ereignisse in Othos Leben, wie Sueton sie berichtet, um den Kaiser zu charakterisieren, richtig bewerten.

Einzelheiten über die Provinzverwaltung werden nicht angeführt, die Erzählung drängt sofort zum entscheidenden Punkt: ut tandem occasio ultionis data est, conatibus Galbae primus accessit (4,1). Nun findet sich derselbe Anschluß bei Plutarch auch (Galba 20): ἀποστάντος δὲ Γάλβα πρῶτος αὐτὸς προςεχώρησε, was auf die gleiche Quelle zurückgehen wird. Bei Sueton tritt hier aber noch occasio ultionis hinzu. Da sich auch bei Tacitus von diesem Rachemotiv nichts findet, liegt der Schluß nahe, daß es sich um eine selbständige Zutat Suetons handelt, die seiner Auffassung von Otho entsprang. Wie sehr diesen die Entfernung aus Rom getroffen hat, deuten dabei tandem und occasio ultionis nur an[27]), Sueton gibt keine Reflexionen, das Anführen der Fakten allein soll auf den Leser wirken. Zugleich hoffte Otho aber auch, selbst Kaiser zu werden, worin ihn der Astrologe Seleukus bestärkte[28]). Eine wirkliche Rache kann für Otho somit nur darin bestehen, selbst Kaiser zu werden, zu beweisen, daß er tatsächlich wie Nero ist; ein Motiv, das Sueton allem Anschein nach selbständig eingefügt hat.

Alle folgenden Handlungen Othos stehen vom Beginn der Erhebung Galbas an (eodemque momento ist betont an die Spitze gestellt) unter dem Zeichen des eigenen Bemühens um die Herrschaft und sind damit motiviert, während in der Parallelüberlieferung diese Motivation erst später gegeben wird. Bei Plutarch entsteht dieser Eindruck nicht; dort werden Othos eigene Hoffnungen erst nach der Adoption Pisos, die Otho jede Aussicht auf rechtmäßige Übernahme der Herrschaft raubt, erwähnt (Galba 23). Auch bei Tacitus (hist. 1,13,4) ist der Zeitpunkt, an dem diese Hoffnung einsetzt, später; Galba ist schon Kaiser. Auch geht es bei diesen Hoffnungen zunächst nur um die Adoption, aber auch da nicht so sehr aus eigener Entscheidung, sondern von außen veranlaßt, da Tacitus sogleich hinzusetzt: faventibus plerisque militum[29]). Die Weissagung, die bei Sueton bereits zur Zeit der Erhebung Galbas Otho unzweideutig die Herrschaft verkündet, folgt bei Tacitus erst nach der

---

[27]) Doch scheint dadurch auch das Motiv der Ehrlichkeit, das oben vertreten wurde, aus dem Blick zurück etwas ins Wanken zu kommen!

[28]) Nach Tac. hist. 1,22,2 und Plutarch Galba 23 hieß er Ptolemaeus. Vgl. zur Stelle den Abschnitt über die Vorzeichen S. 24 f.

[29]) Plut. Galba 23 ist sogar noch deutlicher: πλεῖστοι ... συνηγανάκτουν καὶ παρώξυνον.

Adoption Pisos (hist. 1,22,3—4). Tacitus läßt es im übrigen offen, ob Otho diesen Plan schon länger hatte, oder erst nach der Adoption Pisos faßte (1,23,1 sed sceleris cogitatio incertum an repens), führt aber freilich an, daß er schon längst die Soldaten für sich zu gewinnen suchte. Doch geht es bei Tacitus konkret um ein scelus, also die gewaltsame Usurpation, während bei Sueton Otho zunächst nur allgemein nach der Herrschaft strebt[30]).

Die historischen Ereignisse um Galbas Machtübernahme läßt Sueton unerwähnt, sie sind ja aus der Galbavita bekannt (9,2 ff.)[31]).

Nullo igitur officii aut ambitionis in quemquam genere omisso (4,2) leitet die Bemühungen Othos ein, sich bei jedermann beliebt zu machen, was durch zwei charakteristische Beispiele belegt wird. Er beschenkt die Soldaten; jemandem, der einen Grenzstreit mit seinem Nachbarn hatte, kauft er das ganze Nachbargut und schenkt es ihm[32]). Die Folge dieses Verhaltens ist, ut iam vix ullus esset, qui non et sentiret et praedicaret solum successione imperii dignum. Die Zustimmung, die Otho findet, erscheint umfassend, alle halten ihn für den besten Nachfolger Galbas, während bei Tacitus die Zustimmung auf die Soldaten beschränkt bleibt (hist. 1,24,1 flagrantibus iam militum animis); auch die folgenden Bemühungen um Gunst richten sich nur an diese, während Suetons Formulierung bewußt allgemein gehalten ist. So spricht er nur von einem „quidam", dem Otho das Nachbargut kauft, wogegen es aus Tacitus klar hervorgeht, daß es sich um einen Soldaten handelt (hist. 1,24,2). Bezeichnend ist zudem, daß nicht Otho selbst, sondern Maevius Pudens, einer seiner Leute, die größte Aktivität bei diesen Bestechungen entwickelt, die bei Tacitus eindeutig als solche getadelt werden (1,24,2 adeo animosus corruptor), während Sueton keine derartigen peiorativen Ausdrücke verwendet.

---

[30]) B. MOUCHOVÁ, Ausgewählte Parallelen, 257 f., behandelt diese Parallelstellen und ihre Eingliederung in den Zusammenhang, übersieht aber diesen wesentlichen Unterschied zwischen Tacitus und Sueton, der erst die Absicht des letzteren verdeutlichen kann. HEUBNER a. O. 11 hat die Partie bei Tacitus analysiert und daran gezeigt, daß Tacitus keine geradlinige Entwicklung kennt, sondern von der Erwägung des Zurückgesetzten (1,21) immer weiter in die Vergangenheit zurückführt. Der Aspekt ist daher für den Leser ein ganz anderer als bei Sueton, wo alles unter dem Signum „Bemühen um die Herrschaft" steht.

[31]) Zum Historischen vgl. M. RAOSS, La rivolta di Vindice ed il successo di Galba, Epigrafica 20, 1958, 46 ff.

[32]) Plutarch Galba 20 führt viel mehr an, Sueton wählt nur zwei kennzeichnende Beispiele aus. Parallelen zum Übergang „Nullo igitur ..." verzeichnet MOUCHOVÁ, Ausgewählte Parallelen, 258. Über die ambitio vgl. E. BURCK (unten Anm. 33) 102.

Doch die Hoffnungen auf eine Adoption durch Galba erwiesen sich als trügerisch, Piso wurde ihm vorgezogen, wobei wieder das in der Galbavita (c. 17) Erzählte vorausgesetzt wird[33]). Daher entschloß er sich zur Gewaltanwendung (6,1), wofür Sueton zwei Motive angibt: instigante super animi dolorem etiam magnitudine aeris alieni. Die Motivation ist also aufs knappste reduziert, trotzdem aber gibt sie das Wesentliche an[34]). An erster Stelle steht der Ärger über seine neuerliche Zurücksetzung, der aber im engsten Zusammenhang mit seiner ersten Zurücksetzung durch Nero steht, da die zweite seine Rache dafür verhindert. Als zweiter Grund aber kommen seine großen Schulden dazu. Damit klingt ein Motiv wieder auf, das Sueton schon c. 2,1 durch prodigus angeschlagen und das sich im verschwenderischen Bemühen Othos um Gunst (4,2) gezeigt hatte, ohne dort ausgesprochen zu werden. Erst jetzt, wo es für den Zusammenhang wichtig ist, erfahren wir, daß seine Freigebigkeit ihn also in große Schulden gestürzt hatte, die ihn nun zur Flucht nach vorne veranlassen.

Mit seiner Freigebigkeit gegenüber jedermann hat sich Otho auch in Gegensatz zum Verhalten Galbas gestellt, gegen dessen Knausrigkeit man aufgebracht war[35]), während Sueton hier alles tut, um die verschwenderische Freigebigkeit als wesentliche Charaktereigenschaft Othos zu betonen. Daß sich die Bezogenheit der Charaktere[36]) nicht in direkter

---

[33]) Zur Adoption vgl. M.-H. PREVOST, Les adoptions politiques in Rome sous la république et le principat, 1949, 45 ff.; B. MOUCHOVÁ, Adoption und Testament in Suetons Kaiserbiographien. Ein Beitrag zur Erkenntnis des Wortschatzes bei Sueton, Graeco-Latina Pragensia 3, 1966, 55 ff. Zur Adoption Pisos bei Tacitus vgl. HEUBNER 9 f. Daß Vinius Otho als Nachfolger vorschlug, wie Plutarch Galba 21,1 f. berichtet, erwähnt Sueton nicht, da es für das Ereignis nicht von Belang ist (zum Verhältnis Plutarch-Tacitus vgl. M. FUHRMANN, Das Vierkaiserjahr bei Tacitus. Über den Aufbau der Historien Buch I—III, Phil. 104, 1960, 250 ff.: Die Abweichungen zwischen Tacitus und Plutarch ergeben sich durch die dem Stoff inhärenten Möglichkeiten; analog hat das auch von Sueton zu gelten). E. BURCK, Das Bild der Revolution bei römischen Historikern, Gym. 73, 1966, 86 ff. (die Stelle 101), weist darauf hin, daß die Frage der Adoption gerade damals, als Tacitus die Historien zu schreiben begann, durch die Adoption Trajans durch Nerva aktuell war. BURCK analysiert die Erhebung Othos, wie sie Tacitus schildert (hist. 1,12—50) und vergleicht sie mit Sallusts Catilina und den revolutionären Umtrieben des Manlius Capitolinus (Liv. 6,11—20).

[34]) Zu vergleichen ist die reichhaltige psychologische Studie, die Tac. hist. 1,21 gibt.

[35]) Auch bei Tacitus ist dieser Zug herausgearbeitet: vgl. FR. KROHN, Personendarstellungen bei Tacitus, Diss. Leipzig 1934, 8 ff.; KOESTERMANN a. O. 418 f. und öfters; KLINGNER 612; entschuldigend schreibt dagegen Plutarch (vgl. KOESTERMANN a. O. 412); zur Sparsamkeit Galbas bei Plutarch auch HEUBNER 6.

[36]) Diese vermißt KROHN a. O. 30.

Gegenüberstellung wie in der Historiographie vollzieht, ergibt sich aus dem Genos der Biographie und dem daraus resultierenden Nacheinander[37]). Die einzelnen Viten aber gehören zusammen, und wenn bei Galba die Knausrigkeit, bei Otho die Freigebigkeit herausgearbeitet ist, so muß beides zusammen gesehen werden.

Ähnlich war die Lage Caesars vor seiner Wahl zum pontifex maximus (Div. Iul. 13). Wie jener dort zur Mutter sagt, domum se nisi pontificem non reversurum, bringt Otho hier seine Entschlossenheit, alles aufs Spiel zu setzen, zum Ausdruck: nisi principem se stare non posse, nihilque referre ab hoste in acie an in foro sub creditoribus caderet. Otho erweist sich als entschlossener Mann, der seine Pläne rasch in die Tat umsetzen will. Mit einer erpreßten Million Sesterzen kauft er sich seine Helfershelfer (5,2), wobei Sueton eine detaillierte Schilderung gibt, um Othos Aktivität zu charakterisieren, während bei Tacitus (hist. 1,24—25) Otho eher im Hintergrund bleibt und die Aktivität von anderen ausgeht[38]). Otho wirbt nur wenige Leute an, haud dubia fiducia in ipso negotio pluris adfuturos, er vertraut also darauf, daß die c. 4,2 geschilderte Stimmung dazu führen würde, daß alle sich auf seine Seite schlagen würden, wenn er sich einmal gegen Galba erhoben habe[39]).

Damit strebt Othos Leben unausweichlich seinem verbrecherischen Höhepunkt, dem Mord an Galba und der Usurpation der Herrschaft, zu. Ebenso unvermittelt, wie nach Othos negativer Jugend als Neros Intimus seine positive Seite in der Provinzverwaltung hervorgetreten war, ist diese wieder in ihr Gegenteil umgeschlagen. Als Otho sich um seine Hoffnung betrogen sieht, ist er sofort zu einem Verbrechen bereit, um seinen eigenen Vorteil zu wahren, auch darin ein zweiter Nero, der ja vor keinem noch so abscheulichen Verbrechen zurückgeschreckt war. Im Rückblick erhält nun erst Suetons Eingriff in die Überlieferung, durch den er Otho am Mord an Agrippina teilhaben ließ, die eigentliche Wirkung. Ein Mann, der sich dazu bereitfand, an Neros scheußlichstem Verbrechen mitzuwirken, ist auch fähig, sich durch einen Mord am Kaiser des Thrones zu bemächtigen, wenn ihn das nur zu seinem Ziele führt. Sueton legt also alles daran, diese Ambivalenz in Othos Wesen, dieses Gegenüber von Integrität und Verbrechertum, klar zu zeichnen.

---

[37]) Vgl. auch KOESTERMANN a. O. 430.

[38]) Die Stellen sind hinsichtlich der persönlichen Stellung Suetons ausführlich behandelt bei DELLA CORTE a. O. 136 ff.

[39]) Darauf weist MOUCHOVÁ, Ausgewählte Parallelen, 259, hin, während Tacitus (hist. 1,25,2) auch ein Zögern der Soldaten erwähnt: suspensos ceterorum animos diversis artibus stimulant.

Der Plan zum sofortigen Losschlagen wird von Otho aber wieder aufgegeben, wofür Sueton eine Erklärung gibt, die sehr rationalistisch und
weit hergeholt anmutet (6,1). Otho wollte die Prätorianerkohorte, die
damals Wache hatte, nicht noch mehr in Verruf bringen, als sie es ohnehin schon war, da während ihrer Wache Caligula ermordet und Nero im
Stich gelassen worden waren. Plutarch erwähnt diesen ersten Plan gar
nicht, Tacitus (hist. 1,26,1) gibt eine andere und wohl richtigere Version:
Die Unsicherheit der Nacht und die über die ganze Stadt verstreuten
Lager der Soldaten halten die Verschwörer ab. Bei Sueton wird Otho ab-
gehalten, nicht seine Umgebung; seiner persönlichen Initiative entspringt
die Verzögerung. Das Motiv beleuchtet wieder Othos Bemühen um die
Soldaten, das von allem Anfang an gegeben war. Bei Tacitus wird die
Begründung zu einer psychologischen Zustandschilderung der Umgebung
Othos, bei Sueton dagegen charakterisiert sie Otho selbst.

Über die noch hinzutretenden ungünstigen Vorzeichen wurde oben
(S. 27) geschrieben.

Am neuerlich festgesetzten Tag läßt Otho seine Leute am Goldenen
Meilenstein warten, er selbst macht Galba seine Morgenaufwartung
(6,2). Mit wenigen Strichen, die mehr andeuten als genau ausführen,
gelingt es Sueton, diese Szene der letzten Begegnung zwischen den
beiden, dem Mörder und seinem Opfer, eindrucksvoll und mit einer
gewissen Dramatik zu malen. Otho wird wie gewöhnlich mit einem Kuß
empfangen, ein Detail, das bezeichnenderweise Tacitus nicht hat, er
nimmt am Opfer teil und hört die unheilvolle Prophezeiung des Opfer-
schauers[40]). Knapp und schmucklos, anders als bei Tacitus und Plutarch,
schildert Sueton die Szene: Alles drängt dem Höhepunkt des Geschehens zu.

Auf ein gegebenes Zeichen[41]) eilt Otho zu seinen Leuten — soviel
bringt die Parallelüberlieferung (Plut. Galba 24 und Tac. hist. 1,28,2).
Sueton aber hat das zu einem dramatischen Geschehen ausgestaltet, das
äußerste Eile und energisches Bemühen zeigt; dazu ist alles in eine einzige
Periode gedrängt, und es folgen die Verben Schlag auf Schlag (13 in
sieben Zeilen, neun davon in den ersten drei Zeilen, in denen vor allem

---

[40]) Wieder wird das in der Galbavita Erzählte vorausgesetzt: Der Opferschauer hatte
gewarnt, weil die Mörder nicht mehr weit seien (19,1). Plutarch, Galba 24 führt
die Szene weiter aus: Otho ist tief erschrocken und glaubt sich schon entdeckt.
Anders ist die Akzentsetzung bei Tac. hist. 1,27,1: Otho nimmt das für Galba
schlechte Zeichen als ein für sich gutes.

[41]) Der in solchen Dingen gewiß pedantische Sueton kann es sich nicht versagen, zwei
Versionen für den Grund des raschen Weggehens Othos zu geben, hier zum Nach-
teil der Erzählung, deren rascher Ablauf dadurch gestört wird.

diese Eile geschildert wird, während die anderen vier die Akklamation enthalten; 6,3)[42]). Verborgen in einer Frauensänfte eilt Otho rasch ins Lager, als den Trägern die Kraft ausgeht, steigt er aus und läuft zu Fuß weiter. Dabei geht ihm ein Schuh auf und er muß stehenbleiben, da wird er auf die Schultern gehoben und gleich von seiner Begleitung als Kaiser begrüßt. Unter glückverheißenden Zurufen und gezückten Schwertern gelangt er zum Lager, obvio quoque non aliter ac si conscius et particeps foret adhaerente, womit sich der Eindruck, alle würden sich ihm zuwenden, der oben (4,2 und 5,2) ausgesprochen worden war, bestätigt. Otho ist der Mittelpunkt der Darstellung, aus seiner persönlichen Aktivität heraus entwickelt sich seine Erhebung zum Kaiser, der die Masse zustimmt. Seine Umgebung, die Soldaten bleiben dagegen ganz im Hintergrund, ihnen kommt keine bestimmende Rolle in diesem Geschehen zu[43]). Alles Gewicht der Darstellung ist auf die energievolle Eile gelegt, mit der Otho trotz aller Hindernisse — keines der Details findet sich bei Tacitus — seiner Erhebung zum Kaiser zustrebt[44]).

Ganz anders ist das Bild, das Tacitus davon gibt[45]): Dieser stellt Othos Erhebung zum Kaiser als Empörung der gemeinen Soldaten dar,

---

[42]) Zu dieser stilistischen Eigenart Suetons vgl. VERF. a. O. 14.

[43]) Etwas anders ist der Akzent bei Tac. hist. 1,27,2: ibi tres et viginti speculatores consalutatum imperatorem ... rapiunt; totidem ferme milites in itinere adgregantur. Die Stellen behandelt MOUCHOVÁ, Ausgewählte Parallelen ..., 259 f.: Tacitus betont die geringe Zahl der Begleitung (tres et viginti speculatores) und der Soldaten (paucitate salutantium), während Sueton unbestimmt von „a praesente comitatu" und von einer einmütigen Zustimmung (obvio quoque non aliter ac si conscius ac particeps foret adhaerente) spricht. MOUCHOVÁ schließt aus der Singularität von aliter ac si im Sprachgebrauch Suetons (er hat sonst nur aliter quam si) auf eine größere Nähe zur Quelle; andererseits zeigt die unbestimmte Soldatenzahl statt der genauen Angabe bei Tacitus seinen Eingriff in die Quelle. Ob die eine Singularität allerdings ausreicht, wenn die Tendenz der ganzen Stelle sosehr nach einer Veränderung im Sinne der Absicht Suetons, Othos Erhebung als consensus omnium erscheinen zu lassen, ausgerichtet ist, muß zweifelhaft bleiben (auch MOUCHOVÁ, Ausgewählte Parallelen 260 selbst deutet Bedenken an.).

[44]) Eine Zusammenstellung der Einzelheiten, die bei Tacitus fehlen, gibt CLASON 101, ohne aber Rückschlüsse auf die Darstellungsart zu ziehen. Eine Zusammenstellung der Parallelstellen zwischen Tacitus und Sueton, die aber nur für die Quellenkritik ausgeschöpft werden, findet sich bei NAUMANN a. O. 3 ff.

[45]) Vgl. zum Folgenden KLINGNER 612; ferner HEUBNER 14 f. über den Herrschaftsantritt bei Plutarch und Tacitus; MOUCHOVÁ, Ausgewählte Parallelen ..., 261. E. BURCK a. O. 102 f.: „Im Unterschied zu Catilina und Manlius Capitolinus erscheint Otho also halb als Treibender, halb als Getriebener", ein Eindruck, der durch die Agententätigkeit bestätigt wird, was zum bitteren Urteil des Tacitus führt (1,25,1): suscepere duo manipulares imperium populi Romani transferendum

da herrscht die Masse willkürlich, in deren Beschaffenheit die Voraussetzung für eine derartige Untat gelegen ist (1,6,2 ingens novis rebus materia audenti parata) und der Otho ausgeliefert ist (1,45—46,1: omnia deinde arbitrio militum acta), Otho selbst erniedrigt sich vor den Soldaten (hist. 1,36,3) und hält eine Rede (1,37,1—38,2), in der er an ihre niedrigen Triebe appelliert, während es für Suetons Othobild kennzeichnend ist, daß er vor den Soldaten keine Rede hält[46]). Was bei Sueton auf die Aktivität eines einzelnen Mannes reduziert ist, der sich der Masse für seine Zwecke bedient, wird bei Tacitus zu einer umfassenden Studie der inneren Zustände. Grundsätzlich aber haben beide Sehweisen ihre Berechtigung und dürfen nicht gegeneinander ausgespielt werden, sondern müssen in ihrem Eigenwert gesehen werden. Sueton geht es eben nicht um ein Gesamtbild, sondern er versucht, das Geschehen aus der Persönlichkeit des Kaisers abzuleiten, in der er die Gründe für sein Verhalten sieht, und dies ist ihm bisher mit beachtlicher Konsequenz gelungen.

Die im Positiven wie im Negativen zu allem fähige Ambivalenz Othos läßt sein Verbrechen aus einer nie unterbrochenen Linie herauswachsen, die von dem Otho, der in einer congruentia morum und consuetudo mutui stupri mit Nero seine Jugend verbracht hat, über die untadelige Provinzverwaltung, in der aber immer der Gedanke an Rache für die erlittene Zurücksetzung lebendig war, über das rasch zupackende Ergreifen der Initiative beim Abfall Galbas (c. 4,1 conatibus Galbae *primus* accessit), bestärkt durch die von eindeutigen Vorzeichen genährte Hoffnung, selbst Kaiser werden zu können, trotz Zurücksetzung durch die Adoption Pisos nicht abgerissen, bis zur verbrecherischen Machtergreifung reicht. Sueton läßt hier das Bild einer Persönlichkeit entstehen, die im Positiven wie im Negativen von energischer Aktivität getragen, unbeirrt ihr Ziel verfolgt und es zu erreichen versteht. Über die historische Richtigkeit dieses Bildes erübrigt sich jedes Rechten, wichtig für eine Beurteilung Suetons allein ist es, ob es ihm gelingt, das Wesen einer Persönlichkeit deutlich zu machen.

Sofort nach seiner Erhebung zum Kaiser schickt Otho Leute aus, die Galba und Piso ermorden sollen (6,3); nähere Ausführungen kann er sich

---

et transtulerunt. Nichts davon steht bei Sueton, wo wir einen ganz anderen Eindruck gewinnen. Zum Bild der Soldateska vgl. BURCK a. O. 105.

[46]) BURCK a. O. spricht von einer erniedrigenden Situation. Vgl. auch 105: „Hier ist weder beim Senat noch bei den Magistraten noch bei dem Volk auch nur ein Rest von dem nationalen Stolz oder Instinkt zu spüren oder von dem politischen Verantwortungsgefühl".

sparen, da er dies in der vergangenen Galbavita beschrieben hat (c. 19
bis 20)[47]) und es hier nur auf die Maßnahme ankommt, deren Raschheit
wieder wie auch das Folgende von der energischen Aktivität Othos
zeugt. Die Soldaten macht er sich durch große Versprechungen auch
weiter geneigt, selbst wolle er nur das behalten, was sie ihm übrig
ließen. Während sich Otho also auch beim Regierungsantritt in geradezu
knechtisch-schmeichlerischer Weise als freigebig zeigt, hatte Galba durch
sein gegenteiliges Verhalten die Soldaten gegen sich aufgebracht (vgl.
oben S. 117 f.).

Gegen Ende des Tages betritt Otho den Senat und hält eine kurze
Rede (7,1): Er sei von der Straße weg durch die Soldaten gleichsam gezwungen worden, die Herrschaft zu übernehmen, die er communi
omnium arbitrio zu führen beabsichtige. Was bei Tacitus als die tatsächlichen Verhältnisse erscheinen, wird bei Sueton zum Inhalt einer Rede,
in der Otho versucht, vor dem Senat das Geschehene zu beschönigen, um
auch diesen auf seine Seite zu bringen und seine Gewalttat zu verschleiern. Ganz anders ist wieder der Bericht bei Tacitus (hist. 1,47)[48]):
Otho hält da keine Entschuldigungsrede, sondern der Senat gibt sich
ihm gegenüber entwürdigenden Schmeicheleien hin, Otho werden die
tribunicia postestas, der Name Augustus und alle Ehren eines Princeps
zuerkannt. Otho ist bei Tacitus das willenlose Werkzeug, wie bisher,
der Soldaten und nun des rückgratlosen Senats; nichts entspringt seiner
eigenen Aktivität.

Bemerkenswert für das Othobild, das Sueton vermitteln will, ist, was
er über seine Regierungstätigkeit berichtet (7,1). Gewiß kann von einer
solchen der Sache nach kaum gesprochen werden[49]), um so bedeutsamer
ist das Wenige, das Sueton anführt, zumal es bei weitem nicht alles ist,
was überliefert ist. Eingeleitet wird der Bericht durch die Bemerkung,
daß unter anderen Schmeicheleien der Pöbel ihn *Nero* nannte, wobei er

---

[47]) Von Piso allerdings steht dort nichts, da dessen Tod für Galba selbst unwesentlich
ist. Daß Sueton hier Piso nennt, ist klar, da der Adoptivsohn Galbas für Otho
eine Gefahr ist und daher beseitigt werden muß. Dem knappen Hinweis des
Kaiserbiographen steht der detaillierte Bericht des Historikers (hist. 1,47) gegenüber, dem alle Ereignisse wichtig sind.

[48]) Plut. Otho 1,2 erwähnt die Rede, allerdings ohne einen Inhalt anzugeben.

[49]) So STEIDLE 107; Tac. hist. 1,77 f. ist ausführlicher. Zum Sachlichen vgl. NAGL RE
2040 ff.; H. BENGTSON, Grundriß der römischen Geschichte mit Quellenkunde,
1. Bd.: Republik und Kaiserzeit bis 284 n. Chr., 1967 (Hb. d. Alt. wiss. 3,5,1), 309 ff.
Bei Tacitus herrscht ein tiefes Grauen vor Otho, seine Wandlung heuchelt er nur
(vgl. HEUBNER 16 f.), wovon bei Sueton keine Rede ist, weil dieselbe Linie konsequent eingehalten ist.

nullum indicium recusantis dedit. Ja, er soll sogar auf Diplome und Briefe den Beinamen Nero dazugesetzt haben. Er duldete es auch, daß Neros Bilder und Statuen wieder aufgestellt wurden, dessen Prokuratoren und Freigelassenen setzte er wieder in ihre alten Ämter ein. Nichts aber tat er früher, als seine Anweisung über 50 Millionen Sesterzen zu unterschreiben, um Neros Goldenes Haus fertigzustellen. In der Betonung der Ähnlichkeit und Nachfolge Othos nach Nero übertrifft Sueton den Historiker. Denn bei Tac. hist. 1,78,2 hält sich Otho gegenüber den Zurufen „Nero" zurück (ipse in suspenso tenuit, vetandi metu vel adgnoscendi pudore) und von einer Verwendung des Namens durch ihn steht nichts. Dieses Bemühen Suetons, Otho als zweiten Nero erscheinen zu lassen, zeigt der Vergleich mit Plutarch, der zwar den Gebrauch des Namens erwähnt, aber dazufügt, Otho habe sofort wieder damit aufgehört, als er bei den ersten und vornehmsten Männern damit Anstoß erregt habe (Otho 3,1)[50]. Sueton unterdrückt diesen Zusatz und läßt die Sache auf sich beruhen[51], weil dadurch sein Bild eines zweiten Nero gestört würde. Da die Verwendung des Namens für den antiken Menschen wegen der magischen Beziehungen zwischen dem Namen und seinem Träger eine tiefe Bedeutung hatte[52]. So schlüpft Otho gleichsam in das Wesen Neros hinein, er wird dadurch ex persona zum Nero redivivus.

Die Nachricht von der Geldbewilligung für das Goldene Haus — in gleicher Weise ein Ausdruck seiner Freigebigkeit, die ja auch ein Signum Neros war, wie seines Bemühens um ein Neroimage — findet sich nur bei Sueton, nicht bei Tacitus und Plutarch. Für Othos Charakterbild, wie Sueton es sieht, war sie in höchstem Maße relevant: Otho, durch die congruentia morum ein zweiter Nero, setzt auch dessen Maßnahmen fort. Ganz anders ist das Bild, das wir aus Plutarch von Othos Regierungstätigkeit gewinnen[53]. Dort erweist er sich als Herrscher, der nach der Usurpation wider aller Erwarten maßvoll regiert, ein Eindruck, der bei Sueton gar nie entstehen kann. Bei Tacitus hingegen gewinnen wir ein Bild der Unruhe, da er den Aufmarsch der Vitellianer vorher erzählt, Othos Regierungstätigkeit also unter dem Druck der germanischen Erhebung gesehen wird[54].

[50]) Zur Bedeutung der Stelle für die Quellenkritik vgl. CLASON 85 f. und 103.

[51]) Eine kleine Andeutung ist im „primus" verborgen: diplomatibus primisque epistulis... Neronis cognomen adiecit (7,1).

[52]) Darüber vgl. etwa E. NORDEN, Agnostos theos, 1923, 144 ff.

[53]) Vgl. zum Folgenden FUHRMANN a. O. 273.

[54]) FUHRMANN a. O. 270 weist darauf hin, daß Plutarch gegenüber Tacitus richtiger ist, da Rom erst nach der Usurpation Othos zuverlässige Nachricht von der Er-

Mit dieser letzten Maßnahme, die Sueton aus Othos kurzer Regierungstätigkeit berichtet, hat die Vita ihren Höhepunkt erreicht: Otho steht gleichsam am Scheitelpunkt seines Lebens, er steht dort, wo einst Nero gestanden hat, er hat dieselbe Macht, seine Rache ist damit vollzogen. Doch auf seinen Aufstieg folgt unmittelbar der Sturz, der mit einem Forte-Einsatz eingeleitet wird. Diesen Forte-Einsatz hat Sueton aber nur dadurch erreicht, daß er mit den Regierungsmaßnahmen zeitlich schon weit vorgegriffen und damit einen Bogen von der Machtübernahme bis zur Ausübung der Herrschaft als Nero redivivus gespannt hat. Denn mit dem Beginn des nächsten Satzes kehrt Sueton zur Nacht nach der Machtübernahme zurück: Dicitur ea nocte... (7,2). Schon in der ersten Nacht stellte sich ein böses Vorzeichen ein: Galbas Manen erscheinen Otho im Traum; tags darauf fällt er bei einem plötzlich aufgezogenen Sturm schwer zu Boden und murmelt wiederholt τί γάρ μοι καὶ μακροῖς αὐλοῖς; was den Sinn hat, weshalb er denn die erste Rolle habe spielen müssen[55]). Damit ist der dunkle Ton angeschlagen, unter dem alle kommenden Ereignisse stehen werden. Im Leben Othos beginnt nun ein neuer Abschnitt, der nicht mehr von den glücklichen Vorzeichen, die ihm seine Herrschaft verkündeten, bestimmt ist, sondern von Unglückszeichen[56]).

Durch das letzte Vorzeichen, das übrigens bei Tacitus und Plutarch fehlt, durch den wiederholten Ausspruch Othos, kündet Sueton zugleich das Nahen einer entscheidenden Wende an. Doch Otho ist nicht wie bei Tacitus der Getriebene, sondern er merkt, was vor sich geht, und richtet seine Entscheidungen danach. Wie mit einem Paukenschlag setzt das neue Geschehen ein (8,1): Sub idem vero tempus Germaniciani exercitus in Vitelli verba iurarant. Die nähere Ausführung dieser Vorgänge wird erst die Vitelliusvita bringen (c. 8), hier ist nur das Ereignis an sich für Otho wichtig. Dadurch, daß Sueton die negativen Vorzeichen vorangestellt hat, liegt der Druck seines schlechten Ausgangs von allem Anfang an auf den Maßnahmen Othos. Er läßt den Senat eine offizielle

---

hebung des Vitellius erhalten haben konnte. Auf Sueton geht FUHRMANN nicht ein; auch hier ist die historisch richtige Reihenfolge bewahrt. Zum Vergleich mit Plutarch auch W. SEYFARTH, Untersuchungen zur Kompositionsweise des Tacitus in den Historien, Diss. Berlin 1934.

[55]) Vgl. den Abschnitt über die Vorzeichen S. 24 ff.

[56]) Wenigstens anmerkungsweise sei angeführt, daß der Aufstieg und der Abstieg Othos je etwa den gleichen Umfang haben und der äußerliche Höhepunkt seines Lebens, die kurze Zeit seiner Regierung, die Mitte der Biographie einnimmt: c. 1—6; 7,1; 7,2—12 = 114: 13:114 Zeilen in der Teubneriana. Die sorgfältige Durchgestaltung dieser Vita durch Sueton ist kaum zu leugnen.

Gesandtschaft mit der Meldung abschicken, ein Kaiser sei bereits gewählt und man solle Ruhe und Eintracht bewahren. Außerdem versucht Otho es noch mit Geheimverhandlungen, in denen er durch Unterhändler und Briefe sich dem Vitellius als Mitregent und Schwiegersohn anbietet (8,1). Mehr schreibt Sueton darüber nicht[57]), weil er offenbar die bei Tacitus und Plutarch dargestellte Würdelosigkeit dieses Verhaltens nicht zu auffällig machen wollte. Dafür erscheint Otho bei ihm entschlossener, das drohende Schicksal abzuwenden. Diese Aktivität hat Otho bisher immer bewiesen.

Die folgende Begebenheit (8,1—2), der sogenannte Prätorianeraufstand, hat der Forschung viele Rätsel aufgegeben[58]). Heubner (Prätorianertumult 346 f.) hat den Vorgang so rekonstruiert: Otho beauftragte Varius Crispinus, die Verlegung der 17. Kohorte aus Ostia nach Rom in die Wege zu leiten und die dafür nötigen Waffen auszugeben. Daher werden Wagen aus Ostia ins Prätorianerlager geschickt, wo sich die Waffendepots befanden. Das Verladen der Waffen ging aber erst in der Dunkelheit vor sich, weshalb der Vorgang Aufsehen erregte, so daß die Prätorianer befürchteten, die Waffen seien für einen Putsch der Senatoren bestimmt. Dies führte zu ihrem Aufruhr, den Otho nur mit Mühe beruhigen konnte. Was aber macht Sueton daraus, dem man Ungenauigkeit, die auch gar nicht geleugnet werden soll, vorgeworfen hat[59]), ohne darauf zu achten, was er dadurch erreichte? Für Tacitus (hist. 1,80 f.) ist die Begebenheit wieder ein Exempel für die Unberechenbarkeit der Masse, die mit Otho ihr Spiel treibt, und für die Feindschaft der Prätorianer gegen den Senat, die Otho nur mit Mühe ausgleichen

---

[57]) Plut. Otho 4 und Tac. hist. 1,74 sind ausführlicher.

[58]) MOONEY in seinem Kommentar 288 bezeichnet die Vorgänge als „almost unintelligible". Über das Historische E. HOHL, Der Praetorianeraufstand unter Otho, Klio 32, 1939, 307 ff.; dagegen mit Recht H. HEUBNER, Der Prätorianertumult vom Jahre 69 n. Chr., RhM 101, 1958, 339 ff.; (zitiert: Heubner, Prätorianertumult); vgl. auch DREXLER, Otho 153 ff. Für die Darstellung des Tacitus sind auch HEUBNER, Darstellungskunst 21 ff. und KLINGNER a. O. 613 zu vergleichen.

[59]) Vgl. HEUBNER, Prätorianertumult 347 ff.: Gegenüber den sehr genauen und einander ergänzenden Berichten von Tacitus und Plutarch ist Sueton dunkel, anfechtbar und falsch, so daß sich der Verdacht ergibt, er gebe den Bericht der Quelle, dem auch Tacitus und Plutarch folgen, lediglich aus der Erinnerung wieder (349). „Mir scheint, die Vermutung liegt sehr nahe, daß Sueton, der, wie oben bemerkt, wohl aus dem Gedächtnis referierte, die in der Hafenstadt Ostia stationierte städtische Kohorte fälschlich zu Flottensoldaten gemacht und weiterhin ebenso irrtümlich angenommen hat, die von dieser Einheit angeholten Waffen seien, eben weil es sich um classiarii gehandelt habe, für die Flotte bestimmt gewesen." Über das unklare remitti S. 349, Anm. 20.

kann[60]). Für Sueton dagegen wird die Begebenheit zu einem Beweis für die Treue der Prätorianer, deren Gunst Otho sich durch seine Großzügigkeit erkauft hat und auf die er bei seiner Machtübernahme Rücksicht genommen hat (vgl. oben S. 117). Jetzt lohnen sie es ihm und stehen treu zu ihm. Als es nicht mehr zu bezweifeln ist, daß es zum Krieg kommt und die Vitellianer schon nahen, *animum fidemque erga se praetorianorum paene internecione amplissimi ordinis expertus est*. Als eine Waffenverladung bei Einbruch der Dunkelheit Aufsehen erregt, vermuten die Prätorianer einen Aufstand gegen Otho, stürzen zum Palatium und fordern die Niedermetzelung des Senats; einige Tribunen, die das zu verhindern suchen, werden getötet; blutig, wie sie sind — man beachte, wie Sueton solche dramatischen Details auskostet —, verlangen sie den Kaiser zu sehen und geben sich erst zufrieden, als er erscheint (8,2). Im Detail ist manches unklar, etwa *arma transferri remittique*, das nicht befriedigend zu erklären ist, manches falsch wiedergegeben, so die Angabe, daß es sich um Flottensoldaten handelt und der Mord an den Tribunen im Palatium stattfand[61]). Das Sachliche war aber für Sueton nicht so entscheidend, ihm kam es auf eine konsequente Steigerung im Geschehen an, das allein die Treue zu Otho charakterisieren soll. Auf den ersten Verdacht eines Aufruhrs stürzen die Prätorianer ins Palatium, weil sie für den Kaiser fürchten. Als sie dort gehindert werden, morden sie — um wieviel wirksamer ist es, wenn der Mord erst hier stattfindet, unmittelbar bevor sie den Kaiser unversehrt zu sehen bekommen, selbst noch voll Blut, als Beweis dafür, daß sie für Otho alles zu wagen bereit sind. Othos Geschick erscheint nicht wie bei Tacitus auf einem Vulkan gegründet, sondern durch eine treue Umgebung gesichert.

Beide Begebenheiten haben die positive Seite an Othos Wesen hervortreten lassen. Nicht von vornherein und unbedingt ist er zu einer Gewalttat bereit, er sucht auszugleichen und zu vermitteln. Erst als dies

---

[60]) Zur Darstellung des Tacitus vgl. HEUBNER, Darstellungskunst 24: „Die Vorfälle jener Unglücksnacht werden in eine tiefe und ahnungsvolle Beziehung zu Othos Schicksal gesetzt ... In dem Augenblick nämlich, wie die Lage den konzentrierten Einsatz der Kräfte verlangt, erfolgt dieser elementare Ausbruch, dessen feindselige Wucht die Lage Othos plötzlich in sehr gefährlichem Lichte erscheinen läßt". Vgl. auch KLINGNER 613. Die effektvolle Szene im Triclinium Othos (Tac. hist. 1,81) ist bei Sueton ausgelassen, um ihn nicht contra decus imperii (Tac. 1,82,1) zu zeigen, dessen Mittel nur mehr preces et lacrimae sind. Vgl. dazu DREXLER, Otho 159 f.

[61]) Dazu HEUBNER, Prätorianertumult 65 a. O. (bei Tac. hist. 1,80,2 findet der Mord im Lager statt, was gewiß die richtige Version ist).

scheitert und ihm keine Alternative bleibt, schlägt er wieder den Weg der Gewalt ein.

Da der Krieg unausweichlich ist, beginnt Otho sofort zu rüsten, aber seine Handlungen, bisher von einer zielführenden Aktivität getragen, steigern sich jetzt in eine übergroße Hast: Expeditionem autem impigre *atque etiam praepropere* incohavit (8,3). Statt Einzelheiten gibt Sueton ein charakteristisches Beispiel: nulla ne religionum quidem cura. Ohne die heiligen Gebräuche und bösen Vorzeichen, die neuerlich das kommende Geschehen ahnen lassen[62]), zu beachten, zieht Otho in den Krieg und setzt durch seine Hast aufs Spiel, was er sich durch seine Energie erworben hat. Mit diesem Verhalten stellt sich Otho auch in Gegensatz zur altrömischen Art, zu Beispielen eines Q. Fabius Maximus Cunctator, Aemilius Paullus und Scipio Aemilianus, deren klug abwartende Haltung ihre Erfolge gesichert hatte, wie es Cicero (Manil. 29) fordert: celeritas in conficiendo, consilium in providendo.

Dieses Motiv der Hast führt Sueton auch sogleich fort, indem er betont (9,1): simili temeritate. Obwohl Zurückhaltung geboten wäre, die den Feind durch Hunger und ungünstiges Gelände in Schwierigkeiten bringen würde, entschließt sich Otho zur Entscheidungsschlacht. Bemerkenswert ist die Motivierung für dieses Verhalten Othos: Er, der bislang immer rasch gehandelt hat und damit zum Ziel gekommen war, kann die Ungewißheit nicht ertragen und hofft zugleich, noch vor der Ankunft des Vitellius eine Entscheidung herbeiführen zu können. Als zweite Möglichkeit gibt er an: sive impar militum ardori pugnam deposcentium. Ohne eine Entscheidung zu geben, deutet Sueton hiermit an, daß die Ereignisse Otho zu entgleiten beginnen und er selbst nicht mehr die treibende Kraft ist. Bei Tacitus ist von allem Anfang alles von Sinnlosigkeiten, von Willkür, Verblendung und Ungerechtigkeit, von der Abhängigkeit Othos niedrigen Menschen gegenüber und vom Ungeist des Ungehorsams diktiert[63]) und wird so zu einer Pathologie der Masse. Nichts davon stand bisher bei Sueton, erst jetzt, als Folge von Othos unbesonnener Hast, entgleiten ihm die Fäden.

---

[62]) Vgl. oben S. 64 f., wo die Stelle analysiert ist. Tac. hist. 1,86 berichtet mehr und andere Vorzeichen; Sueton wählt nur die aus, die seiner Darstellungsabsicht, der Einstimmung auf das kommende Geschehen entsprechen. NAUMANN 12 nimmt diese Stelle als Beweis, daß Sueton Tacitus nicht benutzt haben kann. Vgl. im übrigen HEUBNER, Darstellungskunst 21: Bei Tacitus erscheint Otho als „eine rätselhafte und unfaßbare Natur", „die vom Schicksal gezeichnet ist und nun wie in tiefer Verblendung handelt".

[63]) Nach HEUBNER, Darstellungskunst 26 und KLINGNER 609 f.

Daß dies tatsächlich der Fall war, erweist der nächste Satz: nec ulli pugnae affuit substititque Brixelli. Otho hat resigniert und zieht sich zurück, andere haben das Geschehen an sich gerissen. Nichts steht bei Sueton von den Verhandlungen vor Bedriacum, in denen Otho sich für eine Entscheidungsschlacht ausspricht[64]), nichts vom Wechsel in der obersten Leitung des othonischen Heeres, nichts, daß ein Friede möglich gewesen wäre, da die Heere zu einer Einigung neigten[65]), nichts, daß man überlegte, ob Otho an der Schlacht teilnehmen soll, und ihn dann aus Sicherheitsgründen nach Brixellum schickte[66]), nichts von alledem berichtet also Sueton. In der Tat bietet er nur eine sehr mangelhafte Quelle, aber er will eben nur Othos Verhalten herausarbeiten: das Wesentliche ist Othos Resignation und sein Rückzug. Die Wendung in Othos Leben, die durch die bösen Vorzeichen c. 7,2 symbolisch eingeleitet wurde, ist nun sichtbar vollzogen. Gerade Suetons knappe Darstellung des Faktischen rückt das persönliche Schicksal Othos in um so klareres Licht.

Die Kriegsereignisse werden, da Otho an ihnen ohnehin nicht mehr

---

[64]) Tac. hist. 2,33,1 Otho pronus ad decertandum. Sueton hatte das schon 9,1 vorweggenommen. Das Historische ist behandelt bei A. PASSERINI, Le due battaglie presso Betriacum, Studi di antichità classica offerti a E. Ciaceri, 1940, 189 ff.; B. W. HENDERSON, Civil war and rebellion in the Roman empire A. D. 69—80, 1908; G. H. HENDERSON, CAH X, 1934, 808 ff.; A. GARZETTI, L'impero da Tiberio agli Antonini, 1960, 201 ff.; PH. FABIA, La concentration des Othoniens sur le Po (Tac. hist. II, 11), REA 43, 1941, 192 ff.; zu den Kriegsereignissen vor allem B. HALLERMANN, Untersuchungen zu den Truppenbewegungen in den Jahren 68—69 n. Chr., Diss. Würzburg 1963. Die Schlachtereignisse mit der Erläuterung der Topographie behandeln E. KOESTERMANN, Die erste Schlacht bei Bedriacum 69 n. Chr., RCCM 3, 1961, 16 ff., und R. HANSLIK, Die Auseinandersetzung zwischen Otho und Vitellius bis zur Schlacht von Bedriacum nach Tacitus, WS 74, 1961, 113 ff. Einzelprobleme im Zusammenhang von Tacitus' Bericht behandelt K. WELLESLEY, Suggestio falsi in Tacitus, RhM 103, 1960, 272 ff. Zur Darstellung bei Tacitus und Plutarch vgl. KLINGNER a. O. 606 ff.; DREXLER, Otho 164 ff.; HEUBNER, Darstellungskunst 25 ff.; bei Plutarch entscheidet Otho de facto, bei Tacitus ist er nun zum Kampf geneigt; der Kriegsrat von Bedriacum erweist sich „als düstere Wendung im Geschick des Kaisers" (32); vgl. auch die grundsätzliche Feststellung (35): „Die Pragmatik dieser Vorgänge ist zerrissen worden, aber ihre einzelnen Elemente leben jetzt vermöge der in ihnen erkannten Energien. Der Kaiser, der inmitten dieser dunklen Gewalten steht, ist dem Untergang geweiht".

[65]) Vgl. KLINGNER a. O. 615 ff.

[66]) Vgl. die bezeichnende Stelle bei Tac. hist. 2,33,2: idem illi ... perpulere, ut Brixellum concederet ac dubiis proeliorum exemptus summae rerum et imperii se ipsum reservaret. Bei Tacitus ist Otho auch mitschuldig an der Niederlage, da er das Heer seiner Kerntruppe entblößt, die er als Leibwache nach Bedriacum mitnimmt (HEUBNER, Darstellungskunst 31).

beteiligt ist, nur in knappster Form ausgeführt (9,2)[67]. Drei kleine Gefechte am Fuße der Alpen, bei Placentia und Castores werden gewonnen, die entscheidende Schlacht bei Bedriacum aber geht durch eine List verloren, da die Soldaten, als ihnen Verhandlungen vorgetäuscht werden, das Lager verlassen und sich plötzlich bei der Begrüßung zum Kampf gezwungen sehen. Wieder ist der Blick auf Tacitus für Suetons Absichten lehrreich. Jener berichtet ausführlich über die Schlacht (hist. 2,41 bis 44), doch bleibt die List dabei eher im Hintergrund (vgl. hist. 2,41,1 und 42,1). Bei Sueton dagegen ist die List das einzig entscheidende Moment für den unglücklichen Ausgang der Schlacht. Damit haben sich die Unglückszeichen bewahrheitet: Otho hat kein Glück mehr.

Zugleich aber hat Sueton mit seiner knappen Darstellung der Kriegsereignisse die Exposition für jene Tat Othos geschaffen, die am meisten die Bewunderung der Mit- und Nachwelt erregte, für seinen Freitod. Ehe auf seine Gestaltung bei Sueton eingegangen werden kann, ist ein kleiner Rückblick notwendig. Diese Tat schien so unvereinbar mit Othos Leben, daß man sich nicht genug darüber wundern konnte[68]. Der Biograph mußte dieses anscheinend unvereinbare Verhalten aus dem bisherigen Leben konsequent herauswachsen lassen, um es erklären zu können. Sueton hat gerade durch die Reduzierung des Faktischen auf ein Mindestmaß die charakterliche Gegensätzlichkeit im Wesen Othos klar gemacht: Integrität und Verbrechertum sind als Möglichkeiten potentiell in Otho angelegt und ergeben eine Gesamtbefindlichkeit, deren Spannung römischem Wesen eigen ist[69]. Im römischen Bewußtsein gehen immer eine helle und eine dunkle Linie nebeneinander: „kontrastreich, aus Gegensätzlichem gemischt, voll unbereinigter Widersprüche" (O. Seel, a. a. O. 222) ist der Römer. Seel hat diese außerordentliche Variations-

---

[67]) Von einer völligen Übereinstimmung im Verhalten Othos im Feld zwischen Tacitus und Sueton, wobei Sueton nur sehr viel kürzer ist, wie CLASON a. O. 97 behauptet, kann keine Rede sein. Auch HANSLIK 113 u. ö. stellte in der Augustusvita fest, daß in solchen Belangen vieles weggelassen und sozusagen die Farbe mit dicken Strichen aufgetragen wird. Dazu S. 128: „Nicht die historischen Ereignisse als solche interessieren Sueton, sondern wie Augustus sich in ihnen verhält."

[68]) Man vgl. Plut. Otho 18: ἀπέθανε δὲ Ὄθων... ἀπολιπὼν δὲ μὴ χείρονας μηδ' ἐλάττους τῶν τὸν βίον αὐτοῦ ψεγόντων τοὺς ἐπαινοῦντας τὸν θάνατον. Tac. Hist. 2,50,1 duobus facinoribus, altero flagitiosissimo, altero egregio, tantundem apud posteros meruit bonae famae quantum malae. Mart. 6,32,5 f. (unten S. 140).

[69]) Diese durchgehende Gegensätzlichkeit wurde zum erstenmal erkannt im Aufsatz von Viktor HEHN „Zur Charakteristik der Römer" aus dem Jahre 1843 (abgedruckt in Die Antike 16, 1940, 161 ff., mit einem Nachwort von H. FUCHS 172 ff.) und im Anschluß daran von O. SEEL, Römertum und Latinität, 1964, ausgeführt (vgl. besonders den Abschnitt über „Römische Antithetik" 211 ff.).

breite des Lebensgefühls an Caesar, an Augustus und unter anderem besonders eindrucksvoll an den Parallelen zwischen Maecenas (Vell. Pat. 2,88,2), Licinius Mucianus (Tac. hist. 1,10,2) und Petron (Tac. ann. 16, 18,1—2) aufgezeigt; taciteïsch prägnant die Formel: nimiae voluptates, cum vacaret; quotiens expedierat, magnae virtutes. Das gilt vollauf für Otho, in dem voluptas und virtus in gleicher Weise vorhanden sind und je und je stärker in Erscheinung treten.

Man hat es nun Sueton seit jeher zum Vorwurf gemacht, nicht die Entwicklung einer Persönlichkeit zu geben, wie das in der modernen Biographie der Fall ist. Dagegen läßt sich vor allem einwenden, daß eine Entwicklung im modernen Sinn des Wortes gar nicht zu verlangen ist, da die Antike ihren Blick immer nur auf eine feststehende Physis richtet, die sich — hier eben in ihrer Antithetik — immer klarer entfaltet[70]). Sie zeigt sich nicht nur im Otho, sondern auch im Divus Iulius[71]), im Titus[72]) und schließlich im Augustus[73]).

Diese Antithetik der positiven und negativen Seiten im Charakter Othos wird von einer konsequenten zielgerichteten Energie getragen. Als Otho eine entscheidende Niederlage hinnehmen muß, zieht er die Konsequenz aus dem Geschehen und wählt einen ehrenvollen Tod, statt der Schmach einer Schändung durch die Schergen des Vitellius. Doch nun zur Darstellung des Todes selbst[74]).

---

[70]) Dazu STEIDLE 88; Till a. O. XV.

[71]) Vgl. VERF. 20 f., zum historischen Caesar SEEL a. O. 38, 249 f. und Caesar-Studien, 1967, 79 ff.

[72]) Vgl. LUCKS Untersuchung zur Titusvita.

[73]) Vgl. HANSLIK a. O., besonders S. 109: „Es ist vielleicht das Phänomen der römischen Seele überhaupt, das im Augustus besonders kraß zum Ausdruck kommt, daß sie Züge unverhüllter Grausamkeit mit dem Streben nach wahrer Menschlichkeit zu vereinigen weiß"; so ist Suetons Darstellung des Augustus getragen „vom Bewußtsein des Zwiespalts zwischen dem Wesen des Erben Caesars, des jugendlichen Octavian, und des Princeps Augustus". Vgl. auch SEEL a. O. 183 ff. und 250 ff. Die Ausführungen HANSLIKS lassen sich insofern noch ergänzen, daß mit der Übernahme des Romulusmotivs diese Antithetik symbolisiert wird, da Romulus zugleich Segenskönig und Tyrann und sein Name Ehrenbezeichnung und Schimpfwort war (vgl. dazu R. KLEIN, Königtum und Königszeit bei Cicero, Diss. Erlangen 1962; W. BURKERT, Caesar und Romulus-Quirinus, Historia 11, 1962, 356 ff., C. J. CLASSEN, Romulus in der römischen Republik, Phil. 106, 1962, 174 ff.). Die literarische Gestaltung der Sage behandelt H. J. KRÄMER, Die Sage von Romulus und Remus in der lateinischen Literatur, in: Synusia, Festgabe für W. Schadewaldt, hrsg. v. H. Flashar und G. Gaiser, 1965, 355 ff.

[74]) Über allgemeine Fragen der Todesdarstellung und der Literatur der exitus illustrium virorum vgl. F. A. MARX, Tacitus und die Literatur der exitus illustrium virorum, Phil. 92, 1937; über Einzelfragen bei Tacitus CH. SAUMAGNE, La ‚passion'

Ac statim moriendi impetum cepit (9,3): mit diesem lakonischen Satz, der Othos rasche Entschlußfähigkeit auch in dieser kritischen Lage beweist, leitet Sueton die Darstellung ein. Otho ist dazu entschlossen[75]), *magis pudore, ne tanto rerum hominumque periculo dominationem sibi asserere perseveraret, quam desperatione ulla aut diffidentia copiarum,* zu der gar kein Grund vorhanden war, da noch genug Truppen vorhanden waren und die Soldaten die erlittene Scharte auswetzen wollten. In dieser Motivierung bricht jene altrömische Art durch, die sein Vater bewiesen hatte, die er selbst in seiner Provinzverwaltung gezeigt hatte; sie hatte in dem Grund, weshalb er den ersten Anschlag gegen Galba aufgeschoben hatte, zumindest durchgeklungen. Aus Rachemotiven über die erlittenen Zurücksetzungen, bestärkt durch günstige Vorzeichen, hatte Otho die Herrschaft ohne Bürgerkrieg, fast ohne Blutvergießen usurpiert. Als ihm das Geschehen aus den Händen gleitet und in einen Bürgerkrieg ausartet, wieder von den entsprechenden Vorzeichen begleitet, zieht er sich zurück und sieht in seinem Freitod die einzige Lösung dafür, den Staat vor weiterem Unglück zu bewahren.

Nun unterbricht Sueton die Darstellung, um eine persönliche Bemerkung einzuschieben, die das eben Gesagte bestätigen kann. Sein Vater Suetonius Laetus hatte nämlich an diesem Krieg teilgenommen und pflegte darüber zu erzählen (10,1)[76]): Otho habe vor dem Bürger-

---

de Thrasea, REL 33, 1955, 241 ff.; R. H. MARTIN, Tacitus and the death of Augustus, CQ 49, 1955, 123 ff.; P. SCHUNCK, Studien zur Darstellung des Endes von Galba, Otho und Vitellius in den Historien des Tacitus, SO 39, 1964, 38 ff.; F. F. SCHWARZ, Senecas Tod — imitatio Socratis. Erläuterungen aus Platon und Seneca zu Tacitus (Ann. XV 62—64), 75. Jb. d. RG Graz, 1966/67 (1968), 22 ff. (diese Frage schon bei BENZ, Das Todesproblem in der stoischen Philosophie, Tüb. Beitr. 7, 1929, 111 ff.; A. RONCONI, Exitus illustrium virorum, SIFC 17, 1940, 1 ff. — Beziehungen zu Sokrates und Cato Uticensis —; P. SCHUNCK a. O. 43 und 63 ff.; O. SEEL a. O. 184 f. — „nach penetrant nachgeahmten sokratischem Vorbild"). Zur Frage des Selbstmordes R. HIRZEL, Der Selbstmord, Archiv für Religionswissenschaft 11, 1908; H. H. ECKERT, Weltanschauung und Selbstmord bei Seneca und den Stoikern, in antiker Mystik und im Christentum, Diss. Tübingen 1951; J. BAYET, Le suicide mutuel dans la mentalité des Romains, L'Année Sociologique 1953, 71 ff.

[75]) HEUBNER, Darstellungskunst 39 ff., hat gezeigt, daß auch bei Tacitus Othos Tod als völlig freiwillig dargestellt ist, während bei Plutarch nur zwischen dem Freitod und dem Tod durch die Soldaten des Vitellius gewählt werden kann. SCHUNCK a. O. 75 f. hat das vertiefend weitergeführt.

[76]) Vgl. FUNAIOLI RE 793: „Die Einfachheit, mit der Sueton nach den väterlichen Erinnerungen das Ende Othos erzählt, hat etwas Dramatisches; in ihr klingt jenes Gefühl des othonischen Offiziers nach." Über eine ähnliche persönliche Bemerkung in der Augustusvita vgl. HANSLIK 105.

krieg eine solche Abscheu gehabt, daß er bei der Erwähnung des Endes
der Caesarmörder Cassius und Brutus erschauerte; er hätte sich auch
nicht gegen Galba erhoben, wenn er nicht darauf vertraut hätte, die
Sache werde ohne Bürgerkrieg abgehen. Die Aussage des unver-
dächtigen Zeugen bestätigt die Richtigkeit der oben angeführten Motivation Othos. Otho wollte nicht, daß Blut vergossen wird, und er hatte
es auch während des Prätorianeraufstandes verhindert. Aus dem Rückblick fällt auf diese Episode ein bezeichnendes Licht, da dort Othos
Verhalten also nicht bloß einer politischen Klugheit, sondern dieser
Seite seines Wesens entsprungen war, die ihn eine Gewalttat ab-
lehnen läßt.

Zum Tode angespornt wurde Otho — so erzählt Suetons Vater —
durch das Beispiel eines gemeinen Soldaten, der sich selbst den Tod gab,
um seiner Nachricht von der Niederlage in der Schlacht Glaubwürdigkeit zu verleihen[77]). Als Otho das sieht, ruft er aus: non amplius se in
periculum talis tamque bene meritos coniecturum. Der Ausspruch knapp
vor dem Tod gibt ganz nach der Art Suetons[78]) eine letzte, lebendige
Charakterisierung der Verhaltensweise Othos und leitet zugleich auf
die Darstellung des Selbstmordes über.

---

[77]) Schunck a. O. 80 f. behandelt diese Episode, die auch Cassius Dio 64,11 so berichtet, während Tac. hist. 3,54,2—3 von einem Selbstmord des Centurionen Iulius
Agrestis, der dadurch Vitellius zur Entscheidung bringen will, spricht. Schunck
meint, es handle sich um die gleiche Episode, von der verschiedene Versionen überliefert waren, unter denen Sueton zu wählen hatte; der Nachdruck, mit dem er
sich auf das Zeugnis seines Vaters berufe, sei auffällig und lege diesen Schluß nahe.
Dagegen ist aber festzuhalten: Cassius Dio und Sueton nennen keine Namen, was
bei einem miles manipularis verständlich ist, bei einem Centurio doch wohl auffällig
wäre, zumal Suetons Vater Augenzeuge war. Tacitus spricht von einem Centurio,
Sueton und Cassius von einem miles manipularis — Suetonius Laetus wäre als
Offizier der Rang doch kaum entgangen; die Nachrichten sind völlig verschieden:
Der Soldat bei Sueton und Cassius meldet die Niederlage, die man (nicht Otho
selbst!) nicht glauben will, der Centurio bei Tacitus meldet Günstiges, das ihm
Vitellius selbst nicht glaubt. Schließlich ist auch die Absicht, die mit dem Selbstmord
erreicht werden soll, verschieden: Der Soldat bei Sueton und Cassius will seiner
Unglücksnachricht Glaubwürdigkeit verleihen; daß Otho das als exemplum für sein
eigenes Verhalten nimmt, ist erst eine sekundäre Folge. Dagegen will der Centurio
bei Tacitus Vitellius unmittelbar zum Handeln bringen. Zuletzt aber, und dies ist
wohl der gewichtigste Unterschied, gehen die Berichte sachlich auseinander, weil
Sueton und Cassius Dio die Episode im Zusammenhang mit Otho, Tacitus dagegen
im Zusammenhang mit Vitellius im Kampf mit den Flaviern berichten. Die Verschiedenheit ist also so gravierend, daß man nicht einmal an ein „Wandermotiv"
denken darf.

[78]) Vgl. den Abschnitt über die ultima verba S. 95 ff., über Otho S. 104.

Otho verabschiedet sich von seinem Bruder, dessen Sohn[79]) und einzelnen Freunden (10,2). Otho umarmt und küßt seine Verwandten und Freunde und mahnt sie, für ihre Rettung zu sorgen. Dieselbe Sorge, die er für die Soldaten zeigte, beherrscht ihn ebenso seiner nächsten Umgebung gegenüber. Er schreibt zwei Briefe, als er sich zurückgezogen hat, einen an seine Schwester, einen an Messalina, Neros Witwe, die zu heiraten er beabsichtigt hatte. Der Vergleich mit der Parallelüberlieferung zeigt wieder Suetons Intentionen. Plutarch und Tacitus erwähnen diese Briefe nicht, Sueton aber kann dadurch eine Charakterisierungslinie, die für Otho wesentlich war, in die Todesschilderung integrieren. Otho hatte sich in seinem Verhalten als Neros Intimus und in seiner Herrschaft als zweiter Nero aufgeführt und dabei den Entschluß gefaßt, dies auch durch eine Heirat mit Messalina zu dokumentieren. Indem Sueton diese Einzelheit im Zusammenhang mit Othos liebevoller Besorgnis um seine Nächsten nachträgt, erinnert er an dieses Motiv.

Dann verbrennt Otho seine Briefschaften, ne cui periculo aut noxae apud victorem forent, woraus wieder seine Besorgnis spricht. Zuletzt verteilt er Geld unter seinen Dienern ex praesenti copia. Dabei unterdrückt Sueton den Zusatz, daß er das sparsam und maßvoll getan hat, wie er bei Tacitus und Plutarch steht[80]), kein Schatten soll auf Othos Großzügigkeit fallen, die er sein ganzes Leben lang bewiesen hat.

Doch als er schon zum Tod bereit ist, stellt sich gleichsam als retardierendes Moment im Ablauf der Handlung ein Hindernis ein (11,1): Ein Tumult entsteht, als einige Soldaten desertieren wollen[81]) und von anderen daran gehindert werden. In äußerster Gefaßtheit sagt Otho: adiciamus ... vitae et hanc noctem, verbietet jede Gewaltanwendung und gewährt jedem, der es wünscht, Audienz. Danach löscht er mit einem Trunk kalten Wassers seinen Durst (11,2), nimmt zwei Dolche, prüft ihre Schärfe und steckt den passenden unter seinen Polster; foribus

---

[79]) Tac. hist. 2,48,2 (ebenso Plut. Otho 16) erwähnt nur den Neffen, der Bruder sei nach der Schlacht geflohen. NAUMANN 19 nimmt einen Fehler Suetons an, doch ist die Entscheidung angesichts der Tatsache, daß Sueton sich auf den Augenzeugenbericht seines Vaters stützen konnte, schwer. Welche Version auch die richtige sein mag, durch den Umstand, daß nicht nur ein Verwandter da ist, um dessen Wohl Otho besorgt ist, gewinnt Suetons Darstellung an Intensität.

[80]) Tac. hist. 2,48,1 pecunias distribuit parce nec ut periturus; Plut. Otho 17 οὐχ ὥςπερ ἀλλοτρίων ἀφειδῶν. Vgl. auch MOUCHOVÁ, Ausgewählte Parallelen..., 260.

[81]) Bei Plutarch Otho 16 ist die Begebenheit anders akzentuiert: Hier bedrohen die Soldaten Senatoren, die sich entfernen wollen. Vgl. auch Tac. hist. 2,49,1.

adopertis artissimo somno quievit. Gegen Morgen tötet er sich mit einem Stich in seine linke Brust, auf sein Stöhnen stürzen seine Diener herbei: modo celans modo detegens plagam exanimatus est. Wie er es gewünscht hatte, wird er rasch begraben: tricensimo et octavo aetatis anno et nonagensimo et quinto imperii die. Jedes Detail ist bei dieser Darstellung ausgekostet, wie auch sonst bei derartigen Szenen[82]). Alle Einzelheiten stimmen in dem einen Grundsatz überein, daß Otho nirgends ein Schwanken zeigt. Ruhig und gefaßt vollzieht er, was ihm notwendig erscheint, ohne das geringste Zeichen eines Schauderns oder einer Änderung seiner Absicht zu zeigen. Damit aber steht Othos Verhalten nach der entscheidenden Wende vom Glück zum Unglück in völligem Gegensatz zu dem Neros. War Otho bis dahin in einem Ausmaß wie sonst nirgends in der Parallelüberlieferung als Nero redivivus charakterisiert worden, so wendet er sich durch seinen heroischen Freitod von diesem Vorbild ab. Diese Wendung entspringt einer in Otho immer vorhandenen Wesensseite, die unter dem Druck der Umstände durchbricht. Sueton hat in seiner Darstellung des Todes Othos diese endgültige Abkehr deutlich gemacht und den Gegensatz zu Neros Tod herausgearbeitet. Da die Nerovita vorangeht, sieht der Leser die Ereignisse um den Tod Othos vor diesem Hintergrund. Dazu wird er durch die ständigen Hinweise auf Nero veranlaßt, deren letzter erst in der Todesdarstellung steht.

Ein Rückblick auf die Darstellung von Neros Tod kann die Intentionen Suetons, und was er damit erreicht hat, verdeutlichen[83]). Neros Todesschilderung ist weitläufig vorbereitet und setzt schon 40,1 ein: Talem principem paulo minus quattuordecim annos perpessus terrarum orbis tandem destituit[84]). Den Anfang macht Vindex mit seinem Abfall,

---

[82]) Vgl. VERF. 21.

[83]) STEIDLE 91 f. gibt eine knappe Analyse, in der er das Motiv der fiducia Neros, dessen Beunruhigung nach jedem Ereignis zunimmt, das Motiv der Spiele und die Bedeutung der Aussprüche herausarbeitet. MOUCHOVÁ 55 f. behandelt schon Nero und Otho gemeinsam und hebt die Ähnlichkeiten hervor, ohne aber die nötigen Konsequenzen für die Gesamtauffassung zu ziehen.

[84]) Schon LEO 6 stellt diesen Übergang zusammen mit Calig. 56,1 Ita bacchantem atque grassantem non defuit plerisque animus adoriri; Dom. 14,1 Per haec terribilis cunctis et invisus, tandem oppressus est; DJ 80,1 quae causa coniuratis maturandi fuit destinata negotia, ne assentiri necesse esset, meint aber, hier habe die Disposition dem Schriftsteller einen Streich gespielt, da gerade vorher (c. 39) von Neros Duldsamkeit gegenüber maledicta et convicia die Rede sei, was zu diesen Übergangsworten nicht passe. LEO hält das Kapitel für einen Anhang zu c. 19 f., „den anders unterzubringen ihm die Kunst oder das Nachdenken ausging". Dagegen ist aber zu halten, daß Sueton hier eine ähnliche Technik wie bei den Vorzeichen an-

die bösen Vorzeichen, die auf das kommende Geschehen einstimmen, erschüttern Nero nicht: tanta fiducia non modo senectam sed etiam perpetuam singularemque concepit felicitatem, was noch verstärkt wird durch eine Anekdote, die das Motiv des Ringes des Polykrates umdeutet (als Nero durch einen Schiffbruch große Kostbarkeiten verliert, sagt er, die Fische würden sie ihm schon wiederbringen). Die Nachricht vom Aufstand in Gallien trägt er lente ac secure (40,4) und besucht Athletenkämpfe. Auch ein noch mehr beunruhigender Brief kann ihn nicht stören, acht Tage lang übergeht er die Sache einfach mit Schweigen. Erst zahlreiche beleidigende Edikte des Vindex veranlassen ihn zu einer Reaktion, die aber in nichts anderem als einem Brief an den Senat besteht, wobei ihn am meisten ärgert, daß Vindex ihn einen malus citharoedus genannt hat (41,1). Sed urgentibus aliis super alios nuntiis Romam praetrepidus rediit (41,2), doch ein läppisches Vorzeichen macht ihm schon wieder Mut. Noch immer ergreift er keine ernsten Maßnahmen, er berät sich nur mit den primores viri, den Rest des Tages verbringt er mit einer ausgedehnten Besichtigung von Wasserorgeln neuer und unbekannter Art. Nichts kann besser als solche banale Einzelheiten Neros Unvermögen in dieser Lage charakterisieren.

Auf die Nachricht von Galbas Abfall (42,1) schlägt Nero ins andere Extrem um und zeigt eine unmäßige, völlig unkontrollierte Reaktion: conlapsus animoque male facto diu sine voce et prope intermortuus iacuit. Wieder zur Besinnung gekommen, zerreißt er sein Gewand, schlägt sich aufs Haupt und schreit, es sei um ihn geschehen. Seiner Amme (!), die ihn trösten will, sagt er voll Selbstbemitleidung: se vero praeter ceteros inaudita et incognita pati respondit, qui summum imperium vivus amitteret. Trotzdem setzt er sein bisheriges Leben fort (42,2), feiert auf eine günstige Nachricht hin schon wieder ein üppiges Gastmahl, bei dem er Spottlieder auf den Abfall singt, und läßt sich heimlich ins Theater tragen. Währenddessen habe er viel Grausames und Unmenschliches im Sinne gehabt, das Sueton in steigernder Anordnung bis zum Ungeheuerlichsten, einem neuerlichen Brand Roms, aufzählt (43,1), sed absterritus non tam paenitentia quam perficiendi desperatione (43,2).

---

wendet, die dazu dient, auf das kommende Geschehen vorzubereiten. Die Ermordung des Kaisers soll gleichsam aus der allgemeinen Stimmung herauswachsen. Dies ist auch im Divus Iulius der Fall, wo auf den oben zitierten Satz Schmähverse folgen, die die Stimmung charakterisieren (c. 80,2—3; dazu VERF. 9). So ist an der behandelten Stelle nicht sosehr die Tatsache bedeutsam, daß Nero solche Aussprüche duldet, sondern daß wir erfahren, in welchem Ausmaß sich im Volk Unruhe und Haß ausgebreitet hatten. Vgl. auch STEIDLE 90; MOUCHOVÁ 94 ff.

Endlich entschließt er sich zum Kriegszug, über dessen Ausgang er sich maßlos überheblich und zuversichtlich äußert. Bei den Vorbereitungen zum Kriegszug (44,1) kümmert er sich nur um sein Bühnengerät und seine Mätressen; als sich keine geeigneten Soldaten melden, nimmt er Sklaven auf[85]. Auf härteste Weise treibt er Geld ein (44,2—45,1), quare omnium in se odio incitato nihil contumeliarum defuit, quin subiret (45,2). Aufschriften auf Statuen und Ausrufe charakterisieren eindrucksvoll die Stimmung. Alles Bisherige war eine weitgesponnene Einleitung, die die eigentliche Todesdarstellung exponiert: Die Erzählung hat kaum Fortschritte gemacht, hat nur Neros unfähiges Verhalten verdeutlicht und ist mit den Aufschriften wieder an einem ähnlichen Punkt angelangt wie c. 40,1, wo ebenfalls Schimpfverse zur Stimmungsmalerei vorangegangen waren.

In all diesem Vorgehen zeigt sich ein völliges Unvermögen, sich auf die neue Lage wirksam einzustellen und Handlungen zu unternehmen, die eines Kaisers und Feldherrn würdig wären. Neue Unglückszeichen unterbrechen die Handlung und stimmen auf die Todesschilderung ein[86], in der Sueton die Unwürdigkeit des Verhaltens Neros besonders treffen will. Als ihm beim Mittagessen Nachrichten über den Abfall auch der übrigen Heere überbracht werden, wirft er in seiner Unbeherrschtheit zwei kostbare Becher an die Wand, läßt sich in einer kleinen goldenen Büchse Gift bringen und geht in die Servilianischen Gärten; die Tribunen und Centurionen seiner Umgebung versucht er zur Flucht zu überreden (47,1), doch als sie sich weigern, ruft er „usque adeone mori miserum est" (Verg. Aen. 12,646) und überlegt verschiedene Pläne, um sich zu retten, sogar von der Rednerbühne will er Verzeihung erflehen, ohne daß er aber etwas realisiert (47,2). Dann verschiebt er seine Überlegungen und — legt sich schlafen. Gegen Mitternacht wird er geweckt, da die Wachen ihre Posten verlassen haben. Niemand kommt, als er nach seinen Freunden schickt, da geht er sie selbst, aber ohne Erfolg, suchen. Bei seiner

---

[85] Über dieses probrum vgl. VERF., Bemerkungen zur Darstellung von Catilinas Ende bei Sallust, Fs. VRETSKA, 1970, 362 f. und Anm. 3 (dort muß es R. SYME, Sallust heißen).

[86] Nicht zustimmen möchte ich MOUCHOVÁ 55 f., die aus dem Zurückgreifen von 47,1 auf 40,6 schließt, daß die ursprünglich zusammenhängende Darstellung der Ereignisse erst nachträglich durch die Vorzeichen unterbrochen worden sei. Abgesehen von der einstimmenden Funktion, die auch in anderen Viten die Vorzeichen an dieser Stelle haben, entspricht es durchaus der Art Suetons, einen inhaltlich geschlossenen Komplex zum Ende zu führen, um mit einem Neueinsatz zeitlich wieder zurückzugreifen. Dies konnte in der Caesarvita festgestellt werden (VERF. 9) und ebenso in der Othovita (oben S. 124).

Rückkehr ist auch seine Leibwache fort, nicht ohne vorher alles Bewegliche, auch die goldene Giftbüchse, mitgenommen zu haben. Als er den Gladiator Spiculus oder irgendeinen anderen auffordert, ihn zu töten, und niemand es tut, stürzt er mit dem „ergo ego nec amicum habeo nec inimicum" mit der Absicht davon, sich im Tiber zu ertränken (47,3). Doch dann gibt er dieses Vorhaben wieder auf und will einen Schlupfwinkel aufsuchen. Als der Freigelassene Phaon sein Landgut dafür anbietet, ist der Entschluß zu sterben vergessen, und er bricht dorthin mit vier Begleitern auf (48,1). Erdbeben und Blitz erschrecken ihn (48,2), durch Gebüsch und Dornengestrüpp gelangt er endlich an die Hinterseite des Landgutes; sich in einer Sandgrube zu verbergen, lehnt er ab, da er nicht lebendig unter die Erde gehen wolle. Wasser trinkt er mit der Hand aus einer Pfütze, nicht ohne voll Selbstbemitleidung hinzuzusetzen: haec est Neronis decocta (48,3). Durch ein Loch gelangt Nero in die nächste Kammer, in der ein kümmerliches Lager steht, Brot lehnt er ab, als er Hunger hat, nur lauwarmes Wasser trinkt er (48,4). Vor seinen Augen läßt er eine Grube graben und ruft dazu: qualis artifex pereo[87]. Auf die Nachricht, er sei zum Staatsfeind erklärt, nimmt er zwei Dolche, die er bei sich getragen hatte, prüft ihre Schärfe, steckt sie aber mit den Worten „nondum adesse fatalem horam" wieder weg (49,2). Dann fordert er aber Sporus auf, die Totenklage zu erheben, und bittet, jemand möge ihn töten, und schilt sich wegen seines Zauderns. Als er die Reiter hört, die ihn lebendig fangen sollen, zitiert er einen Homervers und ferrum iugulo adegit, aber auch das nicht allein: iuvante Epaphrodito a libellis (49,3). Dem Centurio, der Hilfe nur vortäuscht, ruft er „sero et haec est fides" zu und stirbt, wobei ihm zum Grausen aller die Augen aus den Höhlen treten. Ausführungen über das Begräbnis runden die Todesdarstellung ab (50).

Mit dieser Darstellung[88] erweist sich Neros Verhalten als Zerrbild eines heldenhaften, stoisch gefaßten Todes, wie ihn einst Cato Uticensis exemplarisch gezeigt hatte[89]. Um so heroischer muß Othos Freitod vor

---

[87] Nero bietet damit das Zerrbild jenes Verhaltens, das bei einem stoischen Heldentod gezeigt wurde. Ein Gegenbild bietet etwa das Verhalten des Valerius Asiaticus (vgl. Tac. ann. 11,3): Dieser öffnete sich die Adern und besichtigte noch den für ihn im Garten aufgestellten Scheiterhaufen.

[88] Daß die Todesschilderung ein Bestandteil der Charakteristik ist, betonen STEIDLE 91 f. und MOUCHOVÁ 52; in der Caesarvita hat sich das besonders schön gezeigt (VERF. a. O.).

[89] Dazu SCHUNCK a. O. 57 ff.; zum Tod Petrons (Tac. ann. 16,18—19) als Gegenbild zum heroischen Tod der Stoiker 71 f. Aber Petron spielt bewußt und ironisierend

diesem Hintergrund erscheinen: kein Zaudern, kein unwürdiges Verhalten; ruhig und gefaßt verlebt er nach dem rasch und entschieden
gefaßten Entschluß seine letzten Stunden. Um seine Verwandten und
Freunde ist er liebevoll besorgt, während sich Nero nur um sich selbst
kümmert. Innere Ruhe und Überlegenheit zeigen seine letzten Aussprüche, in denen bei Nero nur ein grenzenloses Selbstmitleid und
Jammer über sein Schicksal zum Ausdruck kommt. Nero nimmt seine
beiden Dolche, prüft sie, steckt sie aber wieder weg, weil ihn der Mut verläßt, Otho macht genau dasselbe, legt sich aber den einen für den Tod
unter seinen Polster, da er vorher noch einmal fest schläft. Otho tötet sich
allein, Nero braucht die Hilfe eines anderen dazu.

Gelebt hat Otho wie ein Nero redivivus, im Tod aber hat er sich
von seinem Vorbild endgültig gelöst und römische Haltung bewiesen,
die nach Suetons Darstellung zwar in ihm wesensmäßig angelegt, aber
eben durch die Nero-imitatio überdeckt war. Sueton hat für den auffälligen Widerspruch zwischen Leben und Tod Othos nach einer Begründung gesucht und sie auch in der Ambivalenz dieses Charakters gefunden. Freilich hat er sich nicht in Reflexionen darüber geäußert, sondern hat sie nur durch die Gestaltung des Faktischen dem Leser nahegebracht.

Nicht zuletzt hat Sueton diese Wirkung dadurch erreicht, daß er
nicht bloß alle darstellerischen Möglichkeiten, die ihm die Biographie
als in sich geschlossene Einheit eines Lebensbildes bot, ausgeschöpft,
sondern auch Othos Charakterbild vor dem Hintergrund Neros als
Parallel- bzw. Kontrastbild gezeichnet.

Die Nerovita wird durch eine ausführliche Rubrik über Neros Vorfahren eingeleitet (c. 1—5), in der schon alle später in Nero vorhandenen
vitia Revue passieren: 2,1—2 Hochmut, Überheblichkeit; 2,3 Todesfurcht; 3,1—2 selbst auf dem besten Vertreter des Geschlechtes haftet
der Makel, daß er nur desiderio amicae Serviliae Naidis zu Augustus
übergegangen ist; 4 Anmaßung, Verschwendungssucht, Grausamkeit;
5,1 Maßlosigkeit; 5,2 perfidia in Geldangelegenheiten, Ehebruch, Inzest.
Diese Linie wird durch die Vorzeichen bei seiner Geburt fortgesetzt
(oben S. 56 f.), wo der Ausspruch des Vaters Domitius (6,1 negantis
quicquam ex se et Agrippina nisi detestabile et malo publico nasci
potuisse) ein deutliches Signum für die Zukunft gibt. Trotzdem tritt

---

mit dem Vorbild und bewahrt damit einen wesentlichen Moment des Heldentodes,
die constantia (darüber SCHUNCK a. O. 66), während Nero in keiner Phase diese
constantia zeigt und daher eher ein Gegenbild ist als Petron.

beim Regierungsantritt eine ganz andere Seite an Neros Wesen zutage, ein durchaus positives Verhalten, das aber nur von kurzer Dauer ist — man denkt an Trajans Dictum vom felix quinquennium Neros — und das Sueton c. 19,3 in betonten Gegensatz zu den folgenden probra et scelera stellt[90]): Haec partim nulla reprehensione, partim etiam non mediocri laude digna in unum contuli, ut secernerem a probris ac sceleribus eius, de quibus dehinc dicam. Hingegen läßt sich in der Othovita gleichsam eine reziproke Anordnung feststellen. Von den großteils negativen Eigenschaften der Vorfahren, die in ihrer Summe die vitia Neronis vorwegnehmen, über das Zutagetreten dieser Eigenschaften im jungen Nero und über eine Periode des positiven Verhaltens, das also ebenso wie in Otho wesensmäßig zunächst angelegt ist, bis zum völligen Scheusal, das sein ihm gemäßes Ende findet, reicht hier der große Lebensbogen. Gerade umgekehrt ist es bei Otho: Von den positiven Vorfahren geht die Linie über die negative Periode, in der Otho sich vom Vorbild Neros leiten läßt, zum Loslösen vom Vorbild und zum stolzen Freitod.

Nun ist vor der Erörterung des Schlußkapitels noch ein Vergleich mit Tacitus lehrreich[91]). Nach einer ausgedehnten Schilderung der Schlacht und der sich anschließenden Flucht setzt hist. 2,46,1 die Othohandlung ein: Opperiebatur Otho nuntium pugnae nequaquam trepidus et consilii expers. Die Soldaten machen ihm Mut, besonders Plotius Firmus, was Tacitus bis zur Äußerung steigert (46,3): ut nemo dubitet potuisse renovari bellum atrox lugubre incertum victis et victoribus. Die Stimmung der Soldaten, die auch bisher bei Tacitus die treibende Kraft

---

[90]) Mit MOUCHOVÁ 89 ff. meine ich, daß nur die cc. 14—19 diese positive Seite beschreiben, während die cc. 11—13 zur sogenannten „ostentatio" gehören; vgl. dagegen STEIDLE 87 ff.

[91]) Vgl. dazu die Analyse bei SCHUNCK a. O. 73 ff., der herausarbeitet, wie Othos Tod in allen Zügen eine Nachahmung jenes von Cato darstellt; „Kaiser Otho machte sich in seinem Selbstverständnis zu einem Cato redivivus, der den neuen Bürgerkrieg — in alledem spielt das Vorbilddenken eine Rolle — durch seinen Opfertod für den Staat beendet" (74); es entsteht fast der Eindruck einer devotio (vgl. auch H. HAAS, Virtus Tacitea, Gym. 49, 1938, 179, zur affektischen Teilnahme des Tacitus am Ende Othos); Otho wird zum exemplum altrömischer virtus bei Tacitus (77); und stirbt als neuer Cato, freiwillig und entschlossen. SCHUNCK hat im übrigen nachgewiesen, daß die dramatische Todesdarstellung der Biographie in das Geschichtswerk eingedrungen ist, wo sie in der fortlaufenden historischen Darstellung eines selbständigen, geschlossenen Kunstwerks annimmt (vgl. 56 f.); dieses Schema zeigt sich vor allem an Galbas Tod. Othos Selbstmord als typisch stoisches Beispiel hat schon B. F. HARRIES, Tacitus on the death of Otho, CJ 58, 1962, 73 ff., behandelt.

waren, steht hier an der Spitze, der Entschluß zum Tod folgt erst danach, den Otho in einer Rede darlegt (47,1—3). Bei Sueton ist es gerade umgekehrt, weil es ihm um Othos Verhalten allein geht; statt des knappen, aber entschiedenen Dictums setzt Tacitus eine ganze Rede. Die Erzählungen des Vaters Suetons fehlen natürlich. Die Darstellung der Stunden vor dem Tod decken sich ungefähr, ohne aber soviele plastische Details anzugeben: Es fehlen das Schreiben der Briefe, Othos letzte Worte und wie Otho seine Todeswunde einmal verbarg, einmal aufdeckte; Einzelheiten, die der Darstellung Suetons eine gewisse Farbe verleihen. Schließlich hat man den Eindruck, daß Otho bei Sueton noch um einige Grade ruhiger und gefaßter als bei Tacitus ist; vgl. (hist. 2,49,2) noctem quietam, utque adfirmatur, non insomnem egit, mit (11,2) artissimo somno quievit. Doch kommt zu diesen allerdings nicht unwichtigen Kleinigkeiten ein großer Unterschied. Sueton hat versucht, Othos Tod in Einklang mit dem Wesen dieses Menschen zu bringen. Bei Tacitus bleibt der Tod ein ἀπροσδόκητον, ein unfaßbares Ereignis inmitten des haltlosen Treibens sein Leben lang, ein Beispiel altrömischer, aber nicht erklärbarer — plötzlicher virtus. Sueton, der Biograph, der den Menschen in den Mittelpunkt seiner Darstellung rückt, glaubt die Erklärung in der von den Vorfahren, besonders vom Vater übernommenen Wesensart gefunden zu haben; sie kündigt sich hier und da auch während seines Lebens an, doch kann sich der Träger vom Beispiel Neros nicht lösen. Erst im Unglück kommt nach dem Nero redivivus der Cato redivivus aus den Tiefen seines Wesens zutage. Sein Tod aber wurde von der Mitwelt als exemplarisch empfunden, wie Martials Verse zeigen können (6,32,5 f.):

> Sit Cato, dum vivit, sane vel Caesare maior:
> Dum moritur, numquid maior Othone fuit?

Diese Darstellung eines stoisch empfundenen Heldentodes, in der alles Unmäßige, Gewaltsame, Verbrecherische des Lebens aufgehoben erscheint, zwingt aber, den Blick nochmals auf das Werk eines anderen Historikers zurückzuwenden, nämlich auf Sallust und seine Darstellung der catilinarischen Verschwörung. Hatte schon F. Klingner festgestellt[92]), daß sich Otho und die neronische Verderbtheit zueinander wie Catilina und die corrupti civitatis mores bei Sallust verhalten, und E. Burck die Erhebung Othos bei Tacitus mit Sallusts Catilina verglichen und dabei gezeigt, daß Tacitus Sallusts Darstellung vor Augen gehabt hat[93]), so

---

[92]) A. a. O. 624, Anm. 2.
[93]) E. Burck a. O., besonders 101 ff.

gehen diese Beziehungen noch weiter und erstrecken sich trotz aller
Unterschiede im einzelnen auch auf die Todesdarstellung. Auch in
Catilina bricht am Ende seines Lebens, als er alle seine Pläne gescheitert
und sich vom konsularischen Heer zum Kampf gezwungen sieht, jene
untadelige altrömische Wesensart durch, die in ihm immer angelegt war,
ohne je zur Wirkung gekommen zu sein, weil sie von jenem gewalt-
tätigen Willen zur Macht überdeckt gewesen war[94]). Sallust legt in seiner
Darstellung alles daran, Catilinas Tod in der Schlacht von Pistoria
zu einem Heldentod zu erhöhen, in dem sich jenes berühmte Wort des
Fürsten von Ligne, „Catilina war ein Verbrecher, aber er hätte ein Held
sein können", in fast tragischer Weise bewahrheitet. Zugleich aber vermag der Vergleich von Suetons Otho mit Sallusts Catilina zu zeigen,
wie sehr die Antinomie zwischen einem Leben als Verbrecher und einem
Tod als Held eine wesensmäßige römische Befindlichkeit ist, die uns
jene Männer letztlich so unbegreiflich erscheinen läßt. Dadurch aber,
daß Sueton daran nicht vorübergeht, sondern diese Antinomie mit
kräftigen Strichen aufzeigt, erweist er sich in diesem Betrachte als ein
unverächtlicher Schriftsteller, der zwar, zieht man die Summe, nicht
den Rang eines Sallust oder Tacitus einnimmt, aber doch in der Form
der Biographie Beachtliches geleistet hat, das die ungeheure Wirkung
seiner Schriften auf die Nachwelt rechtfertigen kann.

Doch in Suetons Othovita folgt noch ein Kapitel (c. 12): Tanto
Othonis animo nequaquam corpus aut habitus competit[95]). Denn er
war nur klein, hatte krumme Beine und war sehr eitel: Er trug eine
Perücke und ließ sich täglich rasieren und mit feuchtem Brot abreiben.
Per quae factum putem, ut mors eius minime congruens vitae maiore
miraculo fuerit (12,2), womit Sueton durch den Hinweis auf die all-
gemeine Beurteilung auf den Gegensatz zwischen Leben und Tod hin-
weist. Sueton läßt sich also durchaus nicht von einem verpflichtenden
Schema leiten, wenn er gerade in der Othovita die Rubrik über die äußere
Erscheinung des Kaisers an den Schluß stellt, weil er so nochmals die
Ambivalenz im Wesen Othos sichtbar machen kann. Erst jetzt, als Ab-
rundung der Vita, um einen letzten Eindruck von der exemplarischen
Wirkung dieses Todes zu geben, erzählt Sueton, daß die Soldaten unter
Tränen Hände und Füße des Toten geküßt haben, daß sie ihn einen
fortissimus vir und unicus imperator nannten und sich neben dem

---

[94]) Vgl. dazu VERF., Beobachtungen zur Darstellung von Catilinas Ende bei Sallust
(oben Anm. 85) und die dort angegebene Literatur.
[95]) Auch Tacitus hat diesen Gegensatz (hist. 1,22,1 non erat Othonis mollis et corpori
similis animus), der bei ihm aber als Motivierung für die Usurpation dient.

Scheiterhaufen getötet haben. Auch abwesende Soldaten, fügt Sueton steigernd hinzu, die also nicht unmittelbar unter dem Eindruck des Todes standen, töteten sich, als sie davon hörten[96]). Die Akzentsetzung ist damit anders als bei Tacitus, der das unmittelbar nach dem Tod erzählt (hist. 2,49,4)[97]). Dadurch, daß Sueton die Nachricht von der Todesdarstellung abtrennt und erst am Schluß der Vita erzählt, zittert das Geschehen im Leser gleichsam noch einmal nach und die Vita wird wirkungsvoll abgeschlossen. Denn er fügt noch die Bemerkung an, Galbam ab eo non tam dominandi quam rei publicae ac libertatis restituendae causa interemptum, ein Urteil der Mitwelt (ut vulgo iactatum sit etiam), das auf Grund des Heldentodes entstehen konnte, hier am Schluß aber die Funktion hat, die positive Linie im Charakter Othos, die während seines Lebens wenig hervorgetreten, bei seinem Tod aber endgültig durchgebrochen war, noch in einer letzten Steigerung leuchten zu lassen. Der letzte Eindruck, den man von Otho in Suetons Vita erhält, wird auch der bleibende sein.

Sueton sieht somit Otho durchaus in der Bedingtheit seines Wesens, in dem Integrität und Verbrechertum, Zurückhaltung und Brutalität, altrömische Art und Monstrosität geradezu unverbunden nebeneinander stehen und jeweils die Dominante in seinem Verhalten bilden. Es gelingt Sueton die wesentlichen Linien in Othos Leben in kräftiger Strichführung sichtbar zu machen und zu zeigen, daß sein Tod zwar im Widerspruch zu seinem bisherigen Leben steht, daß aber die Möglichkeit dazu in seinem Wesen angelegt war. Gegenüber Tacitus, der ganz andere Absichten verfolgt, ist ein Weniger an psychologischen Feinheiten, an Analysen des Verhaltens der Masse, an innerer Geschichte des römischen Staates gegeben[98]), aber dafür ein Mehr an knappen Linien, die das Wesentliche dieser Persönlichkeit hervortreten läßt[99]).

---

[96]) Über die Beispielhaftigkeit von Othos Tod vgl. SCHUNCK a. O. 60.

[97]) MOUCHOVÁ, Ausgewählte Parallelen ..., 259 f., hat darauf hingewiesen, daß Suetons Worte die Neigung der Soldaten zu Otho stärker hervortreten lassen, da sich bei ihm multi praesentium militum töten, bei Tacitus nur quidam militum, was bei Sueton zugleich der Beginn einer Klimax im letzten Kapitel ist, die von multi praesentium militum über multi et absentium bis zu denique magna pars hominum geht; ebenso ist cum plurimo fletu bei Sueton gegenüber cum lacrimis bei Tacitus gesteigert.

[98]) KLINGNER a. O. 624 hat gezeigt, wie die Otho treibenden Kräfte gegenwärtig dargestellt werden und sein Verrat zu einer Art catilinarischer Tat wird; der Kampf zwischen Otho und Vitellius ist in ein Gesamtbild der römischen inneren Geschichte gefügt (617). Vgl. auch HEUBNER a. O. 8: „der Hintergrund wird unheimlich lebendig", was bei Sueton nicht der Fall ist. Vgl. zu Tacitus' Personendarstellung

Zuletzt aber hat sich gezeigt, daß Suetons Viten nicht bloß für sich allein gesehen werden dürfen, sondern immer in ihrer Bezogenheit auf die anderen Viten. Suetons Biographiensammlung ist als Einheit komponiert, der einzelne Kaiser ist nur ein Mosaikstein im Gesamtgefüge, nach den Grundsätzen der Übereinstimmung und des Gegensatzes charakterisiert und daher nicht völlig zu verstehen, ohne in Beziehung zu den anderen zu setzen. So erhält die Othovita ihre Aussage erst durch den Zusammenklang und Kontrast zur Nerovita. Auch solche Beziehungen aber kann nur „un vero scrittore" herstellen, als der sich Sueton auch in der Gestaltung der Othovita erwiesen hat.

noch grundsätzlich S. G. DAITZ, Tacitus' Technique of Character Portrayal, AJPh 81, 1960, 30 ff. Das Wesentliche für unseren Zusammenhang ist bei BURCK a. O. 108 f. zusammengefaßt: „Tacitus erblickt schließlich in den ersten Wirren des Revolutionsjahres 69 den endgültigen Zusammenbruch eines schon mehr als 200jährigen politisch-moralischen Niederganges ... Zugleich werden ihm hier die Keime der domitianischen Tyrannis offenbar. Senat und Magistrat, Ritter und Volk sind ihren ungebändigten Trieben und Lüsten verfallen und sind willenlose Schachfiguren im Spiel der Heerführer und der Soldateska."

[99]) Ich möchte darin nicht a priori eine „stark vereinfachende und schematisierende Schilderung" sehen, wie sie KOESTERMANN a. O. 426 beim Galbabild Suetons feststellt. Ein klares Herausarbeiten der Grundsätze, das naturgemäß mit einem Verlust von Details verbunden ist, ist noch nicht unbedingt Vereinfachung, da man die verschiedenen Intentionen in Rechnung stellen muß. Tacitus will ein Gesamtbild geben, die handelnden Personen stehen in engstem Konnex mit der Masse, deren Verhalten eingehend studiert wird. Sueton geht es nur um die eine Person des Kaisers, die freilich zugleich exemplarisch und symptomatisch für alles steht.

IV. DIE EIGENART DER SUETONISCHEN KAISER-BIOGRAPHIEN

Eine letzte Frage, die auch zugleich die schwierigste ist, soll noch berührt werden, selbst auf die Gefahr hin, über bloße Vermutungen und Hypothesen nicht hinauszukommen, die vieltraktierte Frage nach der Form der suetonischen Kaiserbiographien und nach der Absicht, die Sueton mit ihnen verfolgte.

Hatte Leo die Originalität Suetons im Übertragen eines literarischen Schemas, nämlich der sogenannten alexandrinischen Gelehrtenbiographie, auf die Kaiserviten gesehen[1]), so scheint darin ein richtiger, bislang noch nicht genug beachteter Grundgedanke verborgen zu sein, den Leo selbst schon angedeutet hatte, ohne die Konsequenzen daraus zu ziehen. Sueton hat, wie wir glauben, ein der Biographie ursprünglich nicht eigenes Prinzip mit ihr vereinigt, nämlich das der fortlaufenden, eine geschlossene Epoche umfassenden Geschichtsschreibung. Dies stellt sich aber als konsequente Folge aus bestimmten formalen und soziologischen Bedingtheiten heraus.

Vor Sueton war die griechische und römische Biographie ausschließlich Einzelpersönlichkeiten gewidmet gewesen, hatte aber immer schon die Tendenz zur Vereinigung in Sammlungen nach sachlichen Gesichtspunkten (Staatsmänner, Redner, Feldherrn usw.) gezeigt, oder auch den Rahmen einer διαδοχή bzw. den Anschein einer solchen gewahrt[2]), wie sie uns etwa bei Diogenes Laertios vorliegt. Andererseits wurde gerade vor und während der Zeit Suetons die Form der Einzelbiographie mit mehr oder weniger historischem Einschlag häufig gepflegt[3]). Weit herausragendes Beispiel für diese Produktion ist der Agricola des Tacitus. Das Genos dieses Werkes hat eine weitläufige Diskussion hervorgerufen[4]); für

---

[1]) Vgl. dazu Einleitung S. 13.

[2]) Vgl. über Diogenes Laertios LEO 35 ff., außerdem 74 f., 80 f., 135; über Memmons Reihe der Tyrannen von Heraklea 143.

[3]) Vgl. die Aufzählung bei SCHANZ-HOSIUS II, 831 f.

[4]) Dazu K. BÜCHNER, Tacitus. Die historischen Versuche, 1963, 78 ff.; P. KOLAKLIDIS, Symbolai eis to problema tes syntheseos tou Agricola, Athena 62, 1958, 114 ff.; W. STEIDLE, Tacitusprobleme, MH 22, 1965, 96 ff.; R. M. OGILVIE - I. RICHMOND,

den Zusammenhang ist diese Frage nur insofern bedeutsam, als der Agricola zeigt, wie stark die Biographie gegenüber der Geschichtsschreibung geöffnet sein kann. In konsequenter Folge unternimmt Sueton zum erstenmal in der römischen Literatur eine chronologisch zusammenhängende Reihe geschichtlicher Persönlichkeiten, eben die zwölf Kaiser von Caesar bis Domitian, zu schaffen, damit aber gleichzeitig auch die Geschichte dieser Zeit[5]) in der Form von Biographien als durchgehende Einheit darzustellen.

Daß diese Darstellungsform gleichsam in der Luft lag, vermag der Blick auf Plutarch zu lehren. Denn nach dem Lampriaskatalog hat auch er die Kaiser von Augustus bis Vitellius in einer Biographienreihe behandelt[6]), von denen die Viten des Galba und Otho erhalten sind. Dabei ist zweierlei festzuhalten. Zum ersten zeigt Sueton, wenn er die Kaiser nicht erst mit Augustus, sondern schon mit Caesar beginnen läßt, ein ausgeprägtes Gefühl für historische Epocheneinteilung, da er damit gewiß richtig erkannt hat, daß mit Caesar und nicht erst mit Augustus das Neue im Ablauf der römischen Geschichte begonnen hat[7]). Zum zweiten aber hat Plutarch die Kaiser nicht isoliert als Einheit dargestellt, sondern er hat seine Reihe eher nach den Prinzipien der πραγματική ἱστορία verfaßt[8]). Das zeigen die erhaltenen Viten des Galba und Otho, die nicht

---

C. Taciti de vita Agricolae, 1967, 11 ff., und zuletzt R. Häussler, Zum Umfang und Aufbau des Dialogus de oratoribus, Phil. 113, 1969, 34 ff. und die dort angeführte Literatur; für unseren Zusammenhang wichtig seine abschließende Bemerkung S. 37: „So unverkennbar im ‚Agricola' schon des werdenden Historikers Griffel am Werk ist, wo es zunächst nur gilt, das Andenken des verehrten Schwiegervaters zu verewigen, so wenig hat Tacitus dabei die prinzipiellen Möglichkeiten der biographischen Gattung überschritten. Er hat ihre Grenzen nicht durchbrochen, durchlässig gemacht." Vgl. auch B. Metz, Darstellungskunst und Aufbau von Tacitus' Agricola, Diss. Graz 1971 (Ms).

[5]) Für die Jahre 70—96 ist es sogar unsere einzige zusammenhängende Quelle (M. P. Charlesworth in C. A. H. XI, 1 — nach Luck, Divus Titus 63).

[6]) Vgl. Leo 156 f. K. Ziegler RE s. v. Plutarchos (Sonderdruck) 258 und 262 sieht in den aus dieser Reihe erhaltenen Viten des Galba und Otho nur Einzelviten; Christ - Schmid - Stählin II, 1, 520 hält sie für ein Stück allgemeiner Geschichtsschreibung; dagegen Steidle 177, Anm. 1.

[7]) Für Plutarch war die Lage insofern anders, als er zum Zeitpunkt der Abfassung der Kaiserreihe bereits die Caesarvita im Rahmen der Parallelviten vorliegen hatte und eine Wiederholung vermied.

[8]) Vgl. Leo a. O. und M. Fuhrmann, Das Vierkaiserjahr bei Tacitus. Über den Aufbau der Historien Buch I—III, Phil. 104, 1960, 250 ff., die Stelle 264, Anm. 1. Plut. Galba 2,5 weist „schwerlich auf die prinzipiellen Unterschiede zwischen einem Geschichtswerk und einer Lebensbeschreibung", sondern gibt nur zu verstehen, daß er sich auf das wesentliche beschränkt.

je die Ganzheit eines Lebens zusammenfassen, sondern ineinandergreifen und die Reihenfolge des historischen Ablaufs wahren. So setzt die Othovita erst mit dem Tod Galbas und dem Antritt der Regierung Othos ein, die Zeit bis dahin, Jugend und Umtriebe Othos sind im Rahmen der Galbavita erzählt. Obzwar Plutarchs Kaiserreihe vor Sueton liegt und die Caesares Plutarch noch nicht vorlagen, so erweisen die Differenzen zwischen den vorliegenden Biographien Galbas und Othos und den Caesares, daß Plutarch auf Sueton nicht eingewirkt hat.

Die formalen Gegebenheiten reichen aber nicht aus, um den Schritt Suetons zu begründen, sie bilden nur die eine Voraussetzung dafür. Erklärlich und verstehbar wird er erst, wenn man ihn in Zusammenhang mit seiner spezifischen Bedingtheit durch die politische, soziologische und geistige Gesamtsituation der Zeit als Ergebnis einer folgerichtigen Entwicklung sieht. In der Zeit, in der Sueton lebte und schrieb, waren Senat und Volk von Rom sowie die einzelnen herausragenden Persönlichkeiten, die in der libera res publica ein weites Betätigungsfeld für ihren politischen Ehrgeiz gehabt hatten, zu bloßen Statisten einer Szenerie geworden, die der Kaiser nahezu allein beherrschte. Was er tat, war identisch mit der Geschichte, zumindest nach dem Gefühl der Zeitgenossen, denen jede persönliche Handlungsmöglichkeit genommen war. Damit ist aber auch die Person des Kaisers vollständig in den Mittelpunkt des historischen Geschehens und zugleich des Interesses gerückt.

Jene Zeit, in der der ältere Cato Geschichte schreiben konnte, ohne Namen zu nennen (Corn. Nep. Cato 3 bellorum duces non nominavit, sed sine nominibus res notavit)[9]), in der der populus Romanus der Träger der Geschichte und der einzelne Mensch nur insoweit belangvoll war, als Licht von der Gesamtheit auf ihn fiel, wie das bei Livius der Fall ist, war endgültig vorbei. Jetzt war an die Stelle des populus Romanus der Kaiser getreten, der allein die Geschichte machte oder doch zu machen schien[10]). So darf es nicht wunder nehmen, daß diese historische Biographie[11]) die adäquate Form wurde, die Geschichte dieser Zeit in der Darstellung des Lebens der aufeinander folgenden Kaiser zu begreifen.

---

[9]) Aus der Fülle der Literatur sei wenigstens auf die Ausführungen F. KLINGNERS, Cato Censorius und die Krisis Roma, in: Römische Geisteswelt, 4. Aufl., 1961, 34 ff., verwiesen.

[10]) Vgl. auch FUNAIOLI RE 637. Ähnliches gilt selbstverständlich auch für Plutarch (vgl. K. ZIEGLER a. O. 272).

[11]) So sei diese Form der Biographie, wie schon ohne Präzisierung bei LEO 321, zum Unterschied von anderen, etwa der politischen Biographie, genannt (vgl. dazu STEIDLE 7 f., 140 ff., 166 f.).

Freilich war es eine andere Auffassung von Geschichte, die zwar nicht die unsere ist, aber doch ihre Berechtigung hat. Die Menschen hatten das Gefühl für historisch relevante Dimensionen im selben Maß verloren, wie ihnen die Möglichkeit der Einflußnahme auf das politische Geschehen genommen war. Die großen Schlachten waren geschlagen, das Imperium Romanum im großen und ganzen befriedet. Was noch blieb, waren kleinere Grenzkriege, die jedoch die Lebensinteressen der Römer nicht mehr berührten. Was weiter noch blieb, war das Geschehen in und um den Kaiserhof, waren die Taten, das Wirken und die Leistungen des Kaisers bis hin zu all den nichtigen Kleinigkeiten aus seiner privaten und öffentlichen Lebenssphäre, waren schließlich die Begebnisse beim Antritt der Herrschaft und bei seinem Tod, die kleineren und größeren Erhebungen, die sich gegen den Kaiser richteten und seine Herrschaft gefährdeten, oder manchmal sogar stürzten. Dabei hielt auch jener Tratsch Berichtwert, den man Sueton sosehr zum Vorwurf gemacht hat, ohne zu bedenken, daß man hierin das Surrogat für das Verlorene verstehen muß. Der Verlust an äußerer Größe und innerem Gehalt entsprach der Zeit. Doch hat Sueton den Hofklatsch nicht um seiner selbst willen erzählt, sondern um dadurch die Kaiser und die Zeit zu charakterisieren.

So verdrängte die Beschreibung des Lebens der Kaiser im Verein mit dem Interesse für ihre Privatsphäre das annalistische Geschichtswerk im alten Sinne, in dem der populus Romanus der Protagonist gewesen war. Sueton hat diesen Wandel der geistigen Situation erkannt und der neuen Lage mit einer neuen literarischen Gesamtform entsprochen, in der er auf vorhandene Gegebenheiten zurückgreifen konnte und mit der er für die Zukunft formbildend wurde. Nach ihm reicht die ununterbrochene Reihe der Biographien von Marius Maximus, der unmittelbar an ihn anknüpft und die Kaiser von Nerva bis Elagabal beschreibt, über Aelius Iunius Cordus und eine Vielzahl unbedeutender Biographen, die meist nur dem Namen nach oder aus wenigen Fragmenten bekannt sind[12]), über die Scriptores Historiae Augustae, die Caesares des Aurelius Victor bis ins Mittelalter und die Renaissance. Suetons Leistung erleidet keine Einbuße, wenn seine Nachfolge zu einem „Kehrichthaufen" (Leo, 269) wurde und sich in der Erfindung einer angereicherten chronique scandaleuse verlor.

Tacitus hingegen bildet nicht nur in seinen Ansichten, in seinem scharfen Verdikt gegenüber seiner Zeit und der immer wieder durchscheinenden Sehnsucht nach der libera res publica, sondern auch in der

---

[12]) Vgl. die Zusammenstellungen bei SCHANZ-HOSIUS III, 86 ff.; außerdem LEO 268 ff.

Form seines Geschichtswerkes gleichermaßen einen bewußten Rück-
griff[13]) auf Vergangenes wie einen unübertroffenen Höhepunkt römischer
Geschichtsschreibung, die mit ihm zu Ende ist. Nochmals ist der populus
Romanus Protagonist, aber nur mehr ein jammervoller und kläglicher,
über dem das unwiderrufbare Vorbei steht. Freilich hat mehr als zwei
Jahrhunderte später Ammianus Marcellinus nochmals einen solchen
Rückgriff gewagt, aber gerade bei ihm läßt sich zeigen, wie sehr der
Epigone von der Biographie beeinflußt ist[14]). Und schließlich kann die
Ausnahme auch in diesem Belang nur die Regel bestätigen, daß es nach
Sueton Geschichtsschreibung nur mehr in der Form der Kaiserbiographie
gibt[15]).

Mit Suetons Caesares ist also die historische Biographie an die Stelle
der annalistischen Geschichtsschreibung getreten. Sueton wollte nun
gewiß nicht Geschichte schreiben im herkömmlichen Sinn der ἱστορία,
sondern er hat auf Grund der soziologischen Bedingtheit die Zeitgeschichte in der ihr jetzt einzig gemäßen Form geboten, und dies nicht
als „Ergänzung der Geschichtswerke", „wie das die biographischen
Sammelwerke für frühere Perioden der Geschichte leisteten"[16]), sondern,
wie wir meinen, durchaus mit dem Anspruch, gleichberechtigt neben die
Geschichtswerke zu treten.

---

[13]) Das gilt in gewissem Sinne auch von Florus' Epitome de Tito Livio, die in anderer
Form den Bedürfnissen und dem Geschmack der Zeit entsprechen sollte, da sie
einerseits den umfangreichen Livius auf ein erträgliches Maß kürzen und damit
eher lesbar machen sollte — daß damit auch eine Verflachung verbunden war, ist
evident, doch waren Florus' Intentionen eben anders —, andererseits aber auch
durch die Gleichsetzung der Geschichte des römischen Volkes mit der Lebenszeit
eines Menschen leichter verstehbar machen sollte (praef. 4 si quis ergo populum
Romanum quasi unum hominem consideret totamque eius aetatem percenseat); nach
R. HÄUSSLER, Vom Ursprung und Wandel des Lebensaltervergleichs, Hermes 92,
1964, 313 ff., ist die Gleichsetzung von Varro vermittelt. Griechischer Vorgänger
war Dikaiarchos mit seinem Werk Περὶ τοῦ τῆς Ἑλλάδος βίου. Das aber ist
wieder gleichsam ein biographisches Interesse, wenn die Geschichte auf einen
menschlichen Bios formelhaft zurückgeführt wird.

[14]) Vgl. LEO 237 ff.

[15]) Vgl. dazu LEO 1, der das Lustrum um 115—120 n. Chr. als Wasserscheide bezeichnet; wichtig auch seine Bemerkung: „der scholasticus findet für denselben
Stoff eine neue Form, eine Form, wie sie dem Zeitalter zukam, in dem die
lebendigen Kräfte des römischen Geistes versiegen wollten".

[16]) So LEO 268 und 319: „Eine solch überwiegende Bedeutung der einen Person für
die Geschichte brachte Sueton auf den Gedanken, durch die Beschreibung dieser
Persönlichkeit, ihres öffentlichen und privaten Lebens und Wesens, eine Ergänzung
der annalistischen Geschichtsschreibung zu liefern."

Wie in manchem, ist gerade in dieser Frage der Ausfall der Einleitung zu den Caesares zu beklagen, da sich Sueton darin wohl über seine Absichten und über sein Verhältnis zur Geschichtsschreibung geäußert hat. So bleiben zur Beantwortung dieser Frage als kärglicher, aber doch bedeutsamer Ersatz, jene programmatischen Äußerungen in der Augustus-vita[17]). Bei aller Vorsicht in ihrer Beurteilung zeigen sie doch, daß Sueton in seinen Kaiserbiographien zwei Ansprüche erhebt. Der eine längst erkannt und herausgearbeitet: Die Darstellung nach den Prinzipien des singillatim bzw. per species, die ein Gebot der sachlichen Klarheit war und Wesen und Wirken der Persönlichkeit erst deutlich hervortreten läßt[18]). Aber gerade eine Detailuntersuchung repräsentativer Rubriken konnte zeigen, daß es Sueton durchaus nicht bloß um eine übersichtliche Zusammenstellung des Materials geht[19]), sondern daß im Wechsel von Einzelerwähnungen und bewußt angeordneter Rubrik eine charakterisierende Absicht liegt, die geradezu ein besonderes Kennzeichen seiner biographischen Technik genannt werden kann.

Die zweite Absicht aber hat Sueton ebenfalls in den behandelten programmatischen Äußerungen zum Ausdruck gebracht, und darin liegt ein prinzipiell historischer Anspruch: Die Darlegung des Lebens und der Regierung des Staates in Krieg und Frieden (proposita vitae eius velut summa; in . . . regendaque per terrarum orbem pace belloque re p.), und dies mit Nachdruck universal gemeint (per terrarum orbem), freilich mit der Einschränkung, soweit sich darin die Persönlichkeit zeigt (qualis . . . fuerit) und im Zusammenhang des Lebensganzen (a iuventa usque ad supremum vitae diem), aber das ist eben identisch geworden mit der Zeitgeschichte und der Voraussetzung für die historische Biographie.

So erklären sich die Caesares — als Gesamtbild einer einheitlichen Reihe — aus dem Zusammentreffen von Geschichtsschreibung und Bio-

---

[17]) Aug. 9 Proposita vitae eius velut summa parte[s] singillatim neque per tempora sed per species exequar, quo distinctius demonstrari cognoscique possint; Aug. 61,1 Quoniam qualis in imperiis ac magistratibus regendaque per terrarum orbem pace belloque re p. fuerit, exposui, referam nunc interiorem ac familiarem eius vitam quibusque moribus atque fortuna domi et inter suos egerit a iuventa usque ad supremum vitae diem. Dazu vgl. HANSLIK 108; LEO 8 bezeichnet das als „Programm dieser neuen Art von Geschichtsschreibung", ohne aber die Konsequenzen daraus zu ziehen.

[18]) Vgl. STEIDLE 128: „Bei regierenden Persönlichkeiten ist es vom Gegenstand her wohl verständlich, daß die Zeit der Herrschaft vom übrigen Leben isoliert und in sachlichen, nicht chronologischen Zusammenhang gestellt wird", da sonst die wesentlichen Verbindungen verloren gingen.

[19]) LEO 320.

graphie und der Vereinigung der beiden Prinzipien. Dies zeigt sich zunächst schon am ständigen Wechsel von erzählenden und beschreibenden Teilen innerhalb der Einzelbiographie. Darüber hinaus müssen die Kaiserbiographien als Einheit genommen werden[20]), die als solche konzipiert war und gleichberechtigt neben das annalistische Geschichtswerk trat, ohne deren Prinzipien nun völlig zu übernehmen. Doch Sueton hat verschiedene Techniken angewendet, um die Zusammenhänge zu wahren.

Dazu dienten vor allem einmal die mehr oder weniger umfangreichen Prologe und Epiloge zu einzelnen Viten, die durch ihre Vor- und Rückgriffe verschiedene Viten zu Gruppen zusammenfassen, wobei der Verlust der Einleitung hier besonders schmerzvoll ist[21]). Schon die Tiberiusvita setzt durch den Hinweis auf das Geschlecht der Claudier, die nach den Iuliern die Herrschaft übernehmen, neu ein (1,1 Patricia gente Claudia — fuit enim et alia plebeia, nec potentia minor nec dignitate — orta est . . .) und bildet damit den ersten, wenn auch schwachen Einschnitt

---

[20]) Schon Leo 9, 142 f. u. ö. hatte auf den Charakter der Kaiserviten als διαδοχή hingewiesen; vgl. S. 11: „Sueton hat das erste Jahrhundert der Monarchie beschrieben, indem er die Kaiser beschrieb, so daß er in ein Gefüge von Rubriken aufnahm nicht sowohl was die Kaiser taten, als was sie waren, nicht was sie erlebten, als wie sie lebten. In der Tat hat es eine solche Geschichtsschreibung in den drei Jahrhunderten römischer Literatur vor Sueton nicht gegeben . . .“; dann zieht Leo jedoch die falsche Folgerung: „darum aber war diese Form nichts Neues, nur war es keine Form für Geschichtsschreibung, und die sollte es auch nach Suetons Sinne nicht sein“. Vgl. auch Steidle 73 (die Viten sind „nicht Einzelstücke, sondern als zusammengehörige Teile eines Ganzen gedacht“) und die dort angeführten Belege, ohne dem nachzugehen. Mit dem gebotenen Nachdruck hat R. Till in der Einleitung zur Übersetzung Heinemanns (1957) den eben vertretenen Standpunkt ausgesprochen, der um seiner Bedeutsamkeit willen ausgeschrieben sei (XXXII): Sueton wurde der „Begründer einer neuen lebenskräftigen und ungemein fruchtbaren Literaturgattung in Rom . . . Man wird diesen vollständigen Wandel nicht allein aus den geschichtlichen Mächten erklären können; Sueton erscheint uns vielmehr als die eigentlich treibende Kraft: Ihm war es gelungen, in der politischen (nach unserer Terminologie: historischen) Biographie eine neue Form der Geschichtsdarstellung zu schaffen, die der Zeit und ihrem Geschmack in jeder Beziehung entgegenkam“. Mit Berechtigung kann also E. Koestermann, Das Charakterbild Galbas bei Tacitus, Navicula Chilonensis. Fs. Jacoby 1956, 191 ff. (= Tacitus, Wege der Forschung 97, hrsg. v. V. Pöschl, 1969, 412 ff., danach zitiert), S. 424 vom Historiker Sueton sprechen.

[21]) Darauf weist schon Leo 9 hin. H. R. Graf, Kaiser Vespasian, 1 hat hervorgehoben, daß c. 1,1 der Vespasianvita die Praefatio zu Buch 8 der Caesares ist. Zustimmend Luck, Divus Titus 74. Über die ungünstige, auf die Ausgabe des Erasmus (Basel 1518) zurückgehende Kapiteleinleitung vgl. im übrigen Luck a. O. 66, Anm. 8 und 25 und Luck, Form der suetonischen Biographie 231. Graf a. O. betont auch die Bedeutung der Vorzeichen in Galba 1.

innerhalb der iulisch-claudischen Dynastie. Ebenso scheidet Sueton die Kaiser des Dreikaiserjahres von den voraufgehenden durch den Beginn der Galbavita (c. 1): Progenies Caesarum in Nerone defecit. Der Anfang der Vespasianvita (c. 1,1) faßt das Dreikaiserjahr zu einer Einheit zusammen und zeigt, wie Sueton es als einen bedeutsamen Einschnitt im Ablauf der Kaisergeschichte aufgefaßt hat: Rebellione trium principum et caede incertum diu et quasi vagum imperium suscepit firmavitque tandem gens Flavia, obscura illa quidem ac sine ullis maiorum imaginibus, sed tamen rei p. nequaquam paenitenda, constet licet Domitianum cupiditatis ac saevitiae merito poenas luisse. Damit greift dieses Vorwort schon auf die gesamte gens Flavia und bis auf ihr Ende mit Domitian vor.

Parallel mit diesen Bemerkungen geht noch eine besondere Verwendung der Vorzeichen, bei der Sueton nicht bloß die einzelne Vita im Auge hatte, sondern auch das Ganze der Vitenreihe, innerhalb der sie eine weitere gliedernde Funktion zu erfüllen hatten. Die beiden letzten Kaiser der iulisch-claudischen Dynastie sind Claudius und Nero. Im Claudius stehen die Todesvorzeichen erst am Ende der Vita. Den wirkungsvollen Schluß der Reihe bildet dabei das beziehungsvolle Dictum: accessisse ad finem mortalitatis, was bald auch für das ganze Geschlecht gelten sollte. Auch am Ende der Nerovita (c. 56) wird nochmals ein derartiges Vorzeichen angeführt (am Schluß seines Lebens wendet sich Nero der Eingeweideschau zu, erlangt aber niemals ein glückliches Vorzeichen), obwohl Sueton die auf den Tod vorausdeutenden Zeichen schon im Rahmen der Todesdarstellung in einer Rubrik gesammelt hat (c. 46) und dieses letzte Vorzeichen eigentlich schon dort hätte einreihen können. So aber wird sein Ende, das zugleich auch das Ende des ganzen Geschlechtes war, ein zweites Mal markiert. Dies verstärkt Sueton noch durch weitere Bemerkungen (c. 57) über die Freude, die Neros Tod hervorrief, und durch einen Vorgriff in die Zukunft, der Erwähnung des Auftretens eines Mannes, der sich als Nero ausgab: Es ist aber mit den Zeiten eines Nero ein für allemal vorbei.

Eine Einheit mit dem Ende der Nerovita bildet der Anfang der Galbavita (c. 1), mit der ein neuer Abschnitt beginnt: Progenies Caesarum in Nerone defecit: quod futurum compluribus quidem signis, sed vel evidentissimis duobus apparuit. Absichtlich stellt Sueton zwei Vorzeichen hierher, die nochmals das Ende einer historischen Epoche unterstreichen, und läßt wenig später (c. 4) bereits die Vorzeichen folgen, die auf Galbas Herrschaft und damit auf den Beginn einer neuen Epoche hinweisen, deren Abschluß mit Vitellius gegeben ist. Auch diesen markiert Sueton deutlich, indem er am Ende der Vitelliusvita, ähnlich wie in der Nerovita, ein Vorzeichen wieder aufnimmt, das auf den Tod des Vitellius deutet (c. 18). Dieses Vorzeichen hatte er schon vorher angeführt (c. 9), erst jetzt aber gibt er seine vollständige Ausdeutung. Dadurch wird das Ende der Vita, zugleich aber auch der Abschluß des Dreikaiserjahres, gekennzeichnet, was durch die Anfangsworte der Vespasianvita neuerlich betont wird. Hier stehen auch bald nach dem Anfang (c. 5 und 7) die guten Zeichen, die auf Vespasians Herrschaft und den Beginn der neuen Dynastie hinweisen. Am Ende der Domitianvita, somit der Flavier, deuten schließlich Vorzeichen schon auf die kommenden Kaiser voraus (23,2) und über die Epoche der Flavier hinweg.

Dieses Ende der Caesaresviten zeigt die Bedeutung, die Sueton den Vorzeichen und ihrer Stellung zumißt. Sie haben auch die Funktion der Gliederung des Ganzen, der Zusammenfassung der Dynastien und des unus et longus annus, der Bewußtmachung der historischen Epochen. Am Anfang der Caesarvita[22]) dürften — nach dem bisher Gesagten — verschiedene Vorzeichen aufgezählt worden sein, die auf Caesars Herrschaft bzw. auf die des julischen Geschlechtes vorausdeuteten.

Mit dieser Form der historischen Biographie, die er solcherart erst begründet hat, und der Vereinigung des historischen und des biographischen Prinzips wurde Sueton für die Zukunft formbildend. Hier ist aber noch weiter auszuholen. Schon Steidle[23]) hatte, um Sueton aus der Umklammerung der formalen Prinzipien Leos zu befreien, mit Nachdruck auf das Verfließen der Gattungsgrenzen hingewiesen und betont, wie sehr gerade in der antiken Geschichtsschreibung „die verschiedensten Formen, Tendenzen, Gehalte und Stile unter demselben Namen Geschichtsschreibung gehen können". War das biographische Interesse auch schon bisher in der Historiographie angelegt gewesen und mehr oder weniger stark zum Durchbruch gekommen[24]), hatte andererseits die Biographie manches von der Geschichtsschreibung entlehnt[25]) und war weit in ihre Richtung geöffnet, wie das Beispiel von Tacitus' Agricola bezeugt, so dient die Form der Biographie nun zur Darstellung eines einheitlichen geschichtlichen Abschnittes, wobei eben die Person des Kaisers

---

[22]) Vgl. STEIDLE 27; nach FUNAIOLI, Cesari 5 enthielt sie Caesars Ahnen, seine Geburt, die dieser vorangehenden Vorzeichen, Kindheit, Erziehung und analog zu De grammaticis et rhetoribus eine Gesamteinleitung. Dies kann bezüglich der Vorzeichen noch präzisiert werden.

[23]) A. a. O. 5 u. ö.

[24]) Es genügt hier der Hinweis auf die Ausführungen bei LEO 234 ff. und R. SYME, Ammianus and the Historia Augusta, 1968.

[25]) Nach K. ZIEGLER a. O. 272 sind drei Viertel bei Plutarch Geschichtserzählung.

im Mittelpunkt der Aufmerksamkeit steht und der Bios des Kaisers zum
Bios des Staates geworden ist. Denn auch Sueton hat in seinen Caesares
die prinzipiellen Grenzen der Biographie nicht überschritten[26]), aber er
hat innerhalb dieser Grenzen eine Möglichkeit gefunden, die Zeitgeschichte zu schreiben, wie es dem Wesen dieser Zeit entsprach. Möglich
wurde das durch den Umstand, „daß das Biographische alles Literarische
mehr oder minder erfassen kann"[27]), also auch die Geschichtsschreibung,
wenn sich das Interesse von den Geschehnissen auf die Person verlagert,
die diese bewirkt oder in ihrem Zentrum steht[28]).

Morphologisch unterscheiden sich Geschichtsschreibung und Biographie
ohnehin nur durch die verschiedenen Blickrichtungen, aus denen der behandelte historische Stoff gesehen wird[29]): Dem res gestas perscribere
steht das vitam enarrare gegenüber. Die gewählte Form als Sinn-

---

[26]) Die diesbezüglichen Stellen sind vor allem Plut. Alex. 1,2 f.; Nik. 1,5; Nepos
Pelop. 1; Polyb. 10,21,5 ff.; vgl. auch R. Häussler, Zum Umfang und Aufbau des
Dialogus de oratoribus, phil. 113, 1969, 35 ff. Gegenüber der Darstellung des Ethos
der Einzelpersönlichkeit muß natürlich manch historisch Bedeutendes zurück-
gestellt werden, aber das Prinzip der Vollständigkeit der Nachrichten ist ein
modernes Prinzip, wobei noch nicht einmal gesagt ist, daß der antike Leser das, was
wir vermissen, auch selbst vermißt hat. Über die Unterschiede von historia und
vita bei Nepos Leo 199 ff., über Plutarchs Äußerungen darüber 185 f., dazu auch
K. Ziegler a. O. 266 ff. mit der Behandlung aller Stellen über die Zielsetzung der
plutarchischen Biographie und R. Stark, Zur Atticus-Vita des Cornelius Nepos,
RhM 107, 1964, 175 ff., die Stelle 182: Plutarch will nicht einen einfachen Lebens-
abriß geben, sondern ein literarisches Porträt gestalten; das hat aber im selben Maß
auch von Sueton zu gelten, woraus sich eine literarische Untersuchung von selbst
rechtfertigt (dies gegen Drexler). Die Unterschiede in der Persönlichkeitsdarstel-
lung des Historikers und des Biographen arbeitet K. Bergen, Charakterbilder bei
Tacitus und Plutarch, Diss. Köln 1958 (1962) heraus (dazu B. Mouchová, Gym. 72,
1965, 556 ff.).

[27]) Stark a. O. 186, Anm. 26.

[28]) Bemerkenswert ist in diesem Zusammenhang die Notiz, die sich bei Stark a. O. 188,
Anm. 32 über die moderne Biographie findet: Diese steht in engem Zusammenhang
mit der Entwicklung der Geschichtsforschung und -schreibung und wurde von
W. Wackernagel das Gebiet der Geschichtsschreibung genannt, das der Epik am
nächsten steht.

[29]) Vgl. darüber H. Rahn, Morphologie der lateinischen Literatur, 1969, 127 ff. Die
Autobiographie ist wiederum ein eigener Bereich; dazu die schöne, vielleicht doch
zu sehr von modernen Gesichtspunkten beeinflußte Monographie von G. Misch,
Geschichte der Autobiographie, 3. Aufl. 1949 (I, 1, 215 ff. über die politische Auto-
biographie, die sich mit dem 2. Jahrhundert v. Chr. in Rom entwickelte); eine
Detailfrage bei O. Lendle, Ciceros Ὑπόμνημα περὶ τῆς ὑπατείας, Hermes 95,
1967, 90 ff. Zum Monumentum Ancyranum vgl. die Ausgabe von E. Malcovati,
Imperatoris Caesaris Augusti operum fragmenta, 1962 und die Literatur LVIII ff.

Mittlerin steht nicht unter dem Zwang eines einheitlichen, verpflichtenden Gattungsbegriffes, sondern ist persönliche Leistung, die durch verschiedene formale und geistige Voraussetzungen bedingt wird, für die
Zukunft formbildend werden kann[30]) und im Falle Suetons auch wurde.
Suetons Nachwirkung scheint uns daher nicht bloß darin begründet zu
sein, daß seine Darstellung zum Verständnis der Herrscher für geeignet
angesehen wurde, vielmehr auch in seiner Erkenntnis, daß sich die Zeitgeschichte auf das Herrscherleben reduzieren und so am besten wieder-
geben ließ, weil das Herrscherleben exemplarisch und die res memorabiles
als Gegenstand der Geschichtsschreibung identisch geworden waren mit
den dicta et facta memorabilia der Kaiser. Wie in der einzelnen Biographie die Gesamtanschauung durch ein Umschreiten der äußeren und
inneren Bereiche zustande kommt[31]), so rundet sich die Geschichte der
Zeit durch die Summe der Kaiser zu einer Gesamtbetrachtung. Gerade
die vielen Anekdoten, der Tratsch und die nur scheinbar belanglosen
Details verleihen dieser ihre Farbigkeit und fügen sich zu plastischen
Porträts zusammen.

Das Ziel aber bleibt eine exemplarische, das heißt moralische, Erzählhaltung, die immer die Grundhaltung der Biographie war[32]), ein Ziel,
das Sueton nie aus den Augen verloren hat. Nur dadurch ist seine starke
Herausarbeitung der virtutes und vitia zu verstehen[33]), worin nicht ein
Mangel an Kompositionsfähigkeit zu sehen ist[34]), sondern eine bewußt
scharfe Gegenüberstellung der Gegensätze, die auf den Leser ohne Ver-
schleierung wirken soll.

Sueton hat nicht Geschichte geschrieben, sondern Biographie, aber er
hat die Form der Biographie durchlässig gemacht für etwas Neues: die
Darstellung einer ganzen Epoche in der Form der Biographie. Formale
Gegebenheiten, die geistige Grundhaltung der Zeit, ein gelehrt-antiqua-
risches Interesse, eine eminent römische Sehweise[35]) vereinen sich zu einer

---

[30]) Vgl. RAHN a. O. 136 mit dem Hinweis auf Tacitus' Agricola. Zur Überschätzung
der formalen Elemente in ihrer Bedeutung für die Literatur auch STEIDLE 6.

[31]) So STEIDLE 122 f.; im Gegensatz zu DREXLER 265 sind wir doch der Meinung, daß
„durch dichte und immer dichtere Aneinanderreihung von Punkten" ein Kontinuum
entsteht, wie in der Mathematik eine Linie, nicht im modernen Sinn des Wesens,
wohl aber in der konkreten Einmaligkeit des Handelns des jeweiligen Kaisers.

[32]) Vgl. RAHN a. O. 127; zur moralisch-pädagogischen Tendenz Plutarchs vgl.
K. BERGEN a. O. 52 und 54.

[33]) Vgl. dazu DREXLER 264.

[34]) So MOUCHOVÁ 106.

[35]) Darüber das Kapitel bei STEIDLE 108 ff., das sogar DREXLERS Billigung gefunden
hat (vgl. S. 263).

neuen Form, die Geschichte einer Zeit zu schreiben, und machen nicht das
Geringste von dem aus, das Sueton trotz aller Aburteilung immer wieder
als reizvolle Lektüre hat erscheinen lassen. Damit verbunden ist eine
planvolle Anordnung des Tatsachenmaterials, wie es an repräsentativen
Beispielen aufgezeigt werden konnte, und eine überlegte Durchgestaltung
der Einzelviten, die es berechtigt erscheinen läßt, von Suetons biographischer Technik zu sprechen. Diese mag unseren modernen Vor-
stellungen nicht genügen, aber sie hat das geleistet, was zu fordern ist:
lebendige Charakterbilder zu gestalten und Handlungsweisen verständlich zu machen.

LITERATUR ZU SUETON (AUSWAHL)

In das Verzeichnis wurden nur jene Schriften aufgenommen, die zu unserem Thema etwas beitragen bzw. die gegenteilige Ansichten vertreten.

1. GESAMTDARSTELLUNGEN UND BIOGRAPHISCHES

G. d'ANNA, Le idee letterarie di Suetonio, 1954 (Bibl. di cult. 52), 2. Aufl. 1967.

F. DELLA CORTE, Marmor Hipporegium Suetonianum, Orpheus 1, 1954, 133—136.

F. DELLA CORTE, Suetonio eques Romanus, 1958 (Bibl. stor. univ. II,8), 2. Aufl. 1967.

G. FUNAIOLI, I Cesari di Suetonio, Raccolta di scritti in onore di F. Ramorino, 1927, 1—26.

G. FUNAIOLI, RE IV A 1, Sp. 593—641.

F. LEO, Die griechisch-römische Biographie nach ihrer literarischen Form, 1901; unveränd. Nachdruck 1965.

A. MACÉ, Essay sur Suétone, 1900.

B. MOUCHOVÁ, De novis ad Suetonii cursum honorum symbolis epigraphicis, ZJKF 5, 1963, 91—95.

B. MOUCHOVÁ, Studie zu Kaiserbiographien Suetons, Acta Universitatis Carolinae, Phil. et Hist. Monographia XXII, 1968.

W. STEIDLE, Sueton und die antike Biographie, 1950 (Zetemata 1), 2. Aufl. 1963. Dazu A. DIHLE, Wolf Steidle und die antike Biographie, GGA 1954, 45—55.

D. R. STUART, Epochs of Greek and Roman Biography, Sathers Class. Lectures 4, 1928 (über Sueton 189 ff., 228 ff.).

G. TOWNEND, The date of composition of Suetonius' Caesares, CQ 9, 1959, 285—293.

G. B. TOWNEND, The Hippo inscription and the career of Suetonius, Historia 10, 1961, 99—109.

2. EINZELASPEKTE

a) ALLGEMEINES

E. CIZEK, Sur la composition des Vitae Caesarum de Suétone, StudClass 3, 1961, 355—360.

F. B. KRAUSS, An interpretation of the omens, portents and prodigies, recorded by livy, Tacite and Suetonius, 1930.

B. MOUCHOVÁ, Adoption und Testament in Suetons Kaiserbiographien. Ein Beitrag zur Erkenntnis des Wortschatzes bei Sueton, Graeco-Latina Pragensia 3, 1966, 55—63.

T. V. POPAVA, Le style de Suétone dans le De vita Caesarum (in russ. Sprache), Jazyk i stil antičnykh pisatelej, Leningrad 1966, 163—170.

G. B. TOWNEND ,The sources of the Greek in Suetonius, Hermes 88, 1960, 98—120.

A. E. WARDMAN, Description of personal appearance in Plutarch and Suetonius. The use of statues as evidence, CQ 17, 1967, 414—420.

b) ZU EINZELNEN VITEN

DIVUS IULIUS

C. BRUTSCHER, Analysen zu Suetons Divus Iulius und der Parallelüberlieferung, Noctes Romanae 8, 1958.

H. DREXLER, Suetons Divus Iulius und die Parallelüberlieferung, Klio 51, 1969, 223 bis 266.

H. GUGEL, Caesars Tod (Sueton, Div. Iul. 81,4—82,3). Aspekte zur Darstellungskunst und zum Caesarbild Suetons, Gymn. 77, 1970, 5—22.

E. HAENISCH, Die Caesar-Biographie Suetons, Diss. Münster 1937.

F. LOSSMANN, Zur literarischen Kritik Suetons in den Kapiteln 55 und 56 der Caesar-vita, Hermes 85, 1957, 47—58.

W. MÜLLER, Sueton und seine Zitierweise im Divus Iulius, SO 47, 1972, 95—108.

S. WEINSTOCK, Divus Iulius, Oxford 1971.

AUGUSTUS

R. HANSLIK, Die Augustusvita Suetons, WrSt 67, 1954, 99—144.

E. KALINKA, Die von Sueton berichteten Schmähungen auf Octavian, Sb. Ak. Wiss. Wien 197, 1922, 39—48.

R. VERDIÉRE, Auguste, lecteur de Thucydide, AC 24, 1955, 120—121.

TIBERIUS

K. BRINGMANN, Zur Tiberius-Biographie Suetons, RhM 114, 1971, 268—285.

S. DOEPP, Zum Aufbau der Tiberius-Vita Suetons, H 100, 1972, 444—460.

A. E. HOUSMAN, Praefanda, Hermes 66, 1931, 411—412 (Tib. 44,1 und Dom. 22).

J. HUBAUX, Tibère et le grammairien de Rhodes, Latomus 5, 1946, 99—102 (Tib. 32).

B. LEVIECK, The Beginning of Tiberius' carier, CQ 65, 1971, 478—486.

CALIGULA

E. BRAUN, Zum carcer Romanus (Sueton Calig. 27,2), Jb. Öst. Arch. Inst. 37, 1948, 175 bis 177.

P. d'HÉROUVILLE, Le cheval de Caligula, Musée Belge 1928, 45—47 (Calig. 55).

P. LAMBRECHTS, Caligula dictateur littéraire, BIBR 28, 1953, 219—232 (Calig. 34).

R. LUGAND, Suétone et Caligula, REA 32, 1930, 9—13 (Calig. 27 und 55).

A. TAYLOR, An allusion to a riddle in Suetonius, AJPh 66, 1945, 408—410 (Calig. 8).

CLAUDIUS

I. M. CROISILLE, L'art de la composition chez Suétone d'après les Vies de Claude et nerone, Ann. dell' ist. ital. per gli Studi storici, Napoli, 2, 1970, 73—87.

G. HERZOG-HAUSER, Kaiser Claudius als Gelehrter, Wiener Blätter f. Freunde der Antike 2, 83—87.

H. JANNE, Impulsore Chresto (Suet., Claude 25), Mél. Bidez 1934, 531—553.

E. PARATORE, Claude et Néron chez Suétone, RCCM 1, 1959, 326—341.

NERO

L. Deubner, Nero als gefesselter Hercules, Phil. 94, 1939, 232—234 (Nero 21,3).

J. Le Dru, Le portrait de Néron chez Tacite et chez Suétone, Dipl. d'Et. Sup. Fac. des Lettres de Paris 1945.

K. Heinz, Das Bild Kaiser Neros bei Seneca, Tacitus, Sueton und Cassius Dio. Historisch-philologische Synopsis, Diss. Bern 1948.

E. Paratore, La figura di Agrippina minore in Tacito, Maia 5, 1952, 32—81.

E. Paratore (siehe unter Claudius)

J. C. Rolfe, On Suetonius, Nero 33,1, AJPh 54, 1933, 362—367.

GALBA

B. Mouchová, Suetonius und Tacitus über die Todesumstände Galbas, JZKF 8, 1966, 5—8.

H. C. Nutting, Miscella, CPh 23, 1928, 287—289 (Galba 20,2).

H. C. Nutting, Suetonius, Galba XV,2, CW 29, 1935, 182.

H. C. Nutting, Suetonius, Galba XX,2, CW 27, 1933, 45.

OTHO

B. Mouchová, Ausgewählte Parallelen aus der Lebensbeschreibung Kaiser Othos bei Sueton und den Historien des Tacitus, LF 89, 1966, 257—261.

E. Naumann, De Taciti et Suetonii in Othonis rebus componendis ratione, Progr. des Sophien-Gym. Berlin 78, 1914.

VESPASIAN

D. Fishwick, Vae puto deus fio, CQ 15, 1965, 155—157.

H. R. Graf, Kaiser Vespasian. Untersuchungen zu Suetons Vita Divi Vespasiani, 1937.

R. Lattimore, Portents and Prophecies in Connection with the Emperor Vespasian, CJ 29, 1933, 441 ff.

S. Morenz, Vespasian, Heiland der Kranken. Persönliche Frömmigkeit im antiken Herrscherkult, Würzb. Jb. 4, 1949/50, 370—378.

TITUS

G. Luck, Über Suetons Divus Titus, RhM 107, 1964, 63—75.

DOMITIAN

A. E. Housman (siehe unter Tiberius)

ABKÜRZUNGSVERZEICHNIS

Mit bloßem Verfassernamen oder stichwortartiger Titelangabe werden zitiert:

d'ANNA   G. d'ANNA, Le idee letterarie di Suetonio, 1954 (Bibl. di cult. 52),
                       2. Aufl. 1967

BRUTSCHER   C. BRUTSCHER, Analysen zu Suetons Divus Iulius und der Parallel-
                       überlieferung, Noctes Romanae 8, 1958

DELLA CORTE   F. DELLA CORTE, Suetonio eques Romanus, 1958 (Bibl. stor. univ.
                       II,8), 2. Aufl. 1967

DREXLER   H. DREXLER, Suetons Divus Iulius und die Parallelüberlieferung,
                       Klio 51, 1969, 223—266

FUNAIOLI, Cesari   G. FUNAIOLI, I Cesari di Suetonio, Raccolta di scritti in onore di
                       F. Ramorino, 1927, 1—26

FUNAIOLI RE   G. FUNAIOLI RE IV A 1, Sp. 593—641

GRAF   H. R. GRAF, Kaiser Vespasian. Untersuchungen zu Suetons Vita
                       Divi Vespasiani, 1937

HAENISCH   E. HAENISCH, Die Caesar-Biographie Suetons, Diss. Münster 1937

HANSLIK   R. HANSLIK, Die Augustusvita Suetons, WrSt 67, 1954, 99—144

LEO   F. LEO, Die griechisch-römische Biographie nach ihrer literarischen
                       Form, 1901

LUCK, Divus Titus   G. LUCK, Über Suetons Divus Titus, RhM 107, 1964, 63—75

LUCK, Form   G. LUCK, Die Form der suetonischen Biographie und die frühen
                       Heiligenviten, Mullus (Fs. Klauser), JbAC Erg.-Bd. 1, 1964, 230 ff.

MOUCHOVÁ   B. MOUCHOVÁ, Studie zu Kaiserbiographien Suetons, 1968

STEIDLE   W. STEIDLE, Sueton und die antike Biographie, 1950 (Zetemata 1),
                       2. Aufl. 1963

VERF.   H. GUGEL, Caesars Tod (Sueton, Div. Iul. 81,4—82,3). Aspekte zur
                       Darstellungskunst und zum Caesarbild Suetons, Gmyn. 77, 1970,
                       5—22